JN125612

現代マネジメント・コントロール・システムの理論構築

卜 志強［著］

Modern Management Control Systems

同文舘出版

序　文

世界の産業発展の歴史と経営管理学の歴史を振り返れば，社会経済環境に大きな変化が起こり，産業発展が新しい段階に入ると，必ずそれに相応しい経営管理学の手法が開発され，新しい経営管理学の理論が生み出されるということが分かる。

21 世紀以降，企業を取り巻く経営環境が著しく変化してきている。このような経営環境の変化によって，企業経営に関する基本的な考え方の転換を迫られている。企業経営に関する新しい考え方には，主に次の三つの点が含まれる。第一に，株主第一主義から多様な利害関係者に経営の基軸を移すべきである。第二に，環境重視の視点から事業を見直すべきである。第三に，企業の社会的責任をより重視すべきである。こうした考え方に立脚している経営手法は，サステナビリティ経営あるいはパーパス経営と呼ばれる。近年，サステナビリティ経営やパーパス経営に関する書籍が出版され，実務界だけではなく，学術界においても注目されている[1]。

サステナビリティ（sustainability）という用語は英語由来の言葉で「持続可能性」を意味する。本来，企業にとって，持続可能性がなければその存続と成長を成し得ることができない。したがって，企業は存続と成長のために，サステナビリティ経営を行わなければならない。そういう意味では，どの時代においても企業にとって，持続可能な経営をする必要があり，異論の余地がないわけである。

一方，パーパス（purpose）という用語はサステナビリティと同様に英語に由来する言葉で，「目的」や「存在意義」を意味する。企業のパーパスは「企業は何のために存在するのか，従業員はなぜそこで働くのか」という問いに対する答えである。一般的に言うと，パーパスを持たない企業は，社会に存在できず，生き残ることができない。世の中に存在する企業は意識的にせよ，無意識的にせよ，何らかのパーパスを持って，経営活動を行う。例えば，従来のア

1　主に企業経営者向けの本として，丹羽（2018），名和（2021）が挙げられ，主に研究者を読者とする本として，長谷川（2021）が挙げられる。

メリカ型の資本主義企業は，株主利益の追求をパーパスとして事業を展開する企業であると言える。伝統的な経営学や管理会計の教科書では，株主利益への追求を前提条件とした経営モデルが紹介されている。古典的資本主義という経営環境のもとで，株主利益を実現するために，企業はこうした伝統的経営モデルを用いて，事業活動を行うのである。

しかし，上述した経営環境の変化に伴って，従来の経営モデルは新しい経営環境に適応できなくなった。その結果，経営モデル自体にイノベーションが求められるようになった。そこで，新しい経営モデルとして提唱されたのはサステナビリティ経営やパーパス経営である。これらの新しい概念を提唱すること自体は問題ではない。問題は本質とその仕組みである。すなわち，サステナビリティ経営やパーパス経営はどのような経営手法なのか，そして，経営手法としてどのような仕組みを通して，機能するのかという問題である。しかし，サステナビリティ経営やパーパス経営をタイトルとするこれまでの書籍の内容を見る限り，関連する概念の解説，日本的経営との共通性，導入事例の紹介にとどまっており，上述の二つの問題に対する答えは見当たらない。事実上，サステナビリティ経営やパーパス経営の定義についてはさまざまな見解があり，統一した定義はまだ存在しない。

経営モデルの名称はどうであれ，21 世紀の新しい経営環境に相応しい経営モデルが必要であることは，実務界や学術界の共通する認識である。こういった経営モデルを開発するには，二つの課題を解決しなければならない。一つは「現代企業はどのような存在であるべきか」という現代企業に関する基本的考え方，すなわち現代企業観を確立することである。もう一つはこの現代企業観に立脚する首尾一貫した経営手法を開発することである。ここでは，筆者が以上のような問題意識にたどり着いた経緯を述べておく。

筆者は 20 年前に日本企業の競争力を生み出す経営管理手法を研究するために，名古屋大学大学院経済学研究科の後期博士課程に入学した。5 年間にわたる牧戸孝郎先生のご指導のもとで，日本的管理会計の手法とされている原価企画について研究していた。その成果として原価企画に関する博士論文をまとめ，博士学位を取得した。そして，3 年間経済学研究科の研究員や助手として，原価企画の海外移転および海外展開について研究し続けた。その後，大阪市立大学経営学研究科の教員となり，日本企業と中国企業のコスト・マネジメントや管理会計に関する比較研究を行うようになった。コスト・マネジメントについては，トヨタ自動車と宝山鋼鉄集団公司を対象として比較研究を行った。管理会計については，京セラのアメーバ経営とハイアールの市場連鎖管理との比較分析を行った。

このように，コスト・マネジメントから経営管理手法へと研究領域が拡大してきている中で，筆者は管理会計研究の問題意識として次の二つの重要な点に気づいた。一つは，経営管理システムの中で管理会計をどのように位置づけるべきなのかという点である。伝統的な管理会計理論によれば，管理会計は経営管理に関する会計情報の提供システムであり，その基本機能は経営者に有用な会計情報を提供することであるとされている。しかし，単なる情報提供機能の視点からでは，上述した企業の管理会計実践をうまく解釈できない部分が多く存在することは，筆者がこれまで行ってきた企業調査によって明らかになった。こうした経験は，管理会計には，情報提供機能のほかに，経営管理の機能（本書ではこれをマネジメント・コントロール機能と呼ぶ）があるという発想を思いついたきっかけとなり，さらに管理会計をマネジメント・コントロール・システムの構成要素として位置づけることができるという構想につながった。

もう一つは，日本的経営や日本的管理会計というときの，「日本的」という修飾語の意味するところである。管理会計を含む経営学分野の多くの学問は，もともと欧米諸国（戦前は主にドイツ，戦後は主にアメリカ）から日本に輸入されたものである。これらに関連する経営管理の手法も日本企業によって導入され，実践されてきた。こうした中で，欧米発の経営管理手法が日本において受容（どのように受け止められたか）・変容（いかなる変化が受容先で生じたか）・進化（変容が実践/研究においてどのように洗練されたか）という三つの段階を経て，日本的経営管理手法として生まれ変わったと考えられる。

これまで日本的経営に関する研究は数多くなされてきたが，学界における共通した定義は見つからない。実際には，日本的経営とは何を意味するのかについて，「国際間競争における日本企業の成功要因を指す場合」，「日本企業において実施率の高い経営システムを指す場合」，「日本企業に固有の特徴を指す場合」,「海外子会社には移植できない経営システムを指す場合」という四つの観点が存在する[2]。また,日本的管理会計とは何を意味するのかについても,「原価企画や原価改善,トヨタ生産方式などに代表される日本の先進的企業実践に由来する日本発の管理会計」や,「組織コンテクストとしての日本的経営との密接な関係における管理会計の実践」という見方が存在する[3]。

しかし,以上述べた観点から日本的管理会計を解釈すると,日本的管理会計の特殊性を強調するあまり,その普遍性を無視してしまうことになる。例えば,原価企画やアメーバ経営を有効に導入する有利な条件として,日本的企業慣行や日本的文化などがよく挙げられる。しかし,筆者自身の研究を含め,原価企画やアメーバ経営を成功裏に導入しているという海外企業の事例研究が数多く発表されている。こうした研究から,原価企画やアメーバ経営の基本原理は決して典型的な日本企業にだけ通用するのではなく,世界的に通用するものであることが分かる。すなわち,原価企画やアメーバ経営などの日本的管理会計が有効性あるいは優位性を持つ理由は,それらが普遍的な原理や有効なメカニズムを内包しているからである。

十数年間,筆者はこれらの問題意識を持ちながら,研究を続けてきた。本書はこれまでの研究成果をまとめたものである。本書の内容は暫定的な成果であるに過ぎないが,現代マネジメント・コントロール・システムの構築を試みた初めての著書であると自負している。本書の読者として,経営学の研究者や企業の経営管理者を想定しているが,大学の学部上級生から大学院生にも本書の内容は理解していただけると思われる。

本書を通じて,多くの読者の方々にマネジメント・コントロール・システム理論およびその実践に関心を抱かせることができれば,著者としては望外の喜びである。

本研究を行うにあたっては,多くの方々のご協力とご支援を受けてきた。名古屋大学大学院に進学後は,指導教官である牧戸孝郎先生からご指導をいただいた。

2　詳しくは,飯田史彦(1998)を参照されたい。
3　詳しくは,吉田・福島・妹尾(2012)を参照されたい。

大阪市立大学に奉職してから，経営学研究科の元同僚でもある岡野浩先生には公私にわたってご指導いただいている。海外調査に参加する機会や『企業会計』の特集に投稿する機会などを与えてくださった。これらは，筆者が日中企業の原価管理や管理会計に関する比較研究を行うきっかけとなった。

清水信匡先生（早稲田大学商学学術院教授）には，共同研究（「原価企画のグローカル化に関する経験的研究」基盤研究（B）課題番号 26285103）の機会を与えてくださった。4 年間にわたる共同研究では，清水先生をはじめ，共同研究者の方々から有益なコメントやアドバイスをいただいた。

水野一郎先生（関西大学商学研究科教授）は，共同研究（日本会計研究学会スタディ・グループ：現代中国会計の多面的・総合的研究―歴史的・比較制度的分析を踏まえつつ―）の機会を与えてくださった。また，水野先生主催の「共同研究報告会」や「大阪経営管理会計研究会」では研究報告をさせていただき，水野先生をはじめ，先生方から多くの貴重なコメントをいただいた。

神戸大学管理会計研究会では，精力的で研究熱心な先生方から多くの刺激を受けると同時に，有益なご助言をいただいた。大阪市立大学会計研究会では，同僚の会計グループの先生方および他の先生方から多くの刺激を受けた。また，研究論文を報告する際にも，有益なアドバイスをいただいた。

この場を借りて，すべての先生方および関係者の方々に感謝の意を申し上げたい。

末筆ながら，本書の出版を快くお引き受けくださった同文舘出版株式会社の中島治久代表取締役，ならびに同社専門書編集部の青柳裕之氏に厚く御礼申し上げたい。本書の出版に際しては，筆者の勤務先である大阪公立大学（元大阪市立大学）大学院経営学研究科からの出版助成を受けた。ここに記して感謝を申し上げる。

2022 年 4 月

卜　志強

目　次

第2章 マネジメント・コントロール・システム理論の生成と展開

第3章 現代企業理論の構築

第4章
現代マネジメント・コントロール・システム理論の構築

第5章 現代マネジメント・コントロール・システムとしてのアメーバ経営

終　章
結論と展望

凡　例

英略語	英語名称	日本語名称
BRT	Business Roundtable	ビジネス・ラウンドテーブル
OR	Operations Research	オペレーションズ・リサーチ
ABC	Activity-Based Costing	活動基準原価計算
ABM	Activity-Based Management	活動基準原価管理
BSC	Balanced Scorecard	バランスト・スコアカード
TQM	Total Quality Management	全社的品質管理
CSR	Corporate Social Responsibility	企業の社会的責任
BPR	Business Process Reengineering	ビジネスプロセス・リエンジニアリング
ROI	Return On Investment	投下資本利益率
MPC	Micro Profit Center	ミニ・プロフィットセンター

現代マネジメント・コントロール・システムの理論構築

序　章

問題提起

序文では，本書の背景を説明しながら，その問題意識を明確にした。そして，問題意識にたどり着いた経緯を述べた。

本章の目的は本書の研究課題と本書の構成を示すことである。第 1 節では序文の議論を踏まえ，研究課題を提起する。第 2 節では研究の目的と意義を明らかにしたうえで，本書の構成について述べる。

第 1 節　研究課題

マネジメント・コントロール・システムは，1960 年代半ばにアメリカで提唱された企業経営管理の手法である。その後，半世紀以上にわたり，マネジメント・コントロール・システムは会計や組織，経営管理などさまざまな視点から研究され，今や経営管理に関する学問として確たる地位を獲得し，また，経営管理の技法として企業の経営管理の現場に応用され，経営管理の実務にも多大な影響を及ぼしてきている。

序文の中で言及した経営環境の変化を背景に，欧米の学界では 1980 年代後半から，伝統的なマネジメント・コントロール・システムの理論を再評価する議論が行われ，従来のマネジメント・コントロール・システムの理論の修復，あるいは新たなマネジメント・コントロール・システム理論の構築の試みがなされてきた。しかしながら，従来のマネジメント・コントロール・システムの理論に取って代わるような新しい理論はいまだに構築されていないのが現状である。

一方，日本の先進的な企業では，上述した経営環境の変化に適合するようなマネジメント・コントロール・システムの模索が行われ，その実践から新しい手法が確立されつつある。しかしながら，こういった実務において新たに開発されたマネジメント・コントロール・システムの手法についての理論的な研究はほとんど見られない。

そこで，本書では，従来のマネジメント・コントロール・システムに代わる新しい経営環境に適合するマネジメント・コントロール・システム理論の構築を試みる。

筆者が過去十数年間にわたって，次の三つの課題を中心に研究を進めてきている。一つ目の課題は管理会計の「適合性喪失」に関するものである。具体的には，管理会計の「適合性喪失」がなぜ起きたのか，そしてその適合性をどのようにすれば回復できるかという課題である。二つ目は管理会計という学問における日本的管理会計の位置づけに関する課題である。すなわち，いわゆる日本的管理会計はどのような特質を持っているのか，また，日本的管理会計は，世界に通用することができるのか，換言すれば普遍性を持つものなのかという課題である。そして，三つ目の課題は現代の経営環境に適合するマネジメント・コントロール・システムをいかに構築すべきかという課題である。従来のマネジメント・コントロール・システムが現代企業を取り巻く経営環境にうまく対応できていないということは，現在企業経営に携わる実務家や経営学研究者の間の共通認識であると言える。そうだとすれば，従来のマネジメント・コントロール・システムは，どのような問題点を抱えているのか，また，現代の経営環境に適応するようなマネジメント・コントロール・システムは，いかに構築すべきなのか。言うまでもなく，これはマネジメント・コントロール・システム研究の重要な課題である。

一見すると，以上の三つの課題はまったく別々の問題のようであるが，実はこの三つの課題の間には密接な関係が存在する。なぜかというと，そもそもマネジメント・コントロール・システムというのは管理会計を母体として生み出された学問だからである。ここでは，筆者自身が以上の三つの課題にたどり着いた経緯を説明しながら，研究テーマとしての三つの課題の関係および重要性を明らかにしておく。

1　管理会計の「適合性喪失」

周知の通り，学問としての管理会計は1920年代，アメリカの大学教育の中で誕生した。その背景として，将来企業の経営管理者になるための会計教育をしなければならないという当時の大学教育に対する社会的な要請があったことが挙げられる。このような要請にこたえるために，シカゴ大学では管理会計のコースが開設された。当初の管理会計は財務諸表分析や標準原価計算および予算統制を主な内容としており，経営活動を統制するための会計として位置づけられていた。こうした伝統的な管理会計手法の多くは，アメリカ企業の経営管理実務から開発されたものである。1950年代以降，経営者の計画機能と統制機能を支援する会計情報としての管理会計が重視され，計画会計と統制会計からなる伝統的な管理会計の体系が確立した。

しかし，1980年代後半から，欧米では従来の管理会計理論とその役割を再評価する議論が行われ，従来の管理会計理論に関してさまざまな問題点が指摘されてきた。その中で代表的なのは，ジョンソン（H. Thomas Johnson）とキャプラン（Robert S. Kaplan）が提起した管理会計の「適合性喪失（Relevance Lost)」という問題である（Johnson and Kaplan, 1987)。彼らの主張によれば，企業の経営管理活動を支援する手法としての管理会計システムはもはや企業の経営管理に役に立たなくなっている。すなわち，もともと企業の経営管理の実務をベースに構築された管理会計の理論は，企業経営管理の実践に役立たないものとなってしまったというものである。この指摘は管理会計研究における「理論と実務の乖離」を意味しており，管理会計研究学界に大きな衝撃を与えている。

適合性は管理会計理論の価値あるいはその有用性を評価する試金石であると言える。事実上，管理会計研究は，一つの学問分野として登場してから，適合性を理論構築の道標として行われてきた。したがって，「適合性喪失」という問題提起をきっかけに管理会計の研究は，1990年代以降世界レベルで大きく変化してきた。それ以来，ジョンソンやキャプランを含む世界の多くの管理会計研究者は，管理会計の適合性を回復する方法を探り，従来の管理会計理論の修復，あるいは新たな管理会計理論の構築を試みてきた。こうした中で，適合性の回復は管理会計研究の最も重要な課題の一つとなった。

先行研究の中では，適合性を回復するためのアプローチとして，二つのアプローチが用いられる。一つは適合性喪失問題を提起した学者の一人であるキャプランとクーパー（Robin Cooper）が提唱したアプローチである。このアプローチは，管理会計の適合性喪失の原因を伝統的な管理会計手法にある不備に起因すると主張しており，管理会計手法自体の修正・改善を通じて，問題を解決することが可能であるという考え方に立脚している。実際，1990年代以降，キャプランとクーパーは活動基準原価計算（Activity-Based Costing：ABC）や活動基準原価管理（Activity-Based Management：ABM），バランスト・スコアカード（Balanced Scorecard：BSC）などの管理会計手法を開発し，これらの手法を適合性回復の切り札とした。本書では，こうしたアプローチの方法論を「管理会計精緻化論」と呼ぶ。

もう一つは適合性喪失問題を提起したもう一人の学者であるジョンソンが提案したアプローチである。ジョンソンのアプローチは，管理会計の適合性喪失の原因が伝統的な管理会計手法の内在的な欠陥にあると主張し，いくら管理会計手法自体を修正しても，問題を解決することは不可能であるという考え方に立っている。そこで，ジョンソンが適合性を回復するための手法として提唱したのは，伝統的な管理会計のような「結果による経営」を放棄し，全社的品質管理（Total Quality Management：TQM）やJust-In-Time生産方式（JIT）といった「手段による経営」を採用することである。本書では，このアプローチの方法論を「脱管理会計論」と呼ぶ。

以上の二つの異なる主張は，それぞれ合理的な一面があるものの，管理会計の適合性を回復する有効な処方箋であるとは言い難い。こうした状況を背景に管理会計の適合性回復の切り札として注目されたのは，いわゆる日本的管理会計である。

2　日本的管理会計とその位置づけ

アメリカで誕生した管理会計が日本企業に本格的に導入されはじめたのは第二次大戦後のことであった。1950年代から1980年代にかけて，日本企業は管理会計を含むアメリカ企業の優れた経営管理の技法を導入することにより，著しい成長を実現してきた。その結果，日本は世界に類を見ない高度成長を成し遂げた。1980年代には日本企業の国際競争力の向上を背景に，いわゆる日本的経営システムが世界から注目されるようになった。当時，欧米では，日本企業の成功の原因は，「終身雇用」，「年功序列」，そして「企業別組合」を特徴とする「日本的経営」にあるというのが主流的な考え方であった[1]。1990年代に入ると，日本企業の管理会計実務に関する事例研究が欧米の学術雑誌などで紹介されるのをきっかけに，欧米の管理会計学界では，効果的かつ効率的に機能する管理会計システムこそが日本企業競争力の強さの秘密武器であると認識されるようになった[2]。欧米の管理会計研究者はこういった認識に基づき，日本企業独自の管理会計を調査・研究するようになった。言うまでもなく，このような調査・研究の主な目的の一つは，管理会計の適合性を回復するための有効な処方箋を探すためである。

こうした状況を背景に，1990 年代以降，日本国内において日本企業の管理会計実務に関する研究が盛んに行われるようになった。日本企業を対象とした実態調査や事例研究によって，日本企業の管理会計の利用実態は，アメリカ企業のそれとは相当異なることが明らかになった。この結果を受け，日本の学界では，日本的な管理会計実態が存在しているという認識が共有され，「日本的管理会計」という用語が使われるようになった。「日本的管理会計」という文脈で議論されるのは，原価企画，原価改善，JIT，TQM，社内資本金制度，アメーバ経営などの多種多様である。この中で JIT や TQM などが管理会計の領域に属するかどうかは議論の余地があるが，原価企画やアメーバ経営は間違いなく管理会計システムであるとされている。したがって，一般的に日本的管理会計の手法として取り上げられるのは，トヨタ自動車株式会社（以下，トヨタ）の原価企画と京セラ株式会社（以下，京セラ）のアメーバ経営である[3]。

過去二十数年間，日本的管理会計をテーマとする研究は数多くなされてきた。初期の研究は事例研究や実態調査が中心であったが，近年，日本的管理会計の特徴や本質に関する研究が行われるようになった。これまでの研究によって，日本的管理会計のいくつの特徴が明らかになった。

まず，原価企画の特徴として，考え方が単純であること，また計算手法がシンプルであることが挙げられる。原価企画には三つの基本的な考え方がある。

1　終身雇用制度，年功序列制度，企業別組合制度は日本企業経営管理の固有の特徴として「三種の神器」と呼ばれる。この「三種の神器」説は，アメリカの学者であるアベグレン（James C. Abegglen）が 1958 年に出版した著書 *The Japanese Factory: Aspects of Its Social Organization* の中で，初めて提唱した概念であるとされる。以来，日本的経営の代表的な説として定着してきた。詳しくはジェームス. C. アベグレン著・山岡洋一訳（2004）『日本の経営（新訳版）』日本経済新聞社，を参照されたい。

2　そのきっかけとなったのは，日本の管理会計学者である廣本敏郎が *Harvard Business Review* に発表した論文 Hiromoto（1988）であった。また，門田安弘・櫻井通晴編著の日本企業の管理会計をテーマとした英文著書 Monden and Sakurai（1989）の中では，原価企画やアメーバ経営を含む日本企業の先進的な管理会計実践が紹介されている。

3　実は筆者自身もこのような日本的管理会計研究のブームに影響され，日本的管理会計の研究に興味を持つようになったのである。

市場志向と源流管理，そして原価の作り込みである。このように，原価企画の発想自体はきわめて単純である。また，目標原価の設定方法や目標原価の細分割付方法はシンプルで分かりやすい。

一方，アメーバ経営には，市場に直結した部門別採算制度の確立，経営者意識を持つ人材の育成，全員参加経営の実現という三つの目的があるとされる。その基本的な考え方はやはり単純である。すなわち，企業は市場競争を勝ち抜くために，市場競争の圧力を企業内部に取り入れなければならない。また，企業は人間の組織であるから，成功するために経営管理者を含む全従業員の力を結集しなければならない。そのために，大きくなった組織を独立採算の小集団に分けて，各小集団は京セラの独自の管理会計システム「時間当たり採算制度」を用いて，各自経営管理を行う。そこで業績評価のツールとして利用されるのが，いわゆる「時間当たり採算表」である。この時間当たり採算表の構造は，家計簿と似ており，非常にシンプルで，会計知識を持たない人でも分かる。このように，アメーバ経営は発想自体が単純で，しかも計算技術もシンプルである。

しかし，単純に見えるこうした日本的管理会計は，なぜ企業経営に優れた効果をもたらすのか（すなわち，適合性あるいは有用性を有するのか），具体的にどのようなメカニズムを通じて機能するのか，また従来のアメリカ型の管理会計とはどう異なるのか。こういった問題に答えるために，日本的管理会計の本質や特徴に関する研究がなされるようになった。代表的な研究として，廣本敏郎の研究（Hiromoto, 1988；廣本，2009；廣本，2012）と岡野浩の研究（岡野，1995；岡野，2003）が挙げられる。

廣本は一連の研究の中で，日本的管理会計の特質に関して，次のように指摘している。日本企業では会計は「情報提供」の役割より，「影響」の役割を果たしている。従来のアメリカ型の管理会計は「経営管理者のために経営情報を提供すること」を主な機能として，情報提供システムの役割を果たしてきた。それに対して，日本的管理会計は，従業員が組織目的の達成に向けて改善に努め，絶えざるイノベーションを生み出すように，従業員に対する影響システムとしての役割を果たしている。さらに日本的管理会計は，伝統的管理会計とは異なり，自律的組織を前提とする「学習と創造の経営システム」に組み込まれた管理会計システムである。そして，日本的管理会計は，影響システムとして，単に経営戦略に合致した行動を促進するだけでなく，経営哲学を反映したものでなければならないと強調している。

岡野の一連の研究では，日本的管理会計の特質について次のように主張している。管理会計を単なる計算技術レベル（計算システム）としてだけでなく，その計算システムを動かす「マネジメント・システム」として把握しなければならない。したがって，日本的管理会計の特質を考察するために，「計算システム」だけでなく「マネジメント・システム」，さらには両者の仕組みの底流にある「社会システム」を分析しなければならない。

以上のように先行研究では，日本的管理会計はアメリカ型の管理会計と比較すると，情報提供と計算システムの機能より，マネジメント・システムや影響システムの機能に重点を置いているという特徴が明らかになった。一般的に，管理会計手法は会計的要素のほかに経営的要素や社会的要素をも内包しているため，計算技術的側面のみを検討しても，その本質を認識することはできないとされている。しかしながら，経営的要素や社会的要素を含むといっても，管理会計は企業経営管理すべてを含む学問ではなく，あくまでも経営学の一つの分野である。したがって，管理会計の適合性あるいは有用性を回復するために，管理会計は他の経営学の諸分野との関係を検討し，経営学における管理会計の位置づけを確認しなければならない。

周知の通り，管理会計は，英語の Managerial Accounting あるいは Management Accounting を和訳した造語である。すなわち，管理会計という用語は「管理」と「会計」という二つの学問に関する専門用語からなる。したがって，「管理」と「会計」との関係をどのように見るかによって，「管理会計」という用語の意味は変わる。「管理」と「会計」との関係については，二つの異なるアプローチがある。一つは会計を座標軸とするアプローチであり，今一つは管理を座標軸とするアプローチである。本書では，前者を会計アプローチ，後者を管理アプローチと呼ぶことにする。

従来の管理会計理論は，基本的に会計視点に依拠し，管理会計の意味を解釈している。会計は，企業の活動に関する情報を収集・整理・伝達するための公式な仕組みであると定義される。典型的な会計学の教科書によれば，会計情報の利用者は経営管理者などの企業内部関係者と，投資家や行政機関などの企業外部関係者に分けることができる。会計はどちらの利用者に会計情報を提供するかによって，財務会計と管理会計に分類できる。財務会計は企業外部関係者に会計情報を提供する会計であると定義されている。一方，管理会計は企業内部の経営管理者のために会計情報を提供する会計であると定義されている。この管理会計の定義の中で強調されているのは管理会計の情報提供機能である。このように，従来の管理会計は，経営管理のための会計と見なされている。

筆者には管理アプローチから，管理会計の本質を認識することができると考えられる。すなわち，管理アプローチに立脚し，経営学における管理会計の位置づけを確立すべきであるという考え方である。そもそも経営管理活動は，基本的に経営戦略の策定と経営戦略の実行の二つの活動に分けることができる。この中で管理会計は経営戦略の実行を支える役割を果たすべきである。筆者がこのような考えに従い，さまざまな検討を行ったところ，最終的にたどり着いたのはマネジメント・コントロール・システムという理論である。すなわち，管理会計の適合性を検討する一つの分析的枠組みとして，マネジメント・コントロール・システムが有用であると考えられる。

3　マネジメント・コントロール・システムと管理会計

20世紀60年代，ハーバード大学のアンソニー（Robert N. Anthony）がシステム論の概念や手法を経営管理の分野に適用し，マネジメント・コントロール・システムという新しい経営管理の理論を提唱した。

それ以来数十年，アンソニー本人をはじめ，多くの経営管理学および管理会計の学者の研究によって，このマネジメント・コントロール・システムは経営学領域の一つの独立した学問として発展してきた。今やマネジメント・コントロール・システムは欧米や日本をはじめ，世界主要国の大学教育において学部や大学院のビジネス系コースに欠かせない授業科目の一つとなっている。

アンソニーのマネジメント・コントロール・システム理論は経営管理の階層化に焦点を当て，経営管理のプロセスを，戦略的計画，マネジメント・コントロール，オペレーショナル・コントロールの三つに分ける。アンソニーによれば，戦略的計画は組織の目的，目的の変更，目的達成のために用いられる諸資源，およびこれらの資源の取得・使用・処分に際して準拠すべき方針を決定するプロセスである。マネジメント・コントロールは，マネジャーが組織の目的達成のために資源を効果的かつ能率的に取得し，使用することを確保するプロセスである。オペレーショナル・コントロールは特定の業務が効果的かつ能率的に遂行されることを確保するプロセスである。すなわち，戦略的計画は新しい戦略を決めるプロセス，マネジメント・コントロールは戦略を実施するプロセス，そして，オペレーショナル・コントロールは具体的な業務を遂行するプロセス，であるとされている。

その中で，マネジメント・コントロールの手法として用いられるのが管理会計である。事実，アンソニーがマネジメント・コントロール・システムの枠組みを提唱する最初の著書 *Planning and Control Systems: A Framework of Analysis*（1965）の中で，マネジメント・コントロール・プロセスと財務会計プロセスの区別について次のように述べている。

> 「その区別をはっきりさせるために，「マネジメント・コントロール」の代わりに「管理会計」という言葉を使うことにする。というのは，「管理会計」はマネジメント・コントロールに関連した会計を指す言葉だからである。」[4]

このように，アンソニーは管理会計をマネジメント・コントロールの会計的手法として位置づけているのである。

一方，それ以降，アンソニー自身はマネジメント・コントロール・システムに関する著作の中で，管理会計という言葉を使うことを避けてきた。例えば，マネジメント・コントロール・システム理論を集大成したアンソニーの最も有名な著書，*Management Control Systems*（1965）の中には，「管理会計」という言葉はほとんど使われていない。しかし，アンソニー生前最後の著書 *Management Control Systems*（第12版）（2007）の目次を見ると分かるように，その内容の多くは依然として管理会計のそれと重なっている。具体的には，マネジメント・コントロールの環境として取り上げられる内容は戦略への理解，組織行

4　管理会計と財務関係の区別について詳しくは Anthony, R. N.（1965）の日本語訳である R. N. アンソニー著・高橋吉之助訳（1968）『経営管理システムの基礎 』（ダイヤモンド社）の 121 ～ 131 頁を参照されたい。

動，責任センター，利益センター，移転価格，資産評価，などである。また，マネジメント・コントロール・プロセスとして取り上げられるのは，戦略的計画，予算編成，財務分析，業績評価，報酬計画，などである。

こうしたことから，マネジメント・コントロール・システムは，管理会計を母体として生み出された学問であると言える。冒頭で述べたように，マネジメント・コントロール・システムは，提唱してから数十年の歳月を経て，経営学領域の学問としてその地位を確立してきたが，それと同時に，管理会計もまた経営管理のための会計手法として発展してきた。しかし，1980 年代末になると，管理会計は大きな危機を直面するようになった。その原因となったのは，ジョンソンとキャプランが管理会計の「適合性喪失」という問題を提起したことである。

上述したように，これまでの研究では適合性回復を図るためアプローチとして「管理会計精緻化論」と「脱管理会計論」が提案されている。これら二つのアプローチは，それぞれ合理的な側面がある。しかし，二つのアプローチは方法論的にまったく異なるものであり，どちらも適合性喪失の回復の根本的手法とはなりえない。というのは，管理会計の適合性喪失が会計技法としての管理会計に起因する問題だけではなく，マネジメント・コントロール・システムとしての管理会計に起因する問題であるからである。したがって，管理会計の適合性喪失問題を解決するための道筋として，まず，管理会計とマネジメント・コントロール・システムの関係を整理し，マネジメント・コントロール・システムの新たな理論的分析枠組みを構築する必要がある。

4　マネジメント・コントロール・システムの理論的仮定

経済学にせよ，経営学にせよ，あらゆる理論的モデルは一定の理論的仮定をベースに構築されている。マネジメント・コントロール・システム理論も例外ではない。マネジメント・コントロール・システムの新しい理論的分析枠組みを築くために，マネジメント・コントロール・システムの理論的仮定を検討しなければならない。

アンソニーが提唱した古典的なマネジメント・コントロール・システムは次の二つの理論的仮定に基づいている。

一つ目はコントロールする主体である管理者（上司あるいは責任者）とコントロールされる対象である被管理者（部下あるいは従業員）の確定性に関する仮定である。二つ目は目標一致に関する仮定である。すなわち，マネジメント・コントロール・システムの合理的な設計により，組織成員の目標を企業組織の目標と一致させることができるという仮定である。これはいわゆる目標一致の原則である。

一つ目の仮定は二つの内容を含む。一つは管理者と被管理者をはっきり分けること，つまり管理者と非管理者の分業である。もう一つは，コントロールが管理者から被管理者へという一方通行の形で行われることである。管理者と非管理者の分業は現代経営管理論の創始者であるテイラー（Frederik W. Taylor）が提唱した「科学的管理」の前提条件である。そこでの管理者の役割は科学的に作業の標準を定め，労働者の作業を監督することである。一方，労働者の役割はもっぱら標準通りに作業をすることである。この仮定が成立するには，管理者が企業の運営に関する知識・情報を完全に有すると同時に，非管理者の行動を完全にコントロールすることができるという前提条件が必要である。肉体労働者を主体とする伝統的な産業経済社会では，これらの前提条件が満たされていたかもしれないが，知識労働者を主体とする現在の知識経済社会では，この前提条件そのものが成立しなくなった。企業の従業員が知識労働者で構成されると，従業員が企業運営に関する知識・情報を持つようになる。その結果として，企業内の知識の分布図に大きな変化が起こり，少数の経営管理者が知識・情報を独占するような状況がなくなる。そうすると，一方通行的なコントロールは実施しにくくなる。また，効果的なコントロールはできなくなる。

二つ目の仮定はあらゆる組織の持続的な生存と発展を実現させるうえで必要不可欠なものである。企業は，その活動を通じて，さまざまな人々や団体に直接的・間接的に影響を及ぼしている。企業の活動によって直接的・間接的に影響を受ける人々や団体は企業の利害関係者と呼ばれる。また，企業の経営管理者や従業員は内部の利害関係者と呼ばれ，株主，債権者，顧客，仕入先，政府などは外部の利害関係者と呼ばれる。こうしたさまざまな利害関係者は，企業にとって必ずしも等しく重要であるものではない。企業の生存・発展に寄与する貢献の大きさおよび企業の衰退・消滅によりこうむる損失の大きさから考えれば，株主，経営者，従業員の三者が最も重要な利害関係者となる。したがって，企業の目標一致を論じる際に，株主，経営者，従業員といった三者の間に存在する利害関係を検討しなければならない。ここで利害という言葉はさまざまな意味を持つが，営利組織としての企業にとっては，やはり経済的な利害関係が一番重要な利害関係である。株主，経営者，従業員三者の利益を一致することは，企業の目標一致を達成させる前提条件である。

従来のマネジメント・コントロール・システムは，いわゆる株主価値最大化という仮定をベースに構築・展開されてきた。すなわち，企業の究極の目的は株主の価値を最大化することである。マネジメント・コントロール・システムはこの目的を実現するためのツールである。そこで株主，経営者，従業員のそれぞれの役割は次のように定められている。株主は企業にカネを投資し，利益の配分として企業から配当を受け取る。経営者は株主の委託を受けて，株主の代理人として，株主価値最大化のために企業経営活動を行う。そして企業に経営管理サービスを提供し，その対価として企業から報酬を受け取る。従業員は企業との労働契約に従い，経営者の監督を受けながら企業に労働を提供し，その対価として企業から給与を受け取る。ここでは，株主から経営者へ，さらに経営者から従業員へというような，一方通行的なコントロールの実施を通して，目標一致が図られることになる。

しかし，知識経済を背景とする現代企業の経営環境において，こうした一方通行的なコントロールは従来ほどの効果が期待できない。また，これよりももっと根本的な問題が存在する。つまり，株主価値の最大化という目的のもとで企業における目標一致を達成することが可能かどうかという問題である。事実上，現代企業においては，株主と比べると，経営者や従業員のほうが企業との利害関係がより緊密である。したがって，経営者や従業員の利益を後回しにした株主価値の最大化という企業目的は合理的なものとは言い難い。

以上の議論はいわゆる企業理論と密接に関係している。企業理論は企業の本質および行動原理に関する学問であり，主に次の三つの課題を研究対象とする。一つ目は企業の所有者に関するものである。二つ目は企業の目的あるいは存在の理由に関するものである。三つ目は企業成果の帰属問題あるいは分配方法に関するものである。これまでの企業理論研究は，二つの方法によって展開されてきた。すなわち，経営資源の視点から理論的枠組みを構築する方法と，利害関係者の視点から理論的枠組みを構築する方法である。二つの方法は研究の着眼点が異なるものの，両方とも株主の利益を最優先するいわゆる資本の論理で企業の本質やその行動原理を解釈している。しかし，こうした企業理論は知識経済を特徴とする現代の経営環境に適合できなくなりつつある。そのため，それに代わる新しい企業理論を構築することが求められる。

第2節　目的と構成

そこで，本書では，以上の三つの問題意識を念頭に置きながら，先行研究の空白を埋めるために，マネジメント・コントロール・システムの新しい理論的枠組みの構築を試みる。本書の目的は従来のマネジメント・コントロール・システム理論に代わる新しいマネジメント・コントロール・システム理論を構築することにある。そのために，本書では次のように議論を展開していく。

まず，管理会計の適合性の喪失と回復に関する先行研究を検討し，問題の所在を明らかにする。次に，マネジメント・コントロール・システムに関する先行研究を検討し，その問題点を指摘する。そして，マネジメント・コントロール・システムの土台となる現代企業理論の構築を試みる。さらにマネジメント・コントロール・システムの新しい理論的枠組みを提唱しながら，現代の経営環境に適合する新たなマネジメント・コントロール・システムの理論，すなわち現代マネジメント・コントロール・システム理論を構築する。最後に，この現代マネジメント・コントロール・システムの理論を用いて，日本的管理会計の典型とされているアメーバ経営の本質とメカニズムを明らかにする。

本書は次のように構成されている。

序　章　問題提起
第1章　管理会計の適合性と管理会計理論の再構築
第2章　マネジメント・コントロール・システム理論の生成と展開
第3章　企業理論：企業観と経営モデル

第４章　現代マネジメント・コントロール・システム理論の構築
第５章　現代マネジメント・コントロール・システムとしてのアメーバ経営
終　章　結論と展望

序章に続いて，第１章では管理会計理論の生成と発展の歴史を回顧しながら，従来のアメリカ型管理会計の問題点を指摘しながら，現代経営環境に相応しい管理会計理論を構築する必要性を論じる。

第２章ではこれまでのマネジメント・コントロール・システムの理論を整理し，その特徴を分析し，問題点を指摘する。

第３章では，組織における目標一致の原則に関する理論的根拠を企業理論に求め，現代企業理論の構築を試みる。

第４章では第１章から第３章までの議論を踏まえ，従来のマネジメント・コントロール・システムに代わる新しいマネジメント・コントロール・システムの理論を提唱する。

第５章では現代マネジメント・コントロール・システムの理論的枠組みを用いて,京セラの事例をもとにアメーバ経営の本質とそのメカニズムを究明する。

終章では本書の結論と成果を示しながら，残された課題と今後の展望について述べる。

第1章

管理会計の適合性と管理会計理論の再構築

第1節　はじめに

他の経営管理分野の学問と同様に，管理会計も企業の経営管理の実務の中から生成し，発展してきた学問である。1924年にシカゴ大学のマッキンゼー（James O. McKinsey）が管理会計（Managerial Accounting）という書物を出版したのをきっかけに，学問としての管理会計が誕生したとされている。

しかしながら，1920年代を管理会計成立の時期と定めるとしても，それ以前に実務としての管理会計が存在しなかったわけではない。アメリカの鉄道会社や製造会社における管理会計の実務は当然，マッキンゼーの著書が出版される以前から存在していた。また，産業革命期イギリスの製造会社においても，価格設定のための原価計算が行われた。

序章の第1節においては，筆者がこれまで取り組んできた三つの研究課題を述べた。その中で最初に取り上げているのは管理会計の適合性喪失という課題である。本章では20世紀初頭の誕生から現在までの管理会計理論の盛衰の歴史を回顧しながら，管理会計の適合性に関する問題を考察し，管理会計理論の再構築について検討する。

具体的には，まずイギリス産業革命期における原価管理会計の生成を考察する。次に，アメリカにおける管理会計の生成と発展を検討する。そして，1980年代末に起こった管理会計適合性喪失問題の提起の経緯を詳しく説明し，それ以降の適合性回復の試みを明らかにする。最後に現代経営環境に相応しい管理会計理論を構築する必要性を述べる。

第2節　管理会計の生成と発展

1　イギリス産業革命と原価管理会計の生成

管理会計の萌芽が最初に現れたのは18世紀のイギリスである。当時のイギリスでは，いわゆる第一次産業革命が起こっていた。大規模な機械生産方式とそれに適応する新しい生産管理手法との導入を通じて，多くの製造企業の生産効率は絶え間なく上がり，競争力も一段と向上した。こうして，イギリスは，世界の製造業の中心地となり，世界経済の発展をリードしていった。第一次産業革命を背景に，イギリス企業の経営管理実務の中から，原価計算や原価管理の初歩的な手法が開発された。こうした先進的な手法を実践していた代表的な企業として，ウェッジウッド社（Wedgwood）やリバプール・アンド・マンチェスター鉄道社（Liverpool and Manchester Railway）が挙げられる。

ウェッジウッド社は1759年に設立されたイギリスの陶磁器メーカーで，現在でも世界最大級の陶磁器メーカーの一つである。ホップウッド（A. G. Hopwood）の研究によると，18世紀当時のウェッジウッド社においてすでに原価計算の手法が開発されていた（Hopwood, 1987）。しかし，本格的な原価管理会計を開発したのは，イギリスの鉄道会社であるとされる。例えば，世界で最初の実用的な蒸気機関車を用いた鉄道会社は，1826年に認可され，1830年に開通したリバプール・アンド・マンチェスター鉄道社である。この会社はすべての列車が時刻表に基づいて運行され，ほとんどの区間で蒸気機関車が牽引する都市間旅客輸送鉄道企業であった。この会社の技師たちは，見積建設費などの計算を担当しており，当該鉄道の計画段階から参画した。そして，鉄道建設後，技師たちは，経営管理者の要請に応じて，鉄道費用の分析，車両等の能率測定，運賃計算を行った。こうした実務の中から，いわゆる原価管理会計が誕生したのである。

イギリス鉄道会社における原価管理会計の主な特徴としては，次の四つが挙げられる。（村田，2004）。一つ目は見積原価計算である。この見積原価計算の目的は，実際原価との差額を発生させた原因を明らかにし，原価管理に役立てようとすることである。二つ目は固定原価・変動原価の分解である。鉄道は，その建設に莫大な資本が必要であり，投下された資本のほとんどは固定資本に吸収されるため，固定原価の回収が重要な課題となった。ここで注目すべきなのは，この原価計算が固定原価・変動原価の分解を基礎として，単位原価が生産量と利益の関係で分析されている点である。三つ目は，トン・マイル当たり原価をベースに原価計算を行うことである。総原価ではなく，統一した単位原価を用いることで，会社内の各部門間の比較分析や他社との比較分析ができるようになった。四つ目は，利益と労務費との関係の分析である。労働資源に対する支出を生産量や利益と関係づけることによって，労働生産性を基盤とした賃金政策が展開された。

以上の考察から，イギリスの原価管理会計は，経営分析に重点を置いた経営管理の手法であることが分かる。当時の経営管理者は，原価管理会計を用いて，原価管理や利益管理を行った。このように，イギリスの鉄道会社により開発された原価管理会計は，その後の管理会計の源流となった。

2　アメリカにおける管理会計の生成と発展

学問としての管理会計が誕生したのは20世紀初期のアメリカである。19世紀の半ばから20世紀の初頭にかけて，アメリカでは，ドイツで発明されたディーゼル・エンジンの普及により，紡績業，鉄道運送業，自動車製造業などの産業が盛んになった。それによって，比較的短い期間で，新興工業国としてアメリカは急速な経済発展を遂げ，イギリスに代わって，世界の製造業の中心地となった。この時期はいわゆる第二次産業革命期と呼ばれる。こうした中で，アメリカ自動車企業フォード自動車の流れ作業生産方式を代表とする大量生産方式が確立された。主にアメリカの先進的な企業の経営管理実務から，標準原価管理や予算管理などの管理会計手法が開発された。そして，こうした優れた企業の実務を背景に，1924年にマッキンゼーの管理会計に関する最初の専門書 *Managerial Accounting* が出版され，それをきっかけに，学問としての管理会計が誕生した。それ以降，アメリカにおける管理会計研究は，世界の管理会計研究をリードしてきている。

上総（1989）は，管理会計の構造と機能という視点から，アメリカ管理会計の発展の歴史を萌芽期，生成期，成立期，展開期という四つの発展段階に区分している。管理会計の構造は会計主体，会計目的，会計対象，会計手段からなる。また，管理会計の主要機能は財務管理機能と労務管理機能である。図表1-1はアメリカ管理会計の発展段階を示している。

この図表の中で，会計主体は管理機能を遂行する管理組織，会計目的は利用目的および計算目的，会計対象は異なる類型の企業，会計手段は管理会計システム，としてそれぞれ示されている。萌芽期は管理会計システムが単一機能を

図表1-1　アメリカ管理会計の四つの発展段階

区分／要因	萌芽期（～1880年頃）	生成期（1880年～1920年頃）	成立期（1920年～50年頃）	展開期（1950年～）
経営構造	単一機能企業	垂直統合企業	垂直統合企業	多角化企業
管理組織	直線組織	職能部門別組織	職能部門別組織	事業部制組織
利用目的	成行管理	体系的管理	科学的管理	人間関係管理
計算目的	配当利益計算	管理単位計算	未来利益計算	投資単位利益計算
管理会計システム	簿記システム	会計システム	予算システム	予算管理システム

出所：上総（1989），19頁の第2表を一部修正。

持つ直線組織である企業に適応しており，配当利益計算を計算目的として簿記システムが利用される段階である。生成期は職能部門別組織である垂直統合企業において会計システムが導入され，全社的な規模で管理単位計算が行われる段階である。成立期は，科学的管理の展開に伴って予算システムが普及し，利益計算においては過去計算に加えて，未来計算も行われる時期である。展開期は多角化企業が事業部制組織を採用しており，予算管理システムを用いて，投資単位の利益を計算するようになった時期である。

1950年代以降，世界経済は未曾有の高度成長の時期に入った。欧米先進諸国では，企業の規模の拡大に伴い，多角化企業や多国籍企業が数多く誕生し，国民経済の中で重要な役割を果たすようになった。科学技術の急速な進歩（例えば，1970年代の半導体技術を基盤としたマイクロエレクトロニクス技術の進展，90年代に本格化する情報技術の進歩など）によって，新技術，新材料，新製品および新サービスが次々と開発され，製造業やサービス業において自動化が進んだ。これはいわゆる第三次産業革命である。こうした変化を背景に，管理会計はオペレーションズ・リサーチ（Operations Research：OR）や情報経済学，心理学，社会学などの分野の原理を援用しながら，その内容を充実させてきた。

1980年代に入ると，世界経済には二つの大きな変化が現れた。一つはアメリカ経済の停滞ないし衰退であり，もう一つは日本やドイツ経済の台頭である。このような変化をもたらした原因は多岐にわたるが，最も重要な原因はやはりアメリカ製造業の国際競争力の相対的低下と，日本やドイツの製造業の国際競争力の向上にある。このような状況を背景に，アメリカの産業界や学界ではアメリカ産業の国際競争力の低下の原因を探し始めた。その結果として，次の結論にたどり着いた。すなわち，日本やドイツの製造業と比べると，アメリカ企業は機械・設備などハードな面で優位を持っておらず，生産管理や経営管理などソフトな面においても後れを取っている。例えば，生産管理の領域では，トヨタをはじめとする日本の一流企業はリーン生産方式の導入によって，製品の原価，性能，品質，納期，すべての面において競争相手を圧倒している。リーン生産方式は日本企業の高い国際競争力の源泉の一つであるとされる（Womack and Jones, 1990）。こうした状況を背景に，アメリカでは管理会計の停滞論が提唱されるようになった（Kaplan, 1984）。

第3節　管理会計の適合性喪失

1980年代半ばから，数多くの管理会計研究者が企業経営における管理会計の有用性の角度からアメリカ製造業競争力低下の原因を探し，さまざまな解釈を提唱した。そのうち最も有名なのは．アメリカ・ポートランド州立大学のジョンソンとハーバード大学のキャプランの解釈である。二人は1987年に出版された共同著書 *Relevance Lost: The Rise and Fall of Management Accounting* の中で，次のように指摘している。企業の管理会計システムは現在の経営環境には適していない。著しく変化する技術，国内およびグローバルな範囲での熾烈な競争，そして情報処理能力の迅速な向上という状況に直面して，管理会計システムは経営管理者にプロセスのコントロール，製品原価計算および業績評価に関するタイムリーかつ有用な情報を提供することができない。その結果，企業の財務報告システムの手続きやサイクルにより作成されている管理会計情報は，遅延しすぎて，概括的でかつ歪められているので，管理者が計画やコントロールの意思決定をするのに適切ではない。要するに本来，企業の経営管理活動を支援する手法としての管理会計システムは今や企業の経営管理に役に立たなくなっているという（Johnson and Kaplan, 1987）。そして，ジョンソンとキャプランは，こうした現象を「管理会計の適合性喪失」と呼んでいる。

ジョンソンとキャプランは，管理会計の適合性喪失の症候は理論研究と企業実務の両面において現れていると指摘している。理論研究においては，1960年代以降ORや情報経済学（Information Economics），エージェンシー理論（Agency Theory）などを援用した研究が数多くなされていたが。ORや経済学の影響で，原価計算の教育や研究は，実務よりも単純なモデルに焦点を当てていた。結果として，数量的な技法を導入しても，管理会計の範囲は広がらなかった。それらの技法が適用されたのは，過去1世紀に企業が行ってきた戦術的計画と統制の意思決定であった。

OR研究の文献はほとんど大学研究者により作成され，しかも主に他の研究者に伝達されているだけであった。研究者は企業と協力して，自分の考えを実行に移すことや，自分の提案の意義を現場管理者と議論することに関心を持たなかった。研究者が開発したモデルは，現実の企業のためのものでもなければ，企業で試されるものでもなかった。情報経済学を応用した研究についても同様な傾向が見られた。すなわち，情報経済学アプローチが適用されたのは，高度に限定された仮定のもとで，極端に単純な場面のみであり，現実の企業に対しては規範的にも記述的にも適用されなかった。また，エージェンシー理論の管理会計への適用は，数学上の困難性およびモデルやその仮定の非現実性があるため，経営管理状況をまったく示さない抽象的なモデルに限定されていた。以上のように，ORや情報経済学，エージェンシー理論を用いた研究は，管理会計における理論と実務の乖離をもたらした一つの要因とされる。

一方，管理会計適合性喪失をもたらしたもう一つの要因は実務自体の陳腐化である。例えば，棚卸資産評価のための原価計算手法の発達は経営管理目的の原価計算を衰退させた。直接労務費に基づく製造間接費の配賦方法も，製品原価を歪め，製品間の内部補助を導くことにより，経営意思決定に有害な結果をもたらした。1980年代の典型的な原価計算システムも，適時性を欠いており，製品別の原価計算にも業務執行上の原価統制にも役に立っていない。その結果として，原価計算は原価管理目的に対して適合性を喪失してしまった。また，投資利益率（Return On Investment：ROI）による業績評価は，経営管理者が企業の長期的な成長より短期的な結果を追求することを助長させている。

例えば，管理会計の主な手法は1920年代前後にゼネラル・モーターズ社（General Motors）やデュポン社（DuPont）によって開発されたもので，現在に至るまで使用されている。しかし，1920年代と比較すると，生産方式は著しく変化しており，全部原価に占める直接労務費の比重は低下し，固定費や間接費の比重は上昇している。その結果，伝統的な間接費用の配賦方法では合理的に間接費を配賦することができなくなっている。また，企業経営活動において，管理会計よりは財務会計のほうが重視されており，投資利益率等の財務指標がすべての経営活動を評価する基準となっている。そのため，投資利益率による業績管理によって，生産活動の効率化を目指す活動よりも投資利益率自体を向上させるような非生産的な活動に，経営資源が集中するようになったのである。

第4節　管理会計の適合性回復の試み

管理会計の適合性喪失という問題提起を契機に，1980年代末以降，欧米や日本の管理会計学界では，新しい会計モデルを探求する研究が急速に展開されるようになった。欧米では，適合性喪失の原因分析および適合性の回復に関する研究が数多く行われている。これらの研究において用いられる方法論は大きく次の二つに分けることができる。一つは管理会計適合性喪失の原因が管理会計手法の陳腐化にあると認識しており，従来の管理会計手法を改善することによって，その適合性を回復することができるという方法論である。もう一つは，適合性喪失の原因が管理会計そのものに内在していると認識しており，従来の管理会計手法を放棄しなければ，適合性問題を解決することができないという方法論である。前者は管理会計精緻化論であり，後者は脱管理会計論である。以下では，管理会計精緻化論と脱管理会計論について詳細に検討する。

1　管理会計精緻化論

管理会計精緻化論を主張する代表的な研究者はキャプランとクーパーとノートン（David P. Norton）の三人である。彼らの主張をまとめると，次のようになる。そもそも管理会計適合性喪失の原因は，①原価計算と原価配賦方法の陳腐化と，②財務指標への過度な傾斜という二つの問題にある。したがって，この二つの問題を解決できるような新しい管理会計の手法を開発すれば，適合性を回復することができるという。

1-1　クーパーとキャプランのABC/ABM

一つ目の問題は主に原価計算や原価管理に関わるものである。この問題を解決するために提案された方法がABCとABMである。両方とも1990年代前後，クーパーとキャプランが提唱した新しい原価計算・原価管理の手法である（Cooper and Kaplan, 1988, 1992; Kaplan and Cooper, 1998）。

ABCとは，経営資源の消費程度に応じて原価を活動ごとに集計し，集計された原価を活動の消費程度に応じて製品に集計する原価計算の方法をいう。ABCは製品，活動，消費資源の三者の関係に着目し，製品は活動を消費し，活動は資源を消費するという基本原理に基づき，活動を原価計算の対象として，原価を集計・配分する。図表1-2は伝統的原価計算とABCの計算構造を

図表1-2　伝統的原価計算とABCの計算構造

伝統的原価計算の計算構造

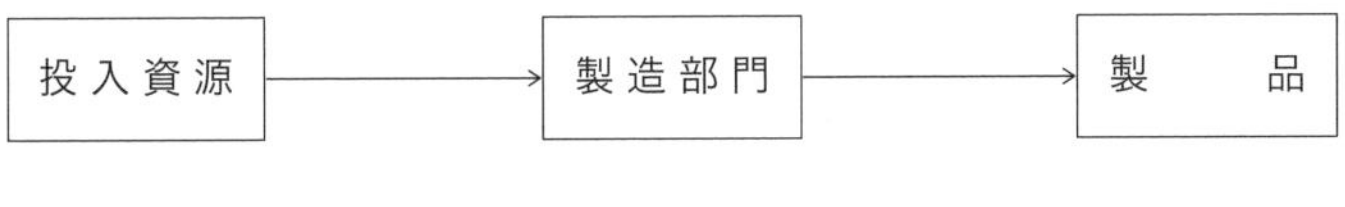

ABCの計算構造

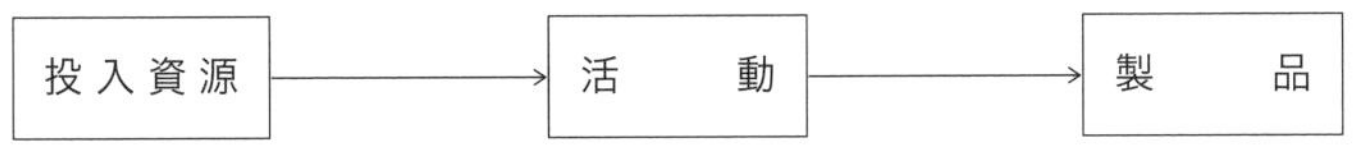

出所：筆者作成。

示している。

図表1-2で示されているように，伝統的な原価計算では，資源の消費により発生した製造間接費はまず製造部門に集計され，そして製造部門から，直接作業時間や直接労務費，機械稼働時間などの操業度関連尺度によって製品に配賦される。それに対して，ABCでは，まず，資源の消費により発生した製造間接費は，活動に集計される。そして，活動に割り当てられた活動原価は，活動ごとの尺度によって製品に配賦される。

伝統的原価計算の合理性は，製造間接費の増減が操業度関連尺度に比例して増減することを前提条件としている。しかしながら，製造間接費の中には，操業度関連尺度に比例しない費用がある。こういった費用の存在が製造間接費配賦の歪みを引き起こすのである。ABCは製造間接費（結果）とそれを発生させた活動（原因）を直接に結びつけることにより，以上の問題を回避することができる。したがって，伝統的な原価計算手法と比較すると，ABCはより正確に間接費を計算・配分することができるのである。

ABMとは活動の管理を通じて，顧客の価値向上と企業利益の改善を同時に達成する管理技法をいう。ABCでは活動を単なる原価集計の対象として位置づけるのに対して，ABMでは，活動を相互に関連しているプロセスの要素として捉えている。管理の対象によりABMは大きく二つに分けることができる。一つは業務的ABMであり，もう一つは戦略的ABMである（Kaplan and Cooper, 1998, pp.137-159）。

業務的ABMは，経営活動に対する需要を所与として，経営資源利用効率の向上を図る管理技法である。まず，業務的ABMは，事を正しく行うことを目標としている。そして，業務的ABMはキャパシティを高めるか支出を減らすことにより，収益を上げるのに必要とされるヒト，モノ，カネといった経営資源を減少させようとする。さらに，業務的ABMによって得られる利益は，削減された原価，増加した収益および回避された原価によって測定される。

戦略的ABMは，活動の効率が一定であると仮定したうえで，収益性を高めるために活動への需要を変更する管理技法である。業務的ABMの目標とは対照的に，戦略的ABMの目標は，正しい事を行うことである。具体的には，収益性の低い活動が必要とするコスト・ドライバーの量を減らすことを通じて，収益性の低い領域から撤退することで，活動に対する需要の組み合わせを変える。そして，活動ミックスをより収益性の高い資源の利用目的にシフトさせることができる。したがって，戦略的ABMには，企業に必要な活動を減らす製品設計・開発，サプライヤー関係に関する意思決定が含まれる。

業務的ABMと戦略的ABMは，相互に排他的関係ではなく，補完的な関係を有する。両者が所与の活動を行うのに必要な資源を削減しながら，活動ミックスを収益性の高いプロセス，製品，サービス，顧客に振り向けるとき，ABMは企業に最大の利益をもたらす。

以上のように，クーパーとキャプランは，ABCやABMを利用することにより，伝統的な管理会計における原価管理や予算管理問題を解決することができると主張している。

1-2　キャプランとノートンのBSC

二つ目の問題は伝統的な業績評価システムにおける財務指標の偏重と非財務指標の軽視に関わる問題である。この問題を解決するために，キャプランとノートンはBSCという業績評価の手法を開発した（Kaplan and Norton, 1992, 1996)。BSCは，①財務，②顧客，③業務プロセスおよび④学習・成長という四つの視点から，企業の業績を総合的に評価する管理手法である。BSCでは，企業のビジョンと戦略がこの四つの視点で展開される。これらの関係は図表1-3に示されている。

①財務的視点は，株主に対して何をなすべきかを示す視点である。企業のビジョンや戦略の成功は最終的には財務的な成功によって達成される。言うまでもなく，財務的に成功するには，顧客の支持を獲得することが不可欠である。②顧客の視点は，顧客に対して何をなすべきかを表している。顧客満足を得るために，顧客の需要をよく把握し，顧客との良好な関係を築かなければならない。③業務プロセスの視点は，株主や顧客を満足させるためにどの業務プロセスを重視すべきかを示す視点である。この視点から，達成すべき財務尺度および顧客満足に有用な業務プロセスを認識し，その業務プロセスを改善または再構築する。④学習・成長の視点は，ビジョンを達成するために，どのようにして変化と改善のできる能力を維持するかを示している。従業員の技能が高くな

図表 1-3　BSC における戦略と四つの視点との関係

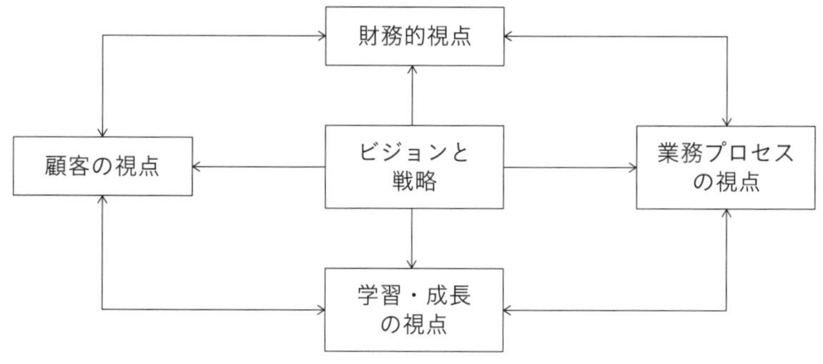

出所：Kaplan and Norton (1996), p.76.

ければ，高い業績目標を実現することができない。そして，個々の従業員や組織全体の学習能力は企業長期的な成長の原動力である。

以上の四つの視点は相互に独立したものではなく，明示的な因果関係でつながっている。例えば，従業員の技能の向上（学習・成長の視点）は，製品・サービスの品質の向上やサイクルタイムの短縮（業務プロセスの視点）をもたらす。さらに，品質の向上や納期短縮は，顧客の満足度を高める原因となる。最終的に顧客満足度の向上は利益の増加につながる。このように，四つの視点の間に一つの因果連鎖が形成されるのである。

BSC のもともとの意味は「バランスのとれた成績表」である。ここでいうバランスは，次の四つを指す。それは，①財務的指標と非財務的指標とのバランス，②外部評価指標と内部評価指標とのバランス，③遅行指標と先行指標とのバランス，④定量的指標と定性的指標とのバランス，である。

また，BSC は，単なる戦術的ないし業務的な業績評価手法ではなく，戦略を行動に落とし込む戦略的マネジメント・システムである（Kaplan and Norton, 1996, 2000）。戦略的マネジメント・システムとして BSC は，次の四つのマネジメント・プロセスにより戦略を展開していく。第一に，ビジョンと戦略を明確にし，分かりやすい言葉に置き換える。第二に，戦略的目標と業績評価指標をリンクし周知徹底させる。第三に，計画，目標設定，戦略プログラムの整合性を保つ。第四に，戦略的フィードバックと学習を促進する。

さらにキャプランとノートンは，企業の無形資産を企業価値に変える戦略マップという戦略管理の手法を提唱した（Kaplan and Norton, 2004）。戦略マップは，企業経営戦略および各戦略目標間の因果関係を記述するための手法を指す。戦略マップはBSCの四つの視点にまたがる戦略目標と成果尺度の因果関係を図示し，BSCはその戦略を図示された通りに実行する。したがって，戦略マップは，経営戦略の共有と着実な実施に役立つ仕組みである。

以上のように，キャプランとノートンは，伝統的な業績評価システムの問題点を克服するために，戦略的な業績管理システムであるBSCを提唱している。

2　脱管理会計論

脱管理会計論は，「管理会計無用論」と「予算管理無用論」の二つに大きく分けることができる。管理会計無用論は，経営管理における管理会計全体の有用性を否定するものであり，その代表的な理論はジョンソンらの「手段による経営」である。予算管理無用論は，経営管理における管理会計の中核的なシステムである予算管理の有用性を否定するものであり，その代表的な理論はホープ（Jeremy Hope）とフレーザー（Robin Fraser）の「脱予算経営（Beyond Budgeting）」である。

2-1　ジョンソンの「手段による経営」

ジョンソンはキャプランと一緒に管理会計の適合性喪失問題を提起したが，問題の解決に対しては，キャプランとは異なる方法論を提示している。彼は既存の管理会計システムを批判し，企業の競争力を高める経営管理手法として，トップダウン・コントロールからボトムアップ・エンパワーメントへの転換を提唱している。ジョンソンはその主張を次のように展開している。

既存の管理会計システムはトップダウン・コントロール型経営管理を支援するものである。トップダウン・コントロールのサイクルは次のようになっている。会計情報の所有権が，トップマネジメントにパワーを賦与し，指示事項を計画・分析し，従業員に伝達する。そして，従業員はプロセスを操作し，顧客を甘言で誘導することにより，会計の結果の達成を図る。その中，結果の情報は会計情報の所有権のところへフィードバックされる。このようなトップダウン型コントロールサイクルに伴う会計情報による経営が，アメリカ企業の生産性の低迷と経済的機会の逸失をもたらした要因である。

しかも，企業はただ既存の管理会計システムを修正するだけでは，競争力への進路を見つけられない。企業に必要なのは，事業についての新しい考え方であって，管理会計情報の改善ではない。競争力を強めるためにボトムアップ・エンパワーメント型の経営管理システムを導入しなければならない。ボトムアップ・エンパワーメントのサイクルは次の通りである。会計情報の所有権が，パワーを顧客に賦与する。顧客は，グローバルな範囲で相応しい企業を選ぶ。こうして選ばれた企業は即応性と柔軟性を高めるべく，従業員にパワーを賦与する。そして，従業員は学習とプロセス改善を通じて，顧客満足を実現していく。その後，顧客満足の情報は従業員のところへフィードバックされる（Johnson, 1992）。

また，管理会計の適合性の喪失と適合性の再生について，ジョンソンは次のように主張している。管理会計の適合性喪失の根本的な原因は，生産量やコスト，売上高，利益などの数字指標による管理への偏重と，管理手段や管理過程の無視にある。換言すれば，適合性は不適切な会計情報を管理において利用したから喪失したのではなく，ビジネス・オペレーションの管理に不適切に会計情報を利用したから喪失したのである。したがって，単にもっと正確な原価計算・原価配分の手法，あるいはより適切な業績評価手法を開発することでは，この問題を解決することができない。例えば，ABC/AMB は確かに間接費の配分をより正確にし，原価管理をより有効にすることができるが，トップダウン・コントロールを変えたわけではない。BSC は組織全体を戦略に向けて方向づけることができるとされるが，それにより企業の業務活動と財務業績の間の因果関係を明らかにしているとは言えない。こうした管理会計手法の精緻化はグローバルな競争に勝ち抜くための即応性や柔軟性の向上には必ずしもつながらないのである。

会計という「鏡」にさまざまな数字により写されている企業経営の状況はあくまで「虚像」であって，企業経営活動の本当の姿をそのままに表している「実像」ではない。そのため管理会計という道具を使って，企業の経営活動をリモート・コントロールすること自体に限界があり，期待されたような効果は得られない。適合性の再生のカギは，長期的顧客関係の確立による即応性の向上と，従業員へのパワー賦与と制約条件の除去による柔軟性の向上である。したがって，管理会計よりもTQMやJITなどの管理手法は企業業績の向上においてより効果的である（Johnson, 1992）。

また，ジョンソンはブルムズ（Anders Bröms）との共同著書*Profit Beyond Measure*（2000）の中で，伝統的な管理会計に象徴される経営管理手法では，短期的な利益は実現できても，不安定な収益しか得られず，それはトヨタとアメリカのビッグ・スリーとの経営格差に表れていると指摘している。

さらにトヨタの経営管理システムを「手段による経営（Management By Means）」，アメリカビッグ・スリーに代表される主流派の経営管理システムを「結果による経営（Management By Results）」と名付けている。

ジョンソンとブルムズの主要な主張は次のようにまとめることができる。第一に，トヨタの経営管理システムは，注文による生産を基点とするもので，大量生産を基点とするアメリカ流の経営管理システムとは決定的に異なる。前者は「手段による経営」であり，後者は「結果による経営」である。第二に，規模の経済を追求する「結果による経営」の座標軸は，ニュートンの古典力学の機械論的な原理と整合的であるのに対して，「手段による経営」の座標軸は分子生物学や宇宙論，システム論などと整合的である。第三に，「手段による経営」の本質は「個と個の関係性のパターン形成」と「細部の重視」にある。それを支える原理は「自然の生命システム」と「関係性」である。

図表1-4は「結果による経営」と「手段による経営」を比較しているものである（Johnson and Bröms, 2000）。

ジョンソンとブルムズは，「手段による経営」はプロセスと人間を重視し，かつ自然の原理に即した経営手法であると主張している。そして，伝統的な「結果による経営」と比較すれば，「手段による経営」のほうは現代の経営環境に適合していると論じ，後者の優位性を強調している（Johnson and Bröms, 2000）。このように，ジョンソンらは，経営管理手法としての管理会計が現代の経営環境に相応しくないことを指摘したうえで，それに代わる経営管理システムを提唱したのである。

図表1-4　「結果による経営」と「手段による経営」の比較

経営の類型／比較の項目	結果による経営	手段による経営
観察者と観察対象の関係	観察者と観察対象は互いに分離し，独立している。	観察者と観察対象は，相互結合，相互依存している。
変化の原因	変化は外部の法則による外部からの力や衝撃の結果。	変化は単なる外的な力や衝撃ではなく，相異の結果として起きる。
秩序とコントロール原理	システムは外的なエネルギーや制御の欠落により自らランダムな無秩序へと向かう。	システムは自律的に秩序を形成し，維持する。
相異の測定	相異は数量によって測定，記述できる。	相異の記述を行うものは，測定ではなく，関係性を結びつけるパターンである。
因果関係	因果関係は，連続的かつ直線的である。	因果関係は，再帰的かつ循環的であり，直線的ではない。

出所：ジョンソン・ブルムズ著・河田　信訳（2002），316頁，表VI-1を筆者修正。

2-2　ホープとフレーザーの脱予算経営

ジョンソンらの「手段による経営」は，経営管理における管理会計そのものの有用性を否定している。それに対して，ホープとフレーザーの「脱予算経営」は，経営管理における予算管理の有用性を否定している。ホープとフレーザーは，共同著書 *Beyond Budgeting: How Managers Can Break Free from the Annual Performance Trap*（2003）の中で伝統的予算管理を批判したうえで，予算管理に代わる新しいマネジメント・モデルの構築の必要性を主張している。

予算管理は，原価計算・原価管理と同様に，管理会計の中核的なシステムである。予算とは，予算期間における企業の各業務分野の具体的な計画を貨幣的に表示し，これを総合編成したものをいう。予算管理は予算編成と予算統制からなる一連のプロセスであり，企業全般にわたる総合的利益管理の具体的な手段である。予算管理には，計画設定と調整と統制（コントロール）の三つの目的がある。これらの目的と関連して，予算管理は計画，調整，統制という三つの経営管理機能を有する。

予算管理は，20世紀の初頭から多くの企業によって実践され，現在においても最も一般的に利用されている管理会計技法の一つである。一方，1950年代以降，予算管理の実践に関する多くの研究では，予算管理の問題点および逆機能が指摘されてきた（Argyris, 1952; Hofstede, 1968; Onsi, 1973）。先行研究で指摘された予算管理の問題は大きく次の三つに分けられる（Hansen, Otley and Van der Stede, 2003）。

一つ目は計画の前提条件が時間とともに変化したことによって生じる問題である。すなわち，予算が執行されるまでに，予算編成の前提条件がすでに無効になってしまうため，予算編成に要した時間の割には，予算は価値を提供しない。その結果，目標としての予算はほとんど役に立たなくなるのである。二つ目の問題は縦型の組織構造と中央集権的な調整との高い適合性のゆえに生じる問題である。すなわち，予算は垂直的な命令と統制を強化し，価値創造ではなく，コスト削減に焦点を合わせている。その結果，予算は環境変化に対応しようとする意志を阻害してしまう。三つ目は組織と人的側面に関わる問題である。予算は知識の共有化を促進するよりは，部門の壁を強化する。業績評価システムとしての予算は，組織成員の行動に悪影響を及ぼす。そのために，いわゆる予算ゲームや予算スラックの問題が発生する（小菅，2004；清水，2009）。予算管理の問題の中で，特に予算スラックについては，欧米では多くの研究成果が蓄積されてきた（Onsi, 1973; Otley, 1978; Merchant, 1985; Van der Stede, 2000）。日本でも日本企業を対象とする研究がなされている（李・松木・福田，2012）。

これらの研究は，実証研究や事例研究など多様な研究方法を用いているが，一つの共通点を有する。すなわち，予算管理の問題点を指摘しながら，その改善方法を見つけることを研究の目的としていることである。それに対して，ホープとフレーザーの脱予算経営は，予算管理の放棄を主張することで，従来の研究とは一線を画している。ホープとフレーザーの主な主張をまとめると，次のようになる。

予算管理の問題は一夜にして出現したのではなく，何十年もの間，大きな問題であり続けていた。特に1990年代以降，競争環境の劇的な変化や有名企業のコーポレートガバナンスに関する問題の続出を背景に，予算管理における次の三つの問題点が顕著に現れ始めた。すなわち，第一に，予算管理は手続きが煩雑で多額のコストがかかる。第二に，予算管理は現代の競争環境とはマッチしておらず，経営者の要求も業務管理者の要求も満たしていない。第三に，予算ゲームが許容できる範囲を超えてしまった。

固定業績契約は管理者の業績を導き，評価するために用いられる。このために，管理者は予算管理プロセスのあらゆる段階で逆機能的行動を取る可能性がある。固定業績契約は予算ゲームや「会計数値の操作」を引き起こす主な原因となるのである。

予算管理が抱えるこれらの問題を克服して，企業の戦略実施を支援するためには，欠陥のある予算管理を修復するだけでは十分ではなく，予算管理に代わる新しいマネジメント・モデルを構築しなければならない。このマネジメント・モデルは，組織や従業員の潜在能力を完全に活用するために，マネジメント・プロセスやリーダーシップに新しい首尾一貫性を持たなければならない。

予算管理を放棄することは，二つの可能性を開くことになる。一つは一連の変化適応型マネジメント・プロセスを可能にすることであり，もう一つは徹底的に分権化した組織を可能にすることである。脱予算経営の目的は，変化適応型プロセスと徹底した分権化を導入することで，組織全体を戦略指向で高業績を目指す組織へと変革させることにある。

変化適応型分権化マネジメント・モデルの本質は，有能で熱心な従業員に，現場の市場で迅速な意思決定を行うための権限と能力を与えることで，彼らが責任を持って行動し，直面する脅威と機会に適切に対応し，競争的な業績にも目を向けながら首尾一貫した結果をもたらすことである（Hope and Fraser, 2003）。

3　管理会計精緻化論と脱管理会計論の理論的示唆

この管理会計精緻化論と脱管理会計論は，それぞれ異なる側面から管理会計の理論研究に多くの示唆を提示しており，管理会計の理論をさらに発展させている。

管理会計精緻化論は，適合性喪失の原因が管理会計手法の陳腐化に起因すると主張しており，従来の管理会計手法を革新・改善することで，管理会計の適合性の回復を図ろうとしている。ABC は製造間接費をその発生額と比例する尺度で配賦することで，伝統的な原価計算に比べてより正確な原価を計算できる。そのため価格設定や製品構成などの製品に関わる意思決定の際に有効な原価情報を提供することができる。ABM は，業務プロセスを構成する活動に着目して原価低減を促すことができる。そして，BSC は，会計情報による指標と非会計情報による指標をバランスよく設定することで，伝統的な管理会計に見られる短期的な財務指標への偏重を是正することができる。

このように，管理会計精緻化論者により提唱された ABC や ABM，BSC は特に情報提供機能における管理会計の問題点を克服することができると考えられる。したがって，管理会計精緻化論は，伝統的な管理会計の理論を発展させたという点においては高く評価されるべきである。

脱管理会計論は，管理会計精緻化論の主張とは異なり，管理会計の適合性喪失の原因が管理会計技法の陳腐化にあるのではなく，管理会計そのものに内在していると主張している。ジョンソンらの脱管理会計論（管理会計無用論）によれば，経営管理への管理会計の適用は，あくまでも「結果による経営」であり，それこそが管理会計の適合性喪失の原因であるという。したがって，ジョンソンらは「結果による経営」から「手段による経営」へ転換することにより，適合性の回復を図ろうとしている。そこで「手段による経営」の有効な手法として提唱されているのは TQM や JIT である。

このように，ジョンソンらの研究は，財務的な指標を使って企業の経営管理活動をトップダウン方式でリモート・コントロールするという経営管理手法の問題点を指摘しことと，経営実践における管理会計の限界，特に管理会計の情報提供機能の限界を明らかにしたことで，管理会計研究の今後の方向性について有益な示唆を示していると言える。

一方，ホープとフレーザーの脱予算経営（予算無用論）は，予算管理，特に固定業績契約による業績管理の限界を指摘し，予算管理に取って代わる新たなマネジメント・モデルの構築を試みた。脱予算経営の目的は，単なる予算管理を廃止することではなく，予算管理より優れたマネジメント・モデルを構築することである。そのために，事業の最前線にいる管理者の意思決定に必要なマネジメント・モデルを提唱している。いわゆる変化適応型分権化マネジメント・モデルである。そして，新しいマネジメント・モデルは21世紀の経営環境に適しているかどうかを判断するための三つの基準を提示している。

以上のように，ホープとフレーザーの脱予算経営は，変化適応型マネジメント・プロセスの導入や徹底した分権化組織の構築，そして優れたガバナンスと倫理的行動の促進を行うことで，予算管理の問題点を克服することができると主張している。予算管理は管理会計の中核的なシステムの一つであることから，脱予算経営の提唱は，管理会計の適合性を回復するための有益な試みであると評価できる。特に変化適応型マネジメント・プロセス，組織の分権化，組織成員の倫理的行動などの重要性を指摘したことは，予算管理ないし管理会計の研究に重要な示唆を与えていると考えられる。

第5節　日本的管理会計の展開

1990年代以降，欧米の研究動向を受けて，日本でも管理会計適合性の回復についての研究が行われ始めた。こうした中で，いわゆる日本的管理会計が注目されるようになった。

日本的管理会計とは何を意味するのかについて，これまでさまざまな議論がなされており，その概念を厳密に定義することは難しい。例えば，尾畑（2000）は，日本的管理会計を日本発の管理会計と定義する。加登（2000）は，日本的管理会計を，日本発の管理会計に加えて，海外に移転や展開するプロセスでそのまま持っていけない管理会計の実践であると捉えている。また，吉田・福島・妹尾（2012）では，日本的管理会計は，原価企画や原価改善，JITなどに代表される日本企業の先進的実践に由来する「日本発の管理会計」と，組織コンテクストとしての日本経営との密接な関係における管理会計の実践との二つの意味合いを持つと主張している。先行研究で日本的管理会計の題材として取り上げられるのは，原価企画，原価改善，JIT，TQM，ミニ・プロフィットセンターなどである。しかしながら，JITやTQMは，たとえその中には一部の原価管理機能が含まれるとはいえ，それ自体は管理会計の手法であるとは言い難い。

本書では日本的管理会計を，伝統的なアメリカ型の管理会計と異なる日本の先進的な企業実務に由来する日本発の管理会計と定義する。この定義に従えば，日本的管理会計の手法として取り上げられているのは，原価企画とミニ・プロフィットセンターである[1]。

1　日本的管理会計としての原価企画に関する研究

これまで原価企画に関する研究が数多くなされてきたが，日本的管理会計という視点から管理会計の基本機能を探求する代表的な研究としては，廣本敏郎の一連の研究と，岡野浩の一連の研究が挙げられる。

1-1　日本的管理会計の影響機能

ハーバード・ビジネス・レビュー（*Harvard Business Review*）に掲載された廣本敏郎の論文 “Another Hidden Edge: Japanese Management Accounting”（Hiromoto, 1988）は日本的管理会計研究のブームの引き金となった画期的な論文である。この論文では，日本的管理会計の特徴について，次のように指摘している。日本企業は会計システムを，上級の経営管理者に原価，差異，そして利益に関する正確なデータを提供するために利用するというより，従業員が長期的な製造戦略と一致して行動するように動機づけるために利用している。会計は「情報提供」の役割より，「影響」の役割を果たしている。すなわち，アメリカ型の伝統的な管理会計は，経営管理者の意思決定を支援するために情報提供システムとしての役割を担っている。それに対して，日本的管理会計は，従業員が組織目的の達成に向けて改善に努め，絶えざるイノベーションを生み出すように，従業員に対する影響システムとしての役割を果たしている。このような影響機能を重視する日本的管理会計の具体例として，原価企画が取り上げられている（Hiromoto, 1988）。

1　日本の代表的な管理会計学者の一人である谷武幸が著した教科書『エッセンシャル管理会計』（2009）の第Ⅳ部は「日本的管理会計システム」と題しており，第13章原価企画と第14章ミニ・プロフィットセンターの2章から構成されている。なお，同教科書の第3版では，第14章のタイトルがアメーバ経営に変更されている。

この論文をきっかけに，欧米では，日本的管理会計に関する研究が展開されるようになった。代表的な研究として，Cooper (1995)，Ansari et al. (1997) 等が挙げられる。しかしながら，こういった研究のほとんどは，日本的管理会計の経営的側面よりもその技法的側面に焦点を当てている。

そのような展開の中で，日本では，経営的側面から日本的管理会計の特徴を解明しようとする研究がなされてきた。Hiromoto (1991) は，影響機能を基本的な特徴としながら，市場志向，チーム志向アプローチという特徴も指摘している。また，廣本（2004）は市場・技術・組織と管理会計との関係を検討し，現代の管理会計は伝統的な管理会計が前提としていたものとはまったく異なる新しい組織観の上に成り立っていると主張している。そして，JIT を分析し，その組織の特徴について次の二点を指摘している。第一に，組織を構成する各単位は自主的判断をしながら仕事を行う自律的な単位である。それは，伝統的な組織にあるような固定された分業関係ではなく，互いに自由度を持った関係になっている。第二に，各作業者は単に自律的であるだけではなく，市場と直接に結びつけられている。このような組織は自律的組織と呼ばれる。自律的組織の要点は，分業における仕事の分け方にあるのではなく，分業の連結の仕方にある。

自律的組織は，伝統的組織と対比される組織概念である。その特徴として，次の三点が挙げられる。第一に，市場情報が直接的に組織内部へ取り組まれていること，第二に，自ら考え学習しながら行動する組織構成員が自ら計画し統制していること，第三に，各組織構成員（組織単位）が伸縮的分業を行うこと，である。自律的組織では，各組織単位が主体的・能動的に行動するが，価値観の共有と相互信頼関係のもとで情報的相互作用を行うことによって，全体として環境の変化に適応していく。さらに，廣本（2009）では，日本的管理会計は，伝統的管理会計とは異なり，自律的組織を前提とする「学習と創造の経営システム」に組み込まれた管理会計システムであると主張している。学習と創造の経営システムは，経営哲学を共有するとともに，組織文化・風土によるコントロールを重視する経営システムである。また，廣本（2012）は，学習と創造の経営システムのポイントとして，次の二つの点を指摘している。一つは，管理会計と財務会計との連携である。もう一つは，経営哲学が重要な役割を果たしているということである。そして，日本的管理会計は，影響システムとして，単に経営戦略に合致した行動を促進するだけでなく，経営哲学を反映したものでなければならないと強調している。

以上のように，廣本の一連の研究によって，日本的管理会計が情報提供機能より，影響機能を重視しているという特徴を持つことが明らかになった。

1-2　原価企画と日本的経営システムとの関連性

一方，岡野浩の一連の研究は，管理会計機能に対する認識から，日本的管理会計の特徴を究明しようとしている。岡野（1993）は欧米と日本における管理会計の機能に対する認識の差異を，会計の可視性と不可視性の相互関係によって説明している。すなわち，欧米では会計の機能をポジティブに捉え，財務的視点によって生産現場の現実をできる限り可視化するという認識である。これに対して，日本では会計により生産現場を可視化することができないという認識に基づき，管理会計としての機能的側面をネガティブに捉えている。その結果，日本では，原価管理における会計の比重が欧米と比べてかなり低く，標準原価計算などの会計技法によって「計数管理としての原価管理」を達成するのではなく，JITや全社的品質管理（Total Quality Control：TQC）をはじめとする生産管理技法によって「実体管理としての原価管理」が重視されてきたという。そして，日本的管理会計の主要な技法として注目されている原価企画が，実体管理と会計管理との新たな相互関係を志向するものであると指摘している。

さらに岡野（1995）は会計の可視性と不可視性という概念を用いて，実体管理と会計管理との関係によって，日本的管理会計の特質の究明を試みた。岡野（1995）によれば，会計の不可視性とは，ある管理会計システムを用いることによって何が見えなくなるかを浮き彫りにする分析視角である。会計の不可視性をネガティブに捉えるのは実体管理であり，それをポジティブに捉えるのは原価企画である。日本における管理会計は，技法それ自体としてはアメリカから導入したものであるにもかかわらず，機能あるいは運用の側面でかなりの相違点が見られ，欧米における「機能」とは異なるものが多くある。管理会計を単なる計算技術レベル（計算システム）としてだけでなく，その計算システムを動かす「マネジメント・システム」として把握しなければならない。したがって，日本的管理会計の特質を考察するために，「計算システム」だけでなく「マネジメント・システム」，さらには両者の仕組みの底流にある「社会システム」を分析しなければならない。

岡野（2002，2003）では，原価企画を，「計算システム」，「マネジメント・システム」，「社会システム」の三つの側面に分けて考察することができると主張している。計算システムは計算技術的な側面のことである。対象原価，絶対値・差額，目標利益・目標原価の算定基礎，製品マネジャーの予備費，部品別目標原価の設定などが含まれる。マネジメント・システムとは，マネジメントに関する総体としての仕組みを意味するものであり，原価企画の推進体制，業績評価システムとしての人事考課制度との関連，さらにはサプライヤーとの連携が含まれる。社会システムとは，社会において特徴的な仕組みを意味するものであり，調達の契約形態・サプライヤー関係，教育制度，環境への関心度，コーポレートガバナンスなどが含まれる。この三つのシステムは，互いに独立したものではなく，相互に関連している。異なる社会システムが計算システムやマネジメント・システムを変えることもあれば，逆に新たな計算システムがマネジメント・システムや既存の社会システムに大きな影響を及ぼすこともあり得る。

そして，岡野（2003）ではこうした日本的管理会計が生み出された理由を日本的経営システムに求めて，原価企画と日本的経営システムとの関連性を次のように説明している（図表1-5を参照）。

図表1-5　日本的経営システムと原価企画との関連

日本的経営システムの特徴	原価企画の特質
機能別管理	クロスファンクショナル体制
現場・現物主義	会計の可視性を回避するシステム
ボランタリー性の強調	埋め込まれた組織学習
源流管理と創り込み	原価の決定と発生との関係性

出所：岡野（2003），60頁図2-17。

機能別管理とは，品質保証や原価管理などの経営管理上の重要なファクターを関連する組織間の横断的調整を行う仕組みを指す。原価企画のクロスファンクショナル体制は機能別管理を展開したものであると言える。現場・現物主義は，それぞれの現場で生起する事象を体験することによって個別具体的な問題点がはじめて明確になるという思想である。現場・現物主義は，物量尺度を中心とする原単位管理を重視し，貨幣単位管理である原価計算を排除する原価企画の論理に用いられる。ボランタリー性とは，自主管理のことを指す。こういった自主管理活動は，当初TQCの一環として推進されてきたが，原価企画の中にも取り入れられた。源流管理は，品質や原価などの発生原因が確定する時点で十分な検討を行うことである。製品の原価は製品設計プロセスの結果ではなく，プロセスのインプットである。設計活動によって目標原価を図面に創り込むことは原価の創り込みである。すなわち，原価企画は原価の発生プロセスではなく，決定プロセスに焦点を当てながら，源流で原価をコントロールしようとする源流管理活動である。

このように，岡野浩の一連の研究は，会計の不可視性，実体管理，会計管理などの概念を用いながら，会計手法を支えている組織レベルおよび社会レベルの分析により，原価企画を含む日本的管理会計の特質を明らかにしている。

2　日本的管理会計としてのミニ・プロフィットセンターに関する研究

原価企画のほか，日本的管理会計としてよく取り上げられるもう一つの研究題材は，ミニ・プロフィットセンターである。ミニ・プロフィットセンターという概念は，アメリカの著名な管理会計学者クーパーが最初に提唱した管理会計の概念である。彼は1990年代初期に日本企業の先進的な経営管理実践に対する調査を実施し，その結果をまとめた著書Cooper (1995) を出版した。この著書の中では，企業組織を細分化した小規模な組織単位を独立採算方式で運営するという調査対象企業の経営管理における共通する特徴を抽出し，それを「ミニ・プロフィットセンター」と名付けた。そして，日本企業の競争優位を作り出したツールとして，原価企画や原価改善，そしてミニ・プロフィットセンターを挙げている。

こうしたクーパーの研究に触発され，1990年代後半から日本ではミニ・プロフィットセンターに対する本格的な学術研究が行われるようになった。代表的な研究として，三矢（2003），上総・澤邉（2006），挽（2007）が挙げられる。

三矢（2003）の研究目的は，アメーバ経営を代表的な手法とするミニ・プロフィットセンターの理論を構築することである。三矢（2003）では，まず，クーパーの研究を批判的に検討し，彼の研究の問題点を指摘した。そして，京セラのアメーバ経営とアメーバ経営を導入した他の企業への体系的調査を通じて，組織構造，管理者行動，コントロール・システムに関する分析から，ミニ・プロフィットセンターのメカニズムを明らかにした。最後に，アメーバ経営は，組織，管理会計，経営哲学が有機的に結合し，企業家的なリーダーを育てる経営手法であると結論付けている。

上総・澤邉（2006）はアメーバ組織，部門別採算，そして全員参加による経営といったアメーバ経営の三大要素を検討し，アメーバ経営の特徴について次のように指摘している。第一に，京セラのアメーバ組織はチャンドラー（Alfred D. Chandler, Jr.）の組織発展モデル[2]とは異なるライン採算制組織である。第二に，京セラの管理会計は京セラの経営理念を体現した管理会計のシステムであり，アメーバ組織が持っている速度連鎖効果を通じて展開される利益連鎖管理である。そして，上総・澤邉（2006）は，京セラの管理会計システムを，かつて事業部制組織の登場で注目を浴びたアメリカのゼネラル・モーターズ社の管理会計システムに匹敵するものであり，激しい国際競争時代に十分耐えうる純国産の優れた管理会計システムの一つであると結論付けている。

挽（2007）の研究目的は，日本企業の実態を踏まえた実証研究を通じて，戦後から現代に至るまでの期間を対象に，日本の管理会計あるいは日本的管理会計の進化の過程を明らかにすることである。挽（2007）では，まず，日本的管理会計を論じた先行研究には二つのケースがあると指摘した。一つは，アメリカから日本に知識移転がなされた管理会計技法が日本企業の経営環境のもとでカスタマイズされていったケースである。もう一つは，日本企業が独自の管理会計システムを創出したケースである。そして，前者としては花王のケース

2　Chandler（1962）では，企業の組織が単一事業に適合した職能別組織から複数事業に適合した事業部組織へと発展するという組織発展モデルを提唱している。

を，後者としては京セラのケースを取り上げ，ケースリサーチを行っている。最後に，ケースリサーチの結論として，二つの事例に共通する日本の管理会計あるいは日本的管理会計の七つの特徴を指摘した。すなわち，①管理会計システムの導入が経営管理に影響・効果を及ぼしてきたこと，②管理会計は経営理念，経営哲学および組織風土・文化に関連していること，③経営トップのみならず，さまざまな部門の末端の現場担当者までもが必要な管理会計情報をいつでも見られる体制が整っていること，④管理会計と財務会計との結びつきを強調していること，⑤事後的な業績評価あるいは報酬制度との結びつきよりも，特定期間を対象とした予算編成プロセスにおいて，および特定の意思決定のために管理会計が多く活用されていること，⑥トップマネジメントやミドルマネジメントはもちろん，製造，営業および研究開発の各現場が実際に管理会計を使って経営管理を行っていること，⑦管理会計情報の共有だけでなく，情報直結が重視されていることである。

3　日本的管理会計論の特徴

上記の研究によって，日本的管理会計の次の二つの大きな特徴が明らかになった。

第一に，日本的管理会計は，会計の情報提供の機能よりも，会計の影響機能を重視していることである。すなわち，日本的管理会計は，単に経営者が制定した計画あるいは戦略が正しく実行されているかどうかを知らせる情報提供システムではなく，経営者から現場の従業員まで全員参加の経営によって，組織目的の実現に向かって協働するのを支援するシステムである。その中で，会計の情報提供機能だけでなく，会計の影響機能も重視されている。原価企画では，部門横断的な組織による内部の協働だけではなく，サプライヤー関係のような内部と外部との協働が目標原価を実現するための成功のカギとなっている。アメーバ経営では，市場に直結した部門別小集団独立採算制度が組織目標の実現を支える仕組みとなっている。

第二に，日本的管理会計は，単なる管理会計の技法よりも，管理会計と経営哲学や組織文化との結びつきを重視していることである。すなわち，日本的管理会計は，原価企画にせよ，ミニ・プロフィットセンターあるいはアメーバ経営にせよ，技法として見ると単純なものである。注目すべきは，技法それ自体ではなく，そのような技法を組み込んだ日本的経営システムである。換言すれば，日本的管理会計の背後にあるのは日本的経営システムである。原価企画の特質は，機能別管理や現場・現物主義など日本的経営システムの特徴にその源流を探し出すことができる。また，アメーバ経営の哲学・理念は大家族主義や全員参加といったいわゆる日本的経営の思想を色濃く反映している。

これまでの日本的管理会計に関する研究は，管理会計の理論研究に対して，二つの大きな貢献を果たしている。一つは日本企業の管理会計実践を検討することにより，日本の管理会計あるいは日本的管理会計の内容と特徴を明らかにしたことである。もう一つは従来のアメリカ型の管理会計と異なる新しい管理会計の可能性を示したことである。言うまでもなく，前者は管理会計研究において重要な意義を有している。しかし，管理会計理論の発展という意味では，後者のほうはさらに重要である。なぜかというと，そこから，管理会計理論研究の新しい方向を示す重要なヒントを得ることができるからである。

周知の通り，従来の管理会計理論においては，情報提供機能は管理会計の唯一の本質的な機能とされている。情報提供機能以外に管理会計の影響機能の存在を指摘したことは，管理会計の定義そのものを見直すこと，ひいては経営管理システムにおける管理会計の位置づけの再定義を意味する。さらに，日本的管理会計が経営哲学や組織文化と深く関連しているという指摘は，管理会計の会計的な側面だけではなく，その管理的な側面の重要性を示唆している。この意味では，これまでの日本的管理会計に関する研究は高く評価されるべきであると考えられる。

第6節　管理会計理論の再構築

1　管理会計精緻化論と脱管理会計論の問題点

以上に述べたように，管理会計の適合性の回復に関する二つの異なるアプローチ，すなわち管理会計精緻化論と脱管理会計論は，管理会計研究の発展に対してそれぞれの貢献をもたらした。しかし，一方，これらの研究には大きな問題点も残されている。

1-1　管理会計の精緻化論の問題点

前述のように，管理会計精緻化論は，適合性喪失の原因が管理会計手法の陳腐化に起因すると見なしており，従来の管理会計手法を革新・改善することで，管理会計の適合性を回復することができると主張している。こうした主張に従えば，企業の経営管理実務におけるABCやABM，BSCの導入・適用によって，管理会計の適合性を回復することができるはずである。

しかしながら，これまでのイギリスやアメリカ企業におけるABCおよびABMの導入・実施状況に関する研究報告によれば，その導入と定着はあまり進んでいないことが分かる（Bhimani et al., 2007）。例えば，1994年に実施されたイギリス企業におけるABC/ABMの導入状況に関する調査では，調査対象企業352社のうち，74社が採用しており，採用率は21.0%となっている（Innes and Mitchell, 1995）。1999年に実施された同様な調査の結果，177社中31社が採用しており，採用率17.5%となっている（Innes et al., 2000）。アメリカにおけるABC/ABMの導入状況について，1993年に実施された調査では，調査対象企業の中に，ABCを採用していると答えた企業は27%にとどまっているという結果が得られた（Shim and Sudit, 1995）。また，BSCの導入状況についても同様な傾向が見られる（Ittner and Larker, 1998）。

イギリスやアメリカ企業と比較すると，日本企業におけるABCとABMの導入・定着率はさらに低い。例えば，日本会計研究学会特別委員会の報告によれば，調査対象企業330社のうち，ABC/ABMを採用している企業は22だけであり，採用率は6.7%に過ぎない（日本会計研究学会特別委員会，1999）。特に日本の製造業に限ってみれば，導入事例の数は驚くほど少ない（伊藤（嘉），2010）。また，一度ABCを導入しながらも，数年後にそれを放棄した，もしくは従来の原価計算手法に戻した事例も少なくないことが報告されている（Bhimani et al., 2007）。

こうした状況を踏まえ，ABC/ABM導入の促進要因あるいは阻害要因に関する研究が行われてきた。先行研究においては，ABC/ABMの導入に影響を及ぼす要因として，さまざまな要因が挙げられている（Anderson, 1995; Gosselin, 1997; Malmi, 1997）。

Anderson（1995）では，企業が激しい市場競争に直面し，コスト低減の圧力が強いほど，ABC/ABM の導入に熱心であると指摘されている。Gosselin（1997）では，組織がより集権的であるほど，またより公式性が高いほど，ABC/ABM 導入の可能性が高いとの結果を示している。Malmi（1997）では，ABC/ABM 導入に失敗した事例が紹介されており，その原因の一つとして組織文化が指摘されている。

先行研究により指摘されている ABC/ABM 導入の促進要因あるいは阻害要因は大きく外部要因と内部要因に分けることができる。外部要因としては，環境不確実性，市場の特徴，競争環境など，内部要因としては，組織構造，企業文化，事業戦略，規模，業種，タスクの特性，導入に関わる人々の個人的属性などが挙げられる。

また，ABC/ABM と同様に，BSC についてもさまざまな批判がなされている。BSC に対する批判は大きく二つに分けることができる。

一つは BSC という手法の革新性の少なさに対する批判である。財務的な視点だけでなく，非財務的な視点も重視した経営は特に日本の優良企業ではすでに行われている。また，BSC は日本企業により開発された TQM や方針管理との間に多くの類似点が存在する。そのため，わざわざ BSC を導入する必要がないと考えている経営者は少なくない。また，BSC は経営学分野の成果を取り入れてうまくまとめたものであり，革新性が少ないと指摘されている（小林，1998）。

もう一つは，四つの視点の因果関係に対する批判である。Horreklit（2000）は，BSC の四つの視点間の因果関係は仮定的なものであり，この不明確な因果連鎖が企業経営において部分最適を招く逆機能をもたらす可能性があると指摘している。

以上の批判や企業の実践の状況から見ると，管理会計の適合性は管理会計精緻論の主張通りに回復されているとは言い難い。

1-2　脱管理会計論の問題点

一方，脱管理会計論は，欠陥のある管理会計手法を単に改善することでは管理会計の適合性を回復することができないと考えており，管理会計に代わるマネジメント・モデルの必要性を主張している。脱管理会計論は，さらにジョンソンの「手段による経営（管理会計無用論）」とホープとフレーザーの「脱予算経営（予算管理無用論）」との二つに分けることができる。

ジョンソンの「手段による経営」は，管理会計の適合性喪失の原因が管理会計そのものに内在していると見なしており，「結果による経営」から「手段による経営」へ転換することにより，適合性を回復することができると主張している。ホープとフレーザーの「脱予算経営」は21世紀の経営環境において企業が戦略を成功裏に遂行するためには，予算管理という伝統的なマネジメント・モデルを捨て去り，それに代わる新しいマネジメント・モデルを構築しなければならないと主張している。この新しいマネジメント・モデルの特質は，変化適応型マネジメント・プロセスおよび徹底した分権化組織を可能にすることである。

しかし，理論的に考えると，ジョンソンの主張のように，管理会計をまったく使わずに，TQMやJITを実施さえすれば必ず長期的・継続的に企業の経営業績が上がるという論理は成立しえない。なぜかというと，管理会計を利用しなければ，経営計画を策定すること，そして経営業績を測定・評価することができないからである。一方，企業の実務に目を向ければ，現実に「手段による経営」だけを用いている企業はほとんど見当たらない。事実，世界的な優良企業として認められている日本の代表的な企業は「手段による経営」を実践していると同時に，管理会計手法をも活用している。例えば，ジョンソンとブルムズが提唱している「手段による経営」の原型であるトヨタでも原価管理や予算管理などの管理会計手法を積極的に開発・利用している（卜，2017）。

また，21世紀の経営環境で経営戦略を成功裏に遂行するために，伝統的予算管理の固有な問題を解決しなければならない。こうした問題解決の処方箋を提唱したのは，ホープとフレーザーの脱予算経営である。ホープとフレーザーによれば，脱予算経営は，相対的目標値とそれに基づく報酬算定，継続的な計画の更新，需要動向に即応した資源配分，ダイナミックで部門横断的な調整，そして，さまざまなレベルからなる多くのコントロールを支援する首尾一貫した予算の代替的プロセスである。その目的は，最前線にいる管理者の意思決定に必要なマネジメント・モデルを提案することである。

しかしながら，脱予算経営が示しているのは，21世紀に適したマネジメント・モデルの新しいビジョンのみであって，首尾一貫したマネジメント・モデルそのものではない。実は，脱予算経営という概念は主に欧州企業の事例研究をベースに構築されたものである。変化適応型プロセスを成功裏に導入した事例として，パリに本社を置く特殊化学品メーカーRhodia社，デンマークの石油化学メーカーBorealis社，そして，スウェーデンの銀行Svenska Handelsbanken社の事例が取り上げられた。三つの事例は予算管理制度を廃止した点で共通するが，予算管理に代わるマネジメント・モデルはそれぞれ異なる。また，変革への障害を取り除いた事例として，スウェーデンの卸売業者Ahlsell社，イギリスのトラックメーカーLeyland Trucks社，そしてSvenska Handelsbanken社の事例が取り上げられた。三つの事例では，予算の廃止によっていかに業績責任の権限委譲が可能となったかが説明されているものの，従業員の経営への参画がいかに組織の生産性を向上させたのかについては，首尾一貫した因果関係の説明はなされていない。結局，脱予算経営は企業経営戦略を成功裏に実施するための経営改革の方向性およびロードマップを示したことにとどまり，首尾一貫したマネジメント・モデルを構築することまではできていないのである。

1-3　問題点の背後要因

以上分析した結果，管理会計精緻化論と脱管理会計論が管理会計の適合性喪失の問題を完全に解決することができないことが明らかになった。その理由は，適合性喪失の原因を正しく認識していないからであると考えられる。この適合性問題をある「病気」に例えると，適合性の喪失は「症状」，二つの主張は「治療法」とみることができる。管理会計精緻化という治療法はいわゆる対症療法であり，症状を和らげることができても，病気そのものを完全に治すことはできない。脱管理会計という治療法はいわゆる自然療法であり，病気そのものを治療せずに，病人の免疫力を高めようとする。このように，以上の二つの治療法の効果が限定的なのは，病気の原因を正確に理解せずに処方された治療法だからである。

2　日本的管理会計研究の問題点

これまでの日本的管理会計に関する研究には，二つの重要な課題が残されている。一つは影響機能という概念に関する課題である。もう一つは日本的管理会計の特殊性と普遍性に関する課題である。

影響機能は日本の管理会計理論の中で最も重要な概念の一つであるが，必ずしも明確に定義されているわけではない。廣本（2012）によれば，日本企業では，従業員が組織目的の達成に向けて改善に努め，絶えざるイノベーションを生み出すように，従業員に対する影響システムとして管理会計が利用されている。影響機能を果たすというのは，「学習と創造の経営システム」の中でエンパワーメントされた従業員がイノベーションにコミットし，組織業績の向上に貢献すべく判断し行動するように影響を与えることである。日本的経営システムは，自律的組織を前提とする「学習と創造の経営システム」である。

以上述べたことから，自律的組織や学習と創造の経営システムの存在は影響機能を有効に作用する前提条件であることが明らかになった。しかしながら，影響機能はどのようなメカニズムを通して作用するのかについて先行研究では十分に解明されているとは言えない。

そもそも日本的管理会計に関する研究は，従来のアメリカ型の管理会計と対比する形で行われてきた。そのため，こうした研究のほとんどは，アメリカ型の管理会計と異なる部分に焦点を当てて，日本的管理会計の特徴を究明しようとしている。結果として，日本的管理会計，ひいては日本的経営の特殊性を主張する傾向が見られる。むろん，これらの研究は，日本的管理会計あるいは日本的経営の特徴を認識するために，有益な示唆を提示してくれるので，大いに評価されるべきである。一方，特殊性ばかり注目された結果，日本的管理会計は，日本的経営環境の中で生み出され，海外に移転や展開するプロセスでそのまま持っていけない特殊な手法であると見なされてしまう。

一般的には，経営管理手法の価値は，その普遍性や汎用性にある。日本的管理会計の理論的および実践的価値を高めるために，その普遍性や汎用性を証明する必要がある。換言すれば，日本的管理会計に関する研究は，特殊性よりもその普遍性に主眼を置いてなされなければならない。

3　管理会計理論の再構築の必要性

以上の検討により次の諸点が明らかになった。第一に，従来の管理会計が現代企業の経営管理に役に立たなくなったということである。第二に，管理会計精緻化論も脱管理会計論もいわゆる管理会計適合性喪失の問題を完全に解決できないということである。第三に，日本的管理会計は，適合性を回復する切り札として期待されるものの，いまだに多くの課題を残していることである。

それならば，現在の経営環境に適するような管理会計理論を新たに構築しなければならない。その前提条件として，管理会計適合性喪失の本当の原因を究明する必要がある。そのために，管理会計の原点に立ち返り，管理会計の本質とその役割について再検討しなければならない。管理会計の本質と役割を検討するにあたって，まず管理会計という概念の定義から検討を始める。

一般的に言うと，ある学問に関する代表的な教科書に採用されている定義はその学問の最も権威的な定義となる。第1節で言及したように，学問としての管理会計はアメリカの大学教育の中で誕生した。アメリカの大学は，管理会計の研究および教育において世界をリードしているが，その代表的な管理会計の教科書として，管理会計の先駆者として知られるホーングレン（Charles T. Horngren）のベストセラーとなった管理会計の入門書 *Introductions to Management Accounting*（Horngren, Sundem, Stratton, 2005）が挙げられる。その中では，管理会計の概念を次のように定義している。

「管理会計は，管理者が組織の目的を実現するために役立つ情報を認識，測定，収集，分析，作成，説明，伝達するプロセスである」（Horngren, Sundem, Stratton, 2005, p.5）。

この教科書はいわゆるホーングレン管理会計の体系に基づいて書かれている。ホーングレン管理会計の体系をまとめると，次のようになる。

会計の役割は，実績記録（score keeping），注意喚起（attention directing），問題解決（problem solving）に分けることができる。管理会計システムの役割としては計画と統制のための経営者への内部報告と，戦略的計画のための内部報告との二つがある。内部報告のために，会計情報システムは重要な役割を果たす。会計情報システムは，企業の活動に関する情報を収集，構成，伝達するための公式な仕組みである。会計情報システムの提供する情報は，実績記録情報，注意喚起情報，問題解決情報，の三つに分類することができる。実績記録情報は，企業経営活動の現状を認識し，その業績を評価するために利用する情報である。注意喚起情報は，計画と実績を比較することによって，経営者の注意を喚起する例外管理のための情報である。問題解決情報は，将来とりうる行動案の中から，どの案を選ぶべきかに関する情報である。会計情報システムは，こうした情報提供機能を果たすことで，企業の目的・目標の達成に貢献するとされている。

日本の管理会計は基本的にアメリカの管理会計をベースにしている。そのため，管理会計の定義に関して，日本の代表的な管理会計の教科書ではアメリカの教科書とほぼ同様な定義が提示されている。例えば，岡本清ほかによる教科書『管理会計』(2008) では，管理会計を次のように定義している。

「管理会計とは，企業の経営管理者にたいし，その経営管理に不可欠な経済的情報を提供するため，適切な数量的データを認識し，測定し，記録し，分類し，要約し，解説する理論と技術である」(岡本ほか，2008，6頁)。

管理会計の概念に対する以上の認識は，管理会計論の生みの親であるマッキンゼーが提唱した管理会計の定義に遡ることができる。事実上，マッキンゼーは，「管理会計」と名付けられた最初の著書の中で，管理会計を「経営管理のための会計 (Accounting for Management)」と定義したのである (McKinsey, 1924)。一方，マッキンゼーの著書 *Managerial Accounting* が出版された同じ年，1924年にやはりアメリカにおいてもう1冊の管理会計の著書，ブリス (J. H. Bliss) の *Management through Accounts* が出版された。ブリスはこの著書の中で，管理会計を「会計による経営管理 (Management through Accounting)」と定義した (Bliss, 1924)。このように，管理会計という学問が生成した初期に，二つの異なる定義が存在していたのである。

マッキンゼーの定義は，会計アプローチに基づく管理会計の定義である。この定義は会計情報提供者（会計担当者）の立場から管理会計を規定するもので，経営管理に役立つ会計手法を利用して会計情報を作成するという考え方に依拠している。その中で強調されているのは管理会計の情報提供機能である。それに対して，ブリスの管理会計の定義は管理アプローチに基づいて管理会計の意味を解釈したものとなっている。この定義は会計情報利用者（経営管理者）の立場から管理会計を規定するもので，経営管理者が会計というツールを利用して経営管理を効果的かつ効率的に行うという考え方に基づいている。その中で強調されているのは管理会計のマネジメント・コントロール機能である。

確かに，組織の目的を実現するためには，経営管理に役立つ会計情報を認識，測定，収集，分析，作成，説明，伝達することが必要不可欠である。したがって，会計情報提供機能は間違いなく管理会計の基本的な機能の一つである。しかし，それは唯一の基本機能ではない。

経営管理に必要な会計情報がどういう情報なのかを判断することができるのは，実際に経営管理活動を行う経営管理者である。また，必要な会計情報があれば，組織の目的を実現することができるのではない。経営管理者が会計情報を利用して，効果的かつ効率的な経営活動を行うことによって，はじめて組織の目的を実現するのである。その役割を果たすのは，管理会計のもう一つの基本的な機能である，マネジメント・コントロール機能である。

こうした管理会計の二つの基本機能は相互に密接に関連しており，切り離して発揮されうるものではない。すなわち，情報提供機能がうまく働かなければ，マネジメント・コントロール機能は有効に発揮できない。逆に，マネジメント・コントロール機能がうまく働かなければ，情報提供機能が有効に発揮できない。

したがって，管理会計は「経営管理のための会計」と「会計による経営管理」との二つの側面を同時に持っている。しかも，そもそも管理会計は企業の経営管理実践の中から生成し，企業経営管理実践のために発展してきた学問である。以上の二つの側面を持っているからこそ，管理会計は，企業の経営管理に役立つという役割を果たすことができるのである。

管理会計の歴史的な発展過程を見れば分かるように，会計アプローチは，1960 年以降，欧米における管理会計研究の支配的なアプローチとなった[3]。その結果，「経営管理のための会計」という管理会計の定義は，欧米だけではなく，日本においても，管理会計の通説的な定義になったのである。

しかしながら，このような管理会計の機能を情報提供機能のみに限定したアプローチは，結果的に，管理会計の適合性喪失問題を引き起こした主な原因になっていると考えられる。一方，ブリス流の管理アプローチに立脚した管理会計論は，現代管理会計研究の主流的な理論にはなれなかったが，その基本的な考え方はいわゆるマネジメント・コントロール・システム論により受け継がれている。

以上の議論により明らかになったように，管理会計は会計情報システムとマネジメント・コントロール・システムとの二つの側面を有している。会計情報システムとしての機能がうまく働かなくなったことは管理会計の適合性喪失の一つの原因であると言える。上述したように，管理会計精緻化論を提唱しているキャプランらはこの情報提供機能の問題を解決さえすれば，適合性を回復できると主張している。一方，脱管理会計論を提唱しているジョンソンらは従来の管理会計をいくら改良しても，会計情報が企業の実態を正しく反映できないという問題を，抜本的に解決することができないと主張している。このように，管理会計精緻化論と脱管理会計論は，それぞれの主張がまったく異なるものの，一つの点で共通している。すなわち，管理会計精緻化論も脱管理会計論も管理会計の情報システムとしての機能だけに着目した議論であるということである。しかしながら，管理会計の適合性喪失の根本的な原因は，会計情報機能の問題より，マネジメント・コントロール機能の欠如にあると考えられる。これは，管理会計適合性喪失の問題がいまだに完全に解決されていない本質的な原因である。ホープとフレーザーの脱予算経営は，伝統的予算管理を否定し，それに代わるマネジメント・モデルの構築を目的としたものであり，管理会計の機能そのものについてはほとんど言及されていない。

一方，先進的な日本企業における原価企画やミニ・プロフィットセンターの導入が成功している原因は，管理会計の情報提供機能とマネジメント・コント

3　会計アプローチがなぜ管理会計研究の支配的なアプローチとなったのかに関しては，二つの原因が挙げられる。一つはブリスの管理会計論は，経営管理者による企業財務および業務の効果的統制に資する標準比率の展開を基本内容としており，結果的に経営管理者を支援する会計情報について論じているからである（伊藤（博），1992）。もう一つは1930年代，特に1970年代以降，株主資本主義の論理がアメリカ経済における支配的な地位を占めるようになり，会計の情報提供機能が重視されるようになったからであると考えられる。

ロール機能の両方をうまく連携させながらそれぞれの機能を十分に発揮しているからであると考えられる。したがって，マネジメント・コントロール・システムの視点から日本的管理会計を考察することを通じて，日本的管理会計の本質を明らかにすることができると考えられる。

したがって，管理会計の適合性問題を解決するために，マネジメント・コントロール・システムとしての管理会計の役割を再認識しなければならない。そのために，マネジメント・コントロール・システムにおける管理会計の位置づけを明確にする必要がある。

第 7 節　本章の要約

本章では，序章の問題提起を踏まえ，学問としての管理会計が誕生してから今日までの発展プロセスを考察しながら，従来の管理会計の問題点を指摘・分析し，管理会計理論の構築の必要性を明らかにした。本章の主な内容をまとめると，以下の通りである。

第 1 節の問題提起に続き，第 2 節では，管理会計の生成と発展を考察した。まず，18 世紀イギリス産業革命期における原価管理会計の生成経緯と内容を紹介した。第一次産業革命を背景に，陶磁器メーカーや鉄道会社の事例を紹介しながら，イギリス企業の原価計算や原価管理手法の生成と発展プロセスを分析した。それによって，イギリス企業の原価管理会計の特徴は，経営分析に焦点を当てたことが明らかになった。

次に，アメリカにおける管理会計の誕生と発展プロセスを考察した。19 世紀の半ばから 1980 年代に至るアメリカ管理会計の歴史を概観することによって，1950 年代から 70 年代にかけて実務と理論の両面における管理会計の多彩な展開を分析し，さらに 1980 年代以降の管理会計停滞の背景について検討した。

第 3 節では 1980 年代末に管理会計の適合性喪失という問題が提起された経緯を紹介しながら，管理会計の適合性喪失の原因に関する先行研究の主要論点を，理論研究と企業実務の両面から整理した。それによって，理論研究における，実務での応用可能性を無視してでもより高度な数量的技法を導入することで研究成果を生み出すという研究スタイルが，管理会計理論と実務の乖離をもたらした主な原因であることが明らかになった。一方，企業実務においても，当時企業を取り巻く経営環境が著しく変化したにもかかわらず，多くの企業で1950年代に開発された原価管理や業績評価の手法がそのまま使われていたという実務の状況は，適合性喪失をもたらしたもう一つの主な原因である。

第4節では1980年代末以降の，管理会計学界における管理会計適合性の回復に関する研究を紹介し，主要な論点を整理した。まず，先行研究で使用されている方法論を基準として，これまでの研究を管理会計精緻化論と脱管理会計論の二つに分類し，それぞれの主張を検討した。次に，この二つの主張の相違が管理会計の役割に対する根本的な認識の違いから由来するということを明らかにした。最後に，管理会計精緻化論と脱管理会計論の学術貢献を評価した。

第5節では，管理会計の適合性回復の切り札として注目されている日本的管理会計について論じた。まず，原価企画に関する代表的な先行研究をレビューしながら，主要な論点を整理した。次に，ミニ・プロフィットセンターに関する先行研究を考察し，それぞれの主張を分析した。それによって，日本的管理会計論は，従来のアメリカ型の管理会計論と異なる視点から管理会計本質の探索を試みたという結論が得られた。

従来の管理会計理論においては，情報提供機能は管理会計の唯一の本質的な機能とされている。情報提供機能以外に管理会計の影響機能を提唱することは，管理会計の定義そのものを見直すこと，ひいては経営管理システムにおける管理会計の位置づけの再定義を意味する。これはすべての管理会計研究者が直面している重大な課題であり，本研究のきっかけを作ってくれた示唆の一つでもある。

第6節では管理会計精緻化論と脱管理会計論の問題点を分析し，管理会計理論の再構築の必要性と可能性を論じた。まず，管理会計精緻化論の問題点を指摘した。欧米や日本企業におけるABCやABM，BSCなどの導入・普及に関する研究を検討した結果，その導入と定着はあまり進んでいないこと，またこうした状況の背後には導入を阻害する多くの要因が存在することが明らかになった。

次に，脱管理会計論の問題点を分析した。まず，ジョンソンの「手段による経営」の問題点を検討した。トヨタを代表とする日本の優良企業は管理会計手法を有効に利用することで業績を上げている事実を指摘し，いわゆる「手段による経営」を導入するだけで，必ず成功するとは限らないことを明らかにした。そして，ホープとフレーザーの脱予算経営の問題点も明らかにした。すなわち，脱予算経営は企業経営戦略を成功裏に実施するための経営改革の方向性およびロードマップを示したものの，首尾一貫したマネジメント・モデルを構築することができていないという点である。

以上の分析を踏まえて，管理会計の適合性を回復するためには，管理会計の理論を再構築しなければならないことを明らかにした。

最後に，会計アプローチと管理アプローチの二つの側面から管理会計の本質と役割を究明しなければならないという方法論を提唱した。そして，これまでの管理会計適合性に関する研究は会計アプローチからの議論がほとんどで，管理アプローチからの議論が見られないことを問題視し，マネジメント・コントロール・システムとしての管理会計の役割を検討することにより，管理会計の再構築の可能性を論述した。これは次章の課題とする。

第2章

マネジメント・コントロール・システム理論の生成と展開

第1節　はじめに

第1章ではイギリスやアメリカにおける産業発展を背景として，管理会計の生成と発展の過程を考察した。その中で，特に管理会計の適合性喪失という問題が提起された経緯を分析し，この問題の原因や解決策を検討した。その結果，次の二つの結論が得られた。第一に，管理会計の適合性喪失の問題がいまだに完全に解決されておらず，管理会計の適合性を回復する有効な方法はまだ見つかっていない。第二に，管理会計の適合性喪失の原因は情報提供機能の問題にあるのではなく，マネジメント・コントロール機能の欠如という問題に起因する。したがって，管理会計の適合性喪失の問題を解決するために，マネジメント・コントロール・システムとしての管理会計の役割を検討することが必要となる。そのために，これまでのマネジメント・コントロール・システムに関する理論の基本内容を考察しておく。その準備作業として，まず，企業経営におけるマネジメント・コントロール・システムの位置づけを明確にしなければならない。

企業は例外なく，ある一定の経営環境のもとで経営活動を行う。企業経営の成功は，その企業の使用している経営管理手法が企業の置かれている経営環境にうまく適用できるか否かに左右される。ここでいう経営上の成功とは企業の目標を実現することと定義できるが，企業の目標には短期的な目標もあれば，長期的な目標もある。一般的に短期的な目標としては半年，あるいは1年間の売上高や利益の金額および増加率が挙げられ，長期的な目標としては今後5年間あるいは10年間の平均投資利益率や新規事業の開拓が挙げられる。また，企業の究極的な目標は，競争優位を長期的に創出・維持することにより，安定的かつ持続可能な成長を実現することである。

企業が競争優位を長期的に創出・維持するために，市場のニーズをうまく満たす新製品を開発・生産する技術力と，企業の経営活動をうまく展開する経営管理の手法，その両方を同時に持たなければならない。特に後者の経営管理手法は，企業の安定的かつ持続可能な成長の実現に欠かすことができない。その理由は，経営管理手法そのものが生産設備や製品技術のように外部から購入することができるものではなく，企業の長年の経営実践を通じて，試行錯誤しながら独自に模索・構築しなければならないからである。それゆえにこうした独自の経営管理手法は，他の企業に簡単には真似されない競争優位の源泉であると言える。

経営管理の対象には，すべての経営活動が含まれるが，経営管理は，企業の目的を設定し，それを達成するために，ヒト・モノ・カネ・情報の四つの経営資源を調達し，それらの資源を効率的に配分し，適切に組み合わせるといった諸活動のことであると定義できる。経営管理活動は，大きく企業ビジョンや戦略を策定する活動と戦略を実施する活動とに分けられる。両方の活動に企業のすべての経営管理者は参加することが望ましいが，前者は主にトップマネジメント（経営者）の仕事であり，後者は主に中間管理層や監督者層の仕事である。

将来の方向性や目標を決め，それを実現するための戦略を策定することは，企業にとっては言うまでもなく非常に重要なことである。ある意味では企業の運命を決めることであると言える。そこではいわゆる経営者の手腕が問われるわけである。しかしながら，いくらすばらしいビジョンを示し，優れた戦略を立案しても，それを実現する経営管理の手法がなければ，ビジョンも戦略も絵に描いた餅に過ぎない。したがって，企業の経営戦略を実施するための経営管理の手法を開発することは，企業の経営管理実践の重要な課題であると同時に，経営管理理論研究の重要な課題でもある。

これまで，企業の経営戦略を実施する経営管理の手法に関して数多くの研究がなされ，いくつかの理論的枠組みが提唱されてきた。代表的な研究として，アンソニー（Robert N. Anthony）のマネジメント・コントロール・システム（Management Control Systems：MCS）理論，マーチャント（Kenneth A. Merchant）のマネジメント・コントロール・システム理論，サイモンズ（Robert Simons）のレバー・オブ・コントロール（Levers of Control）理論が挙げられる。

本章では，まずマネジメント・コントロール・システム理論の生成と発展の過程を考察しながら，その代表的な理論の基本内容と特徴を明らかにする。次に，マルミとブラウン（Teemu Malmi and David T. Brown）が提唱しているマネジメント・コントロール・システム・パッケージ（Management Control Systems Package）という概念的枠組みを検討しながら，これまでのマネジメント・コントロール・システム理論を整理する。最後にこれまでのマネジメント・コントロール・システム理論や概念的枠組みの問題点と課題を指摘する。

第2節　アンソニーによるマネジメント・コントロール・システム理論の提唱

ハーバード大学のアンソニーはマネジメント・コントロール・システム理論の提唱者として知られている。その理論の基本的な内容を論述したのは2冊の著書，*Planning and Control Systems* (1965) と *Management Control Systems*, 1st ed. (1965) – 12th ed. (2007) である。前者はアンソニーの単著であり，後者はアンソニーと他人の共著であるが，いずれもアンソニーの理論的枠組みを用いている。

前者の *Planning and Control Systems* (1965) では，Goetz (1949) が提起した，会計を「計画のための会計」と「統制のための会計」に区分する会計体系論を批判し，組織におけるコントロールのプロセスを戦略計画，マネジメント・コントロール，オペレーショナル・コントロールに分けて，一つの分析枠組みを提唱し，経営管理の階層化に着目した体系論を構築した (Anthony, 1965)。図表2-1は組織における経営とコントロールのプロセスを示している。

図表2-1によれば，組織における経営とコントロールのプロセスを内部志向のプロセスと外部志向のプロセスに分けることができる。内部志向のプロセスは戦略的計画とマネジメント・コントロールとオペレーショナル・コントロールから構成され，外部志向のプロセスは財務会計から構成される。情報処理は二つのプロセスを支援する。

戦略的計画とマネジメント・コントロールとオペレーショナル・コントロールは，経営階層のトップマネジメントとミドルマネジメントとロワーマネジメントにそれぞれ対応している。

後者の *The Management Control Systems*, 1st ed. (1965b) – 12th ed. では，マネジメント・コントロールを効果的・効率的な資源の活用のプロセスであると定義し，その具体的な内容を解説した。そこでマネジメント・コントロールの

図表2-1　組織における経営とコントロールのプロセス

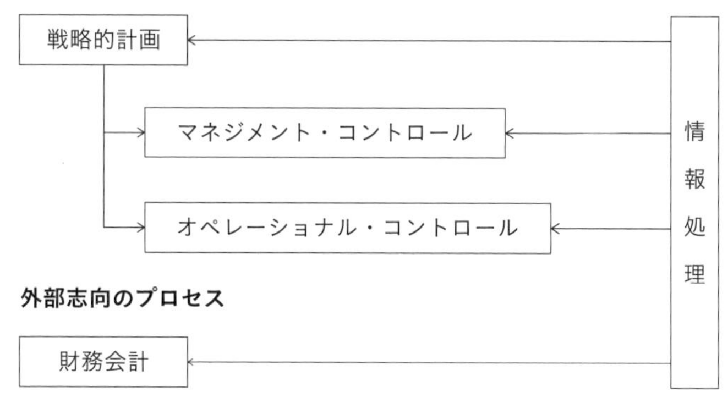

出所：Anthony (1965), p.22.

ツールとして主に挙げられたのは予算管理である。また，1998年の第9版以降は，以上の分析枠組みに戦略策定という概念が加えられ，また，オペレーショナル・コントロールの代わりに，タスク・コントロールという概念が用いられている。そして，マネジメントの活動を，戦略策定，マネジメント・コントロール，タスク・コントロールの三つに分類し，マネジメント・コントロールを，企業戦略を実行するためのプロセスであると定義づけた（Anthony and Govindarajan, 1998, 2007）。

アンソニーはそこで，マネジメント・コントロール・システム理論を次のように展開している。まず，マネジメント・コントロールはあらゆる分権的な組織に欠かせないものであると述べ，マネジメント・コントロール・システムに関連する三つの基本概念，コントロール，システム，マネジメント・コントロールを次のように定義している。

コントロールとは，組織の戦略的意図の実現を確保する装置である。システムとはある活動あるいは一連の活動を実行するために事前に規定された反復的な方法である。システムの特徴は，ある特定の目的を実現するための一連のステップが規律的かつ協調的，重複的であることにある。

コントロール・システムは次の四つの要素を有する。一つ目の要素は，探知器（detector）あるいは感知装置（sensor）である。これはコントロールされているプロセスの中で実際の状態を測定する装置である。二つ目の要素は鑑定器（assessor）であり，実際の状態が標準状態あるいは予期状態から乖離する程度を測定する装置である。三つ目の要素は，効果器（effector）であり，鑑定器の指示により行為を変える装置（よくフィードバックと呼ばれる）である。四つ目の要素は，通信ネットワーク（communications network）であり，探知器と鑑定器との間，および鑑定器と効果器との間に情報を伝達する装置である。典型的なコントロール・システムの例として，サーモスタットや体温調節機能など挙げられる。

あらゆる組織は，ある共通の目標を実現するために集まり，一緒に働く人々からなる。組織は通常，異なるレベルの経営管理者により管理・運営される。マネジメント・コントロールとは，管理者が組織の他の成員に組織戦略を実施させることを確保するプロセスをいう。こうしたマネジメント・コントロールには次の諸活動が含まれる。すなわち，①組織がすべきことを計画する活動，②組織の各部門の活動を調整する活動，③情報を伝達する活動，④情報を評価する活動，⑤取るべき行動を決定する活動，⑥行動を変化させるべく人間に影響を及ぼす活動，である。

マネジメントの活動の一つとしてのマネジメント・コントロールは戦略策定やタスク・コントロール活動と区別しなければならない。図表2-2は，戦略策定とマネジメント・コントロールおよびタスク・コントロールの関係を示し

図表2-2　戦略策定とマネジメント・コントロールとタスク・コントロールの関係

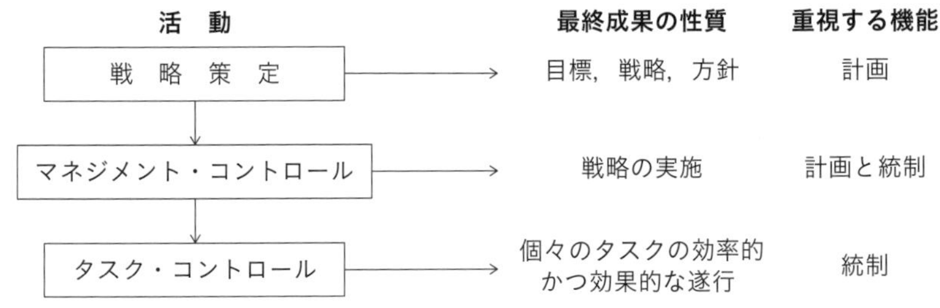

出所：Anthony and Govindarajan (2007), p7, EXHIBIT 1.2 を一部修正。

ている。

これらの三つの活動は次の四つの視点でそれぞれの特徴を有する。第一の視点は，体系的であるかどうかという視点である。戦略策定は最も体系的ではない。それに対して，タスク・コントロールは最も体系的である。マネジメント・コントロールはその中間にある。第二の視点は，長期志向かそれとも短期志向かという視点である。戦略策定は長期志向である。一方，タスク・コントロールは短期の活動に焦点を当てる。マネジメント・コントロールはその中間にある。第三の視点は使用するデータの精度という視点である。戦略策定は将来に関する大まかな見積りデータを利用する。一方，タスク・コントロールは現在の正確なデータを利用する。マネジメント・コントロールはその中間にある。第四の視点は，計画機能と統制機能のどちらを重視するかという視点である。三つの活動はいずれも計画機能とも統制機能とも関係しているが，どちらかと言えば，戦略策定において最も重視されるのは計画機能である。それに対して，タスク・コントロールにおいて最も重要なのは，統制機能である。また，マネジメント・コントロールにおいては計画機能と統制機能の両方が重視される。

以上のように定義されたマネジメント・コントロールは，その役割が戦略を実施することであるから，戦略実施のツールであると言えるが，その他に戦略実施のツールとして組織構造や人的資源管理，組織文化が挙げられる。図表2-3は戦略実施の枠組みを示すものである。

組織構造は，組織内部の意思決定を行う職能，報告関係と責任分担を明確にすることができる。人的資源管理は，従業員に必要とされる知識と技能を開発するために従業員を採用・教育訓練・評価・昇進する，あるいは解雇することである。組織文化は明示的にあるいは暗黙的に管理行動を指導する，一連の共通の信念，態度，規範である。

マネジメント・コントロール・プロセスは体系的ではあるが，決して機械的ではない。マネジメント・コントロール・プロセスは人間と人間の相互作用に関わっており，機械的な方法で描写することができないからである。個々の管理者は組織の目標を持つと同時に，個人的な目標をも持っている。コントロールの中心的な問題は，個人の目標を追求すると同時に組織の目標も実現させていくように管理者を誘導することである。これはいわゆる目標一致の原則である。目標一致の原則は組織の成員の個人目標を組織全体の目標と一致させることを指す。マネジメント・コントロール・システムはこの目標一致の原則に従い，設計・運営されなければならない。

上述したことから分かるように，アンソニーのマネジメント・コントロール・システム理論の特徴は，次の三点である。第一に，組織におけるコントロールのプロセスを，戦略計画，マネジメント・コントロール，オペレーショナル・コントロールに分けて，マネジメント・コントロール・システムを戦略実施のツールとして位置づけるという点である。第二に，マネジメント・コントロール・システムの理論が，戦略を遂行するためのマネジメント・コントロールのプロセスに焦点を当てながら展開されている点である。第三に，戦略論や組織行動論，特に管理会計の諸概念を援用しながら，その理論的枠組みが構築されている点である。

アンソニーの主要な著作 Anthony and Govindarajan (2007) の内容を見れば分かるように，アンソニーのマネジメント・コントロール・システムは，予算編成，資源配置，業績測定と評価と報酬，責任センターの配置，移転価格など

図表 2-3　戦略実施の枠組み

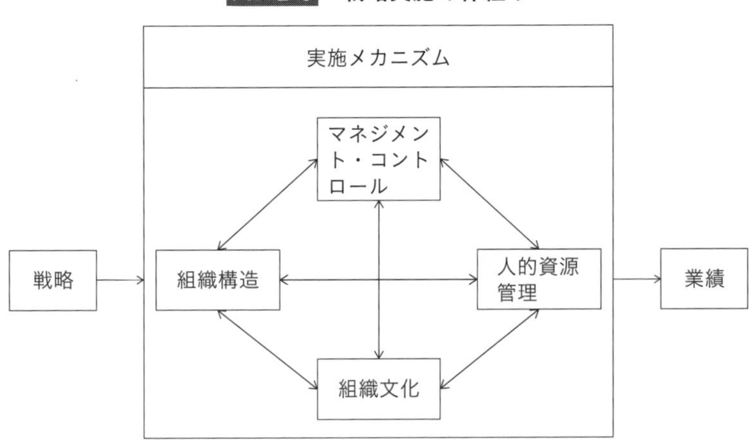

出所：Anthony and Govindarajan (2007), p.8, EXHIBIT 1.3.

管理会計システムを基本内容として構成されるようになっている。また，マネジメント・コントロール・システムという用語は，最初は管理会計とほぼ同じ意味で使われていた[1]が，その後は管理会計の範囲の拡大とともに拡大してきている。

第3節　マネジメント・コントロール・システム理論の展開

マネジメント・コントロール・システム理論がアンソニーによって提唱された以降，管理会計研究者たちは，マネジメント・コントロール・システムに対してさまざまな研究を行ってきた。アンソニーのマネジメント・コントロール・システム理論は，管理会計システム（特に予算管理）を中心として構築されている。しかし，組織戦略を実施する手法としては，管理会計システムだけではなく，会計以外のコントロール手法も多数存在し，実務において利用されている。

こうしたことを背景に，1980年代以降，会計以外のコントロールを含むマネジメント・コントロール・システムの構築を試みる研究が行われてきた。代表的な研究として挙げられるのは，マーチャントのマネジメント・コントロール・システム理論とサイモンズのレバー・オブ・コントロール理論，マルミとブラウンのマネジメント・コントロール・システム・パッケージ論である。

1　マーチャントのマネジメント・コントロール・システム理論

マーチャントは組織の経営管理におけるコントロールの機能を分析し，コントロールの対象に焦点を当てたマネジメント・コントロール・システムの理論を提唱している（Merchant,1982; Merchant and Van der Stede, 2003, 2017）。以下では，マーチャントのマネジメント・コントロール・システム理論の概要をまとめる。

1　詳しくは序章第1節を参照されたい。

まず，マーチャントはマネジメント・コントロールの含意について次のように説明している。マネジメントは，組織の目的を達成するために組織の資源を配置し，活動を方向づけることである。広義のマネジメントをより細かい要素に細分化すると，図表 2-4 のようになる。

図表 2-4 を見ると分かるように，マネジメント・コントロールはマネジメント・プロセスの末端であり，目的設定や戦略策定と明確に区別されている。目的設定は，あらゆるマネジメント・コントロール・システムの設計の前提条件である。戦略は，組織が目的を達成するために，その資源をどのように利用するかを決めることである。マネジメント・コントロール・システムは従業員の行為や意思決定を組織の目的や戦略と一致させることを保証するシステムである。このようにマーチャントの理論では，アンソニーの理論と同様に，マネジメント・コントロール・システムを戦略実施のツールとして位置づけられている。

マネジメント・コントロールは，コントロールの対象を基準に分類すると，①行動コントロール（action controls），②結果コントロール（results controls），③人的コントロール（personnel controls），④文化的コントロール（cultural controls）の四つに分けられる（Merchant, 1998; Merchant and Van der Stede, 2003, 2017)。①行動コントロールとは，従業員が組織にとって有益な行動を取らせることを指す。すなわち，組織に役立つ行動を決め，それを強制する。逆に組織に有害な行動を決め，それを禁止する。行動コントロールは各種のコントロール手法の中で，最も直接な形である。そこでは，行動そのものがコントロールの焦点になっているからである。

図表 2-4　マネジメントの細分要素

機　能	資　源	プロセス
製品（サービス）開発 オペレーション マーケティング／販売 資金調達	ヒト カネ 機械 情報	目的設定 戦略策定 マネジメント・コントロール

出所：Merchant (2003), p.5.

行動コントロールは，行動制限（behavioral constraints），事前レビュー（pre-action reviews），行動説明責任（action accountability）および冗長性（redundancy）の四つの基本的な方法からなる。行動制限とは，やってはならないことをできないようにすることである。行動制限はさらに物理的制限と行政的制限に分けることができる。事前レビューとは，コントロールされた人間の行動計画の妥当性を事前に検証することである。事前レビューにはさまざまなパターンがあり，公式的なものもあれば，非公式的なものもある。行動説明責任とは，従業員に自分自身が取った行動に対して説明責任を持たせることである。行動説明責任の実施は次の四つのステップで行われる。第一に，妥当な行動と妥当ではない行動を定義する。第二に，従業員にその定義を伝達する。第三に，従業員の行動を観察する，もしくは追跡する。第四に，良い行動を奨励する，または悪い行動を処罰する。冗長性とは，必要最低限の人員や機械に加えて，余分な人員や機械を用意することである。

②結果コントロールとは，従業員の仕事の結果に基づくコントロール手法である。すなわち，良い結果を出した従業員を奨励する一方，悪い結果を出した従業員を処罰する。ここで賞罰に使われるのは，金銭のほか，雇用の確保，昇進，自主性，表彰などある。結果コントロールは従業員の行動自体には焦点を当てていないため，間接的なコントロールであると言える。

結果コントロールの実施プロセスは次の四つのステップから構成される。第一に，成果（望まれる結果）範囲を定義する。第二に，測定対象・方法を決める。第三に，目指すべき業績目標を設定する。第四に，賞罰の規則を制定し，執行する。

③人的コントロールとは，人々の性格や特徴など生来の性向をもとに従業員をコントロールする方法である。人的コントロールの役割は，従業員の自己管理意識を高めることである。自己管理は，内発的動機づけや倫理と道徳，信頼，忠誠などに関わる概念である。

人的コントロールの主な手法は次の三つである。一つ目は従業員の選定と配置である。すなわち，従業員一人ひとりの能力・特性などを正しく評価して，相応しい地位・仕事につけることである。二つ目は従業員の教育訓練である。仕事に必要な知識・技能を習得させ，潜在能力を引き出す。三つ目は，職務設計と必要な資源の提供である。やる気や能力のある従業員に成功する可能性の高い仕事を与える必要がある。そのために必要な資源と条件を提供しなければならない。

④文化的コントロールとは，組織文化の影響力によるコントロールを指す。一般的に文化は，共有の伝統，規範，信念，価値観，観念形態，態度，行動方式をもとに構築されている。組織文化は明文化されたあるいは暗黙のルールの中で具体化され，従業員の行動に影響を及ぼす。組織文化を形成する重要な方法として，次の五つの方法が挙げられる。第一に，行動規範を作成することである。行動規範は，企業の理念やビジョン，経営哲学，倫理規範などからなる。第二に，個人ではなく，グループ単位で評価と賞罰を行うことである。第三に，組織の間に従業員のローテイーションを実施することである。第四に，グループ形成やグループ活動に関する物理的措置を講じることである。第五に，経営トップが自分自身の言動を通じて，率先垂範することである。

文化的コントロールも人的コントロールも人間に焦点を当てており，ソフトコントロールとも呼ばれる。しかしながら，この二つの方法の間には本質的な違いもある。人的コントロールは従業員の自己管理意識を高めることを重視している。それに対して，文化的コントロールは従業員の相互管理意識を高めることを重視しているのである。

マネジメント・コントロール・システムの設計と評価にあたって，どのような問題が存在するか，そしてどのようなコントロールを用いて，その問題に対処するのかという二つの質問に答えなければならない。マネジメント・コントロールにおいては，主に三つの問題が存在する。一つ目は方向性欠如の問題，すなわち従業員が期待されている行動とその結果を理解しているかどうかという問題である。二つ目は従業員が正しく動機づけされているのかという動機づけの問題である。三つ目は従業員が自分の役割を果たすことができるかどうか，という個人限界の問題である。

一つの具体的なマネジメント・コントロールの問題に対して，上述のコントロール手法が同じように有効であるとは限らない。換言すれば，異なる問題には異なるコントロールを適用する必要がある。コントロール問題とそれに適用できるコントロールの類型との対応関係をまとめたのは図表 2-5 である。

図表2-5　コントロールの類型とコントロール問題

コントロール問題／コントロールの類型	方向性欠如の問題	動機づけの問題	個人限界の問題
結果コントロール			
結果説明責任	○	○	
行動コントロール			
行動制限		○	
事前レビュー	○	○	○
行動説明責任	○	○	○
冗長性			○
人的/文化的コントロール			
選定と配置	○	○	○
教育訓練	○		○
必要資源の提供			○
強い組織文化の形成	○	○	
集団奨励	○	○	

出所：Merchant (1998), p.253, Table 7-1.

図表2-5の中では縦の欄はコントロールの種類を，横の欄はコントロールの問題を示しており，○は問題に対してそのコントロール手法が有効であることを示している。例えば，方向性欠如の問題に対して，事前レビューと行動説明責任によるコントロールは有効であるが，行動制限によるコントロールは有効ではない。

以上の考察から，マーチャントのマネジメント・コントロール・システム理論の特徴をまとめると，次の二つになる。一つの特徴は，コントロールの対象に焦点を絞り，経営管理の実務で利用されているマネジメント・コントロールの方法を結果コントロール，行動コントロール，人的コントロール，文化的コントロールの四つに分類したことである。もう一つの特徴は，各コントロール問題とそれに適応できるコントロールの手法の対応関係を明らかにしたことである。

このように，マーチャントのマネジメント・コントロール・システム理論はアンソニーのマネジメント・コントロール・システム理論を吸収しながら，それとは異なる方法論で理論展開を見せた。その結果，人的コントロールと文化的コントロールを取り入れることで，マネジメント・コントロール・システム概念の外延を拡張した。

マーチャントの理論は，アンソニーの理論と同様に，マネジメント・コントロール・システムを戦略実施のツールとして定義づけている。したがって，既定の戦略をいかに効果的に実行するかということに焦点を当てているというのは両者の共通点である。

一方，1980年代以降，競争戦略論研究の隆盛を背景に，マネジメント・コントロール・システムと企業戦略の関係に注目した研究がなされてきた。代表的な研究として挙げられるのは，サイモンズのレバー・オブ・コントロール理論である。

2　サイモンズのレバー・オブ・コントロール理論

サイモンズは1980年代後半から「管理者がいかにイノベーションとコントロールのバランスをとるべきか」という研究課題に焦点を当てて，一連の事例研究を行ってきた（Simons, 1994）。こうした事例研究に基づき，サイモンズは戦略形成および更新にコントロール・システムが果たす役割に注目し，レバー・オブ・コントロールという理論的枠組みを提唱している（Simons, 1995）。以下ではこのレバー・オブ・コントロール理論の概要を整理する。

Simons（1995）ではマネジメント・コントロール・システムを「管理者が組織行動のパターンを維持または変更するために利用する，情報をベースにした公式的な手順と手続き」（p.5）と定義し，事業戦略を有効に実施するためのマネジメント・コントロール・システムとして，①信条システム（beliefs systems），②境界システム（boundary systems），③診断型コントロール・システム（diagnostic control systems），④対話型コントロール・システム（interactive control systems）という四つのシステムを提唱した。サイモンズの表現によれば，この四つのシステムはコントロール・レバーと呼ばれる。ここでコントロール・レバーとは統制のための梃子を意味する。したがって，サイモンズが提唱したマネジメント・コントロール・システムは，この四つの統制の梃子を操作しながら，事業戦略を効果的に実行するための経営管理手法である。図表2-6

図表2-6　サイモンズのマネジメント・コントロール・システムの枠組み

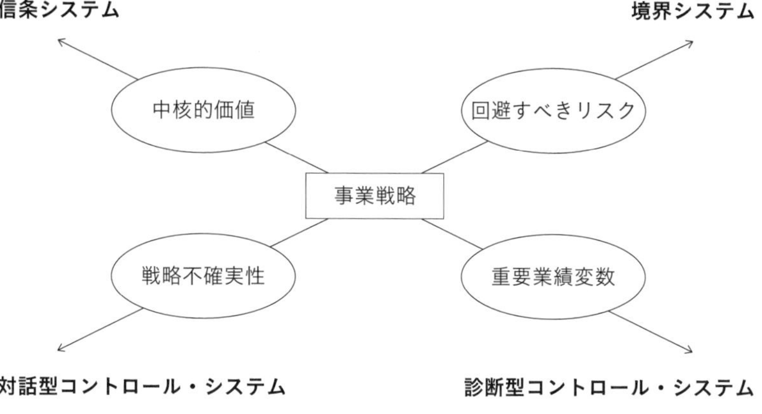

出所：Simons（1995), p.7, Figure1.2.

は，サイモンズのマネジメント・コントロール・システムの枠組みを示している。

①信条システムとは，組織の基本的な価値観，目的および方向性を提示するために，上級管理者によって公式的に伝達され，体系的に強化された明示的な組織の定義をいう。具体的には，信念やミッション・ステートメント，目的説明書などと呼ばれる文書を通じて形成される。信条システムの目的は組織ぐるみの機会探索と発見を刺激し，正しい方向へ導くことである。戦略の実行にあたって何らかの問題が生じたときに組織の成員がどんなタイプの問題に対処し，どのような解決策をすべきかを自分で判断できるように，成員を支援する。さらに重要なのは，信条システムが価値創造のための新たな方法を開拓するように成員を動機づけることができることである。

②境界システムは，組織成員に許容される行動の境界を示し，その行動に制限を与えリスクを回避するためのシステムであり，機会探求行動に制限を加えるために用いられる。組織成員はだれもが機会探索者であり，新しい情報や状況が提示されたとき，価値創造のため，あるいは障害の克服のためにさまざまな方法を探求するのである。

また，境界システムは，本質的に禁止あるいは拒絶のシステムであるにもかかわらず，管理者の意思決定に関する権限委譲を可能にし，ひいては，組織の最大限の柔軟性と創造性の達成を可能にすることができるのである。こうした境界システムは単独で機能するのではなく，信条システムと相互に連携して機能している。信条システムは，組織の存在目的と推進力を提供することにより，無限の機会空間における成員の機会探索を導き，動機づける。そして，境界システムは信条システムの内側にあって，容認される機会探索領域を伝達するのである。

企業組織における境界システムは，目的と手段の両方を明確にするために利用される。公式的なシステムは事業行動の境界と戦略的境界を設定する。両者は特定の事業戦略に伴うリスクの分析を通じて決定される。最も基本的な境界システムは，事業行動の規範を課すものである。これらの規範に内包される基準は，社会の法律，組織の信条システム，そして業界や専門職団体によって公表された行動規範からなる。戦略的境界は，機会探索行動に焦点を当て，明確な組織戦略を支える。戦略計画システムは，いくつかの異なる目的に役立つが，その主要な目的の一つは機会探索活動の範囲を限定することにある。戦略計画は多くの場合，どのような機会探索活動が求められず，また従事してはならないかを明記するために利用される。

③診断型コントロール・システムとは，管理者が組織の成果を監視し，事前に設定された業績基準からの乖離を修正するために用いる公式的な情報システムを指す。このシステムは次の三つの特徴がある。すなわち，第一に，プロセスのアウトプットを測定する能力，第二に，実際の成果と比較することのできる，事前に設定された基準の存在，第三に，基準からの乖離を修正する能力，の三つである。

診断型コントロール・システムは，従来研究されてきた予算管理などのコントロール・システムに対応するもので，特定の目標の達成を動機づけ，監視し，報酬を与えるために用いられる。

マネジメント・コントロール・システムに関する文献のほとんどは診断型コントロール・システムについて言及している。マネジメント・コントロールという用語は通常，診断型コントロールと同義である。典型的な診断型コントロール・システムとして，利益計画，予算管理，標準原価会計システム，目標管理システムなどが挙げられる。

④対話型コントロール・システムは，管理者が部下の意思決定行動に規則的かつ個人的に介入するために使用する公式的な情報システムである。このシステムは戦略的不確実性に注目し，組織成員の間の議論を起こさせることを目的として，組織学習および新しいアイデアや戦略の創発を促進させるために用いられる。

対話型コントロール・システムの設計要件として次の五つが挙げられる。第一に，コントロール・システムは不断に改定される現在の情報に基づく，将来の状態を常に予測しなければならない。第二に，コントロール・システムに盛り込まれる情報は，簡潔で理解しやすいものでなければならない。第三に，コントロール・システムは上級管理者だけではなく，他の階層の管理者にも使用されなければならない。第四に，コントロール・システムは行動計画書の改定のきっかけとなる必要がある。第五に，コントロール・システムは，事業戦略に対する戦略的不確実性の影響に関係する重要な情報を収集・生成しなければならない。

対話型コントロール・システムは，診断型コントロール・システムとは多くの点で異なっている。図表 2-7 は診断型コントロール・システムと対話型コントロール・システムの特徴を比較している。

これらのコントロール・システムは，それぞれ個別に活用する際に力を発揮するのではなく，一緒に活用され，相互に補完し合うときに力を発揮する。事業戦略のコントロールは以上の四つのシステムの力を統合することによって達成される。図表 2-8 は，コントロール・システムの目的とその伝達内容，および戦略コントロールにおける役割の各側面から，四つのコントロール・システムと事業戦略との関係を示している。

図表2-7　診断型コントロール・システムと対話型コントロール・システムとの比較

システム／比較項目	診断型コントロール・システム	対話型コントロール・システム
戦略指向	目標	ビジョン
焦点	重要業績変数	戦略的不確実性
目的	目標を達成するために動機づけと方向づけを提供する	対話と組織学習を促進する
分析的思考	演繹的（計器による飛行）	帰納的（直感による飛行）
システムの複雑性	複雑	簡単
時間枠	過去と現在	現在と将来
目標	固定	不断の見直し
フィードバック	負のフィードバック	正のフィードバック
調節の対象	インプットあるいはプロセス	ダブル・ループ学習
コミュニケーション	対話の必要性を排除する	共通言語を提供する
スタッフの役割	キーとなる門番	進行役

出所：Simons（1995），p.124, Exhibit 5.3 を筆者修正。

図表2-8　四つのコントロール・システムと事業戦略の関係

コントロール・システム	目的	伝達	戦略コントロールの役割
信条システム	権限委譲と機会探求活動の拡大	ビジョン	展望
境界システム	自由の限界を示す	戦略的領域	競争上の地位
診断型コントロール	意図した戦略の実施を調整・監視	計画と目標	計画
対話型コントロール	創発戦略の刺激と誘導	戦略の不確実性	行動パターン

出所：Simons（1995），p.156, Exhibit 7.1.

3　マルミとブラウンのマネジメント・コントロール・システム・パッケージ論

これまでのマネジメント・コントロール・システムに関する研究の多くは，一つのコントロール手法（例えば，予算管理）だけに焦点を当てて，その効果を検証するものである。しかし，以上のマーチャントのマネジメント・コントロール・システム理論やサイモンズのレバー・オブ・コントロール理論に関する説明から分かるように，組織の戦略を実施するためのマネジメント・コントロール手法としては，管理会計のほか，組織構造や人事システム，企業文化など多数のコントロール手法が存在し，通常組織運営の中，それらの手法が同時に動いているため，互いに影響し合うはずである。したがって，このような相互影響を無視した研究は，部分最適な結論しか得られないか，場合によっては，誤った結論を導く可能性が高い（Fisher, 1998; Chenhall, 2003）。

そのため，マネジメント・コントロール・システムを，さまざまなコントロール手法を含むパッケージとして捉え，検討するという発想が生まれてきた。これまで，マネジメント・コントロール・システム・パッケージについてのいくつかの概念的枠組みが提唱されてきた。上述したマーチャントのマネジメント・コントロール・システムの類型化研究もサイモンズの四つのコントロール・システムの研究も，ある意味では，こうした試みであると言える。その中で最も代表的な研究はマルミとブラウンのマネジメント・コントロール・システム・パッケージ論である（Malmi and Brown, 2008）。以下では，その基本内容を説明する。

Malmi and Brown (2008) では，まず，これまでのマネジメント・コントロール・システムの定義を検討し，次の定義を提示した。

「マネジメント・コントロール・システムとは，経営管理者に利用され，従業員の行動と意思決定を組織の目標と戦略に一致させるためのすべての仕組みやシステムをいう。ただし，この中から純粋な情報システムは除外される。」

この定義の一つの特徴は，純粋な情報システムが，マネジメント・コントロール・システムの範囲から除外されたというところである。その理由は，情報システムは行動に影響を及ぼすが，組織の成員が自分の行動に対する説明責任を保持させるように，あるいは彼らの行動を目標と結びつけるように，構築されたものではないからである。

マネジメント・コントロール・システム・パッケージは，組織の中に複数のコントロール・システムが存在し，パッケージとして機能するという現象を指す。もし，これらのシステムが最初から意図的に設計・調整されたものであれば，その全体を一つのマネジメント・コントロール・システムと呼ぶべきである。しかし，現実にはこれらのシステムは異なる関係者により，異なる時期に導入された場合が多い。したがって，一つのマネジメント・コントロール・システムより，システムのパッケージとして見なされるべきであろう。

以上の考えに基づき，Malmi and Brown (2008) はそれ以前のマネジメント・コントロール・システムに関するさまざまな研究を検討・整理し，新たなマネジメント・コントロール・システム・パッケージの概念的枠組みを提唱した(図表 2-9)。

この概念的枠組みでは，マネジメント・コントロール・システムにおけるコントロールを，①計画，②診断型コントロール，③報酬と報奨，④管理的コントロール，⑤文化的コントロールの五つに分類している（Malmi and Brown, 2008, pp.291-295)。

①計画は，事前のコントロール手法である。計画コントロールは次のように行われる。まず，組織の各職能部門における目標を設定することによって，組

図表 2-9　マルミとブラウンのマネジメント・コントロール・システム・パッケージ

<table>
<tr><th colspan="7">文化的コントロール</th></tr>
<tr><td colspan="2">クラン</td><td colspan="3">価値</td><td colspan="2">シンボル</td></tr>
<tr><th colspan="2">計画</th><th colspan="4">診断型コントロール</th><th rowspan="2">報酬と報奨</th></tr>
<tr><td>長期計画</td><td>短期計画</td><td>予算</td><td>財務測定
システム</td><td>非財務測定
システム</td><td>混合測定
システム</td></tr>
<tr><th colspan="7">管理的コントロール</th></tr>
<tr><td colspan="2">統治構造</td><td colspan="3">組織構造</td><td colspan="2">方針と手続き</td></tr>
</table>

出所：Malmi and Brown (2008), p.291.

織成員の努力や行動を方向づける。次に達成されるべき目標の標準を提供し，組織成員に期待する努力や行動の程度を明確にする。さらに，計画コントロールは組織の各職能部門の目標を同じ方向に合わせることにより，部門間の協調を促進する。計画コントロールは大きく二つに分けられる。一つは今後1年間の目標や活動を定めた短期計画である。もう一つはより長期的な目標や活動を定めた長期計画である。短期計画は戦術志向であるのに対して，長期計画は戦略志向である。

②診断型コントロールは，業績の標準を使って，フィードバック・ループによって実施されるプロセスである。まず，システムの業績を測定する。次に，その実績を標準と比較し，システムにおける不利差異の情報をフィードバックする。そして，システムの行動を修正する。診断型コントロールには，予算，財務測定システム，非財務測定システム，混合測定システムの四つのシステムが含まれる。

予算は，マネジメント・コントロール・システムの中で，中心的かつ基礎的な存在であり，ほとんどの組織において広く利用されている。その理由は，予算が多くの異なる目的（特に業績計画と業績評価）のために，組織のすべての職能部門の運営を一つの総合計画に集約することができるからである。従業員に特定の財務指標に対して責任を持たせるのも，よく利用されるコントロールの手法である。一部の財務指標は，予算管理に活用されているが，だからと言って，予算は財務測定システムとは同じものではない。例えば，予算はプロセスの統合や資源配置などの役割も持つからである。

非財務測定システムは現代組織のマネジメント・コントロール・システムの重要な部分になりつつある。こうした非財務測定システム，例えば，TQMは，財務測定システムの限界を克服するために活用されている。混合測定システムは，財務測定と非財務測定両方を含む業績評価システムである。混合測定システムの例として，目標管理（MBO）やBSCが挙げられる。

③報酬と報奨の焦点は，個人やグループの目標・行動を組織の目標・行動と一致させることによって，組織内の個人やグループを動機づけ，業績を高めることに当てられる。ここでの基本的な論点は，明確な報酬と報奨がない場合と比べると，報酬と報奨がある場合，業績が高まるという主張である。報酬シス

テムは外発的なものから内発的なものまで多岐にわたる。管理会計研究は主に外発的報酬に焦点を当てている。先行研究では，金銭的動機づけは個人の努力を任務に集中させ，努力を促し，業績を高める効果があることを明らかにしている（Bonner and Sprinkle, 2002）。努力を任務と結びつけることは，三つの面で業績に影響を与える。すなわち，努力を方向づけること，努力を持続させること，努力の程度を高めること，の三つである。

④管理的コントロールは，個人とグループの組織化，仕事と行動方法の明示および行動の監視を通じて従業員の行動を導くことを指す。管理的コントロールには，組織構造，組織内の統治構造，方針と手続きが含まれる。組織構造は，職能の専門化を通じて機能するコントロールの手法である。統治構造は正式な権限と責任のライン，各職能や組織単位の責任者の行動を，水平的にあるいは垂直的に調整する仕組みを含む。例えば，会議は行動計画や締め切りを通じて，組織成員の行動を導く。方針と手続きは，組織の中のプロセスと行動を規定する官僚的な方法であり，標準業務手続きや規則，方針からなる。

⑤文化的コントロールは，組織文化を用いて組織成員の行動を規制するコントロールの手法である。文化的コントロールは，クランによるコントロール，価値によるコントロール，シンボルによるコントロールからなる。クランは，組織の中に形成されるサブカルチャーあるいは個々のグループの文化のことである。クランによるコントロールは，儀式と行事を通じて価値や信念を確立することによって行われる。企業価値や理念は，組織の基本価値観，目的，方向を指す。価値によるコントロールは，経営管理者が従業員に企業価値を正式かつ体系的に伝えるという形で実行される（Simons, 1995）。シンボルによるコントロールは，特定の文化を醸成するために目に見える形で行われる。例えば，企業は従業員の専門家意識を作り出すため，従業員に統一した制服の着用を要求する。

文化的コントロールは広範的かつ繊細なコントロール手法なので，図表 2-9の一番上のほうに描かれている。これらは変化しにくいものとされ，他のコントロールに文脈的フレームを提供している。計画コントロール，診断型コントロール，報酬と報奨コントロールは図表の真ん中にある。この三つのコントロール手法は多くの現代組織において密接に結びつけられるとされており，図表の中で左から右へと時間的順序に並べられている。管理的コントロールは，計画コントロールや診断型コントロール，報酬と報奨コントロールの基礎を提供しており，図表の下部に置かれている。以上の五つのコントロール手法は，独立して機能するのではなく，一つのパッケージとして機能するのである。

第4節　残された研究課題

以上の検討から分かるように，当初アンソニーが提唱したマネジメント・コントロール・システムは，管理会計の概念を多く援用し，予算管理や業績評価などの財務測定システムを中心として構築されていた。その後，アンソニー本人をはじめ，マーチャントやサイモンズ，マルミとブラウンなど多くの管理会計学者の研究により，その範囲・内容が拡大してきた。その結果，マネジメント・コントロール・システムは経営学領域の一つの独立した分野として位置づけられるようになり，欧米や日本をはじめ，世界各国のビジネス・スクールにおいて一つの主要科目として講義されるようになった。

しかしながら，これまでのマネジメント・コントロール・システムの理論においては，なおいくつかの重要な研究課題が残されている。こうした研究課題は，マネジメント・コントロール・システムそのものに関する課題と，マネジメント・コントロール・システムの理論的基礎に関する課題とに大別することができる。

前者は，マネジメント・コントロール・システムの概念と構成およびメカニズムに関する課題である。すなわち，マネジメント・コントロール・システムとは何か，どのような要素によって構成されているのか，各構成要素がどのような仕組みを通して機能しているのかという課題である。後者は，マネジメント・コントロール・システムが有効に機能するにはどのような前提条件が必要なのかに関する課題である。

以下では，これらの課題について順番に検討していく。

1　マネジメント・コントロール・システムの概念

あらゆる学問について言えることであるが，理論構築をするためには，基本概念を明確に定義しなければならない。上述したように，マネジメント・コントロール・システム理論の生みの親であるアンソニーは，組織におけるコントロールのプロセスを戦略計画，マネジメント・コントロール，オペレーショナル・コントロールに分けて，マネジメント・コントロール・システムを戦略実施のツールと定義している。こうして定義されたマネジメント・コントロール・システムは，予算編成，資源配置，業績測定と評価と報酬，責任センターの配置，移転価格など管理会計によるコントロール手法から構成されており，その中には，組織構造，組織文化によるコントロール手法が含まれていない。そのために，定義として概念範囲が狭すぎると言わざるを得ない。

一方，マルミとブラウンはマネジメント・コントロール・システムを経営管理者に利用され，従業員の行動と意思決定を組織の目標と戦略に一致させるためのすべての仕組みやシステムと定義している。マルミとブラウンの定義はほぼすべてのマネジメント・コントロールの手法を網羅しているため，アンソニーの定義より明らかに範囲が広い。しかし，この定義は包括性を追求するあまり，範囲の境界を曖昧にしてしまう。これは定義としての明確性と有用性を損なうことになる。

また，日本においても1980年代からマネジメント・コントロールに関する研究がなされており，代表的研究として伊丹（1986），横田・金子（2014），伊藤（克）（2019）がある。伊丹（1986）は，マネジメント・コントロールを他人に委任した意思決定のコントロールと捉え，経営の設計要素の一つとして位置づけている。横田・金子（2014）は，マネジメント・コントロールを，数値情報を中心とした情報を提供することにより，マネジャーの行動を組織目標（戦略）の達成に導くことを目的とした概念であり，マネジメント・コントロール・システムはそれを具体化する仕組みであると主張している。伊藤（克）（2019）は，既存のマネジメント・コントロール概念を整理し，組織変化を起動するマネジメント・コントロールの役割を分析している。しかし，日本におけるマネジメント・コントロール・システムに関する研究の多くは，従来のマネジメント・コントロール・システムの枠組みに依拠しながら，展開されているのである。

以上のように，マネジメント・コントロール・システムをいかに定義するかというのは，先行研究においての大きな課題の一つである。また，この定義の問題はマネジメント・コントロール・システムの構成要素の問題にも直接関係している。

2　マネジメント・コントロール・システムの構成要素

2-1　マネジメント・コントロール・システムと管理会計

マネジメント・コントロール・システムがどのような要素によって構成されているかというのは，先行研究において残されたもう一つの課題である。マネジメント・コントロール・システムの構成要素を検討するにあたって，まず直面するのはマネジメント・コントロール・システムと管理会計の関係である。

マネジメント・コントロール・システムと管理会計とはどのような関係があるかについて，これまで二つの見解がある。一つは，マネジメント・コントロール・システムが管理会計とほぼ同じ意味であるという見解である。例えば，先行研究では，マネジメント・コントロール・システム，管理会計，会計情報システムなどの用語がほぼ同じ意味で使われていると指摘されている(Chenhall, 2003)[2]。また，日本の管理会計の教科書でも，マネジメント・コントロール・システムと業績管理会計が同義的に用いられていることが多い。しかし，マネジメント・コントロール・システムを管理会計と同一視することは，学問としてのマネジメント・コントロール・システムの存在意義を問われることになる。

もう一つは，マネジメント・コントロール・システムが管理会計より広い概念であるという広義の見解である。筆者がこの見解を支持する主な理由はマネジメント・コントロール・システムには，文化によるコントロールやクランによるコントロールなど，会計以外のコントロールが含まれているからである。

一方，1990年代以降，管理会計の内容範囲も拡大してきた。戦略理論を取

2　この見解はアンソニーが最初の著作 Anthony (1965) の中で提唱したマネジメント・コントロール・システムの概念と一致している。

り入れた戦略管理のための会計である戦略的管理会計（Simmonds, 1981; Shank and Govindarajan, 1993）や，戦略を策定・実行し，業績を多面的に評価する手法であるBSC（Kaplan and Norton, 1996, 2000）などがその代表的なものである。しかしながら，管理会計は経営管理のための会計手法である以上，管理会計研究領域の拡大には限界がある。したがって，管理会計はマネジメント・コントロール・システムの下位概念であるべきだというのが本書の基本的な立場である。本書では広義の見解を取っており，マネジメント・コントロール・システムと管理会計の関係を次のように解釈する。

マネジメント・コントロール・システムは，企業の経営戦略を効果的かつ効率的に実施するために用いる計画と統制を行うシステムである。それに対して，管理会計は企業の経営戦略を効果的かつ効率的に実施するため，会計の手法による計画と統制を行うシステムである。したがって，管理会計は，会計手法を用いたマネジメント・コントロール・システムであり，マネジメント・コントロール・システムの下位システムであると言える。これは前章で論じた管理アプローチに基づく管理会計の解釈である。

以上述べたことから，管理会計をマネジメント・コントロール・システムの一つの構成部分として位置づけることができる。換言すれば，マネジメント・コントロール・システムは管理会計とそれ以外の部分から構成されることになる。しかし，その場合，管理会計のほかにマネジメント・コントロール・システムにはどのような構成要素が含まれるかという課題がまだ残されている。

2-2　マネジメント・コントロール・システムの構成要素

先行研究ではこの課題について多くの研究がなされてきた。代表的な研究として挙げられるのは，第2節および第3節で述べた四つのマネジメント・コントロール・システムの枠組みである。しかしながら，これらの枠組みでは，マネジメント・コントロール・システムの構成要素に関して各々の解釈が提示されている。

アンソニーの枠組みの特徴は，マネジメント・コントロール・システムを戦略実施の一つのツールと位置づけ，戦略計画，予算編成，財務業績分析，業績評価などで構成されていることである。マーチャントの理論は，コントロールの対象を分類の基準として，マネジメント・コントロールを行動コントロール，結果行動コントロール，人的コントロール，文化的コントロールに分類したが，彼の著書の中で重点的に取り上げられたのは財務的責任センター，計画と予算，報酬システム，いわゆる財務的結果によるコントロールのシステムである（Merchant and Van der Stede, 2003, 2017）。

サイモンズの理論では，マネジメント・コントロール・システムを，管理者が組織行動のパターンを維持または変更するために利用する，情報をベースにした公式な手順と手続きと定義している。この定義ではマネジメント・コントロール・システムを情報に基づく公式なシステムに限定したため，文化によるコントロールなどを除外している。

マルミとブラウンの概念的枠組みでは，マネジメント・コントロール・システムを，経営管理者に利用され，従業員の行動と意思決定を組織の目標と戦略に一致させるためのすべての仕組みと定義し，マネジメント・コントロール・システム・パッケージ論を提唱している。この定義に従えば，これまで研究されてきたほぼすべてのコントロール手法はその枠組みの中に含まれる。

以上の考察から分かるように，これまでのマネジメント・コントロール・システムに関する四つの典型的な理論的枠組みは，マネジメント・コントロール・システムの構成要素についての認識はそれぞれ異なるものの，目標一致の原則を前提条件としている点においては共通している。すなわち，これまでのマネジメント・コントロール・システムの理論や枠組みはほぼすべて目標一致の達成可能を前提条件として論じられているが，なぜ目標一致が達成できるのか，どのように達成されるのかについては十分議論されているとは言えない。これは先行研究において残された一つの重要な課題である。

そして，マネジメント・コントロール・システムの作用メカニズムに関する課題がある。すなわち，マネジメント・コントロール・システムを構成する個々のコントロール手法の間にどのような関係が存在するのか，また，各手法の間に相互作用や整合性が存在するのか，という課題である。

これらはいずれもマネジメント・コントロール・システムの理論研究において避けて通ることのできない重要な課題である。

3　マネジメント・コントロール・システムにおける目標一致の原則

企業を含むあらゆる組織は多数の人間の集まりである。組織成員には個人の目標があり，また組織にも組織の目標がある。個人の目標と組織の目標とは必ず一致するとは限らない。むしろ，両者が一致しない可能性が高い。しかし，組織成員の目標を組織自体の目標と一致させなければ，組織の力を最大限に発揮することができない。場合によっては，組織の求心力はなくなり，組織自体の存続は危うくなることもありうる。したがって，目標一致をいかに達成できるかということはマネジメント・コントロールの中心的課題である。しかし，問題は営利組織としての企業の場合，そもそも組織成員の目標と組織の目標が一致することが可能かどうかである。この問題はマネジメント・コントロール・システムの理論的基礎に関わるものである。

目標一致の原則は，決して自明な事柄ではない。目標一致の原則の含意を明らかにするためには，次の三つの課題を検討する必要があると考えられる。①そもそも組織成員の目標が組織の目標とは一致することができるかどうか。できるとすれば，その目標はどのような目標なのか。②組織が一致可能な目標を設定したという前提で，組織成員の目標を組織の目標に合わせるには，どのような経営管理手法を用いるべきか。③組織や成員の力を最大限に引き出すためにどのような方法を用いるべきか。また，組織成員の努力の程度およびその結果（あるいは業績）を正しく測定するために，どのような方法を用いるべきか。その中で，②と③の課題はマネジメント・コントロール・システムの構成要素に関連する課題である。

これまでのマネジメント・コントロール・システムについての各理論は，主にこの③の課題を議論の中心に置きながら，展開されている。アンソニーのマネジメント・コントロール・システム理論によれば，マネジメント・コントロールのプロセスには次の四つの内容が含まれる。第一に，戦略計画を策定する。戦略計画とは，組織が今後数年間に行う予定のプロジェクトを決定し，計画された各プロジェクトに経営資源を割り当てるプロセスを指す。つまり，戦略計画は戦略の実施方法を決定する。第二に，戦略計画の枠組みに従って年間予算を編成する。第三に，業績測定システムを使用して，責任センターとその責任者の業績を測定し評価する。第四に，短期または長期の報酬プランを利用して，上級管理者および部門管理者のやる気を引き出す。以上の内容は主に③の課題に関連している。マーチャントのマネジメント・コントロールの類型に対する分析やサイモンズのレバー・オブ・コントロール理論も③の課題に関心を集中している。

むろん，既存のマネジメント・コントロール・システムの研究には，以上の②の課題に焦点を当てた研究も見られる。ただし，こうした研究のほとんどは，目標一致を実現させる方法を検討する際に，いわゆるエージェンシー理論[3]を分析ツールとして使用している。エージェンシー理論では，②の課題について次のように分析している。

現代社会では，所有者（株式会社の場合は株主）が企業の経営をすべて自分で行うことはまれである。ほとんどの企業では，所有に基づかずに経営が行われる。すなわち，企業の所有者は企業経営の仕事をプロの経営者に任せて，経営者は所有者の委託を受けて，企業経営を行う。このように企業の経営は株式の所有者によってではなく，株式を所有しない非所有経営者によって担当されることになる。ここでは，株主と経営者の間にプリンシパル・エージェント関係が成立する。企業の経営を任せる株主がプリンシパル（委託者）であり，企業の経営を任される経営者がエージェント（代理人）である。この現象は所有と経営の分離と呼ばれる。また，経営者が企業の経営をすべて自分で行うこともまれである。経営者は，多くの仕事を他人（例えば，各部門の管理者）に任せなければならない。ここでは，経営者と各部門の管理者の間にプリンシパル・エージェント関係が成立する。同様に，組織下部での上司と部下の間にもプリンシパル・エージェント関係が成立する。このような考え方から，階層組織としての企業は多層のプリンシパル・エージェント関係が成り立っていると理解

3　エージェンシー理論は，1960年代から1970年初期にかけて，経済学の専門家らによる個人間や集団間におけるリスク分担に関する研究を起源とする。主に実証主義型エージェンシー理論とプリンシパル・エージェント型エージェンシー理論に大別できる。
　実証主義型エージェンシー理論は株主，債権者と経営者との間のエージェンシー問題を非数理的に実態的に分析する研究であり，代表的な研究として，Jensen and Meckling (1976), Fama (1980) などが挙げられる。プリンシパル・エージェント型エージェンシー理論は，経営者と従業員との間のエージェンシー問題を数理的に分析する研究であり，代表的な研究として Ross (1973)，Holmstrom (1979) などがある。

することができる。このようなプリンシパル・エージェント関係を分析するために提唱されたのがエージェンシー理論である。

エージェンシー理論は，すべての個人が自分の利益のために行動するという仮説を議論の前提としている。プリンシパル・エージェント関係における本質的問題は，一般にプリンシパルとエージェントとの間に利害の不一致が存在する点にある。このような状況では，プリンシパルはエージェントの行動が自分にとって望ましい行動かどうかを観察・立証しなければならない。しかし，一般的には，エージェントの行動を完全に観察・立証することは困難である。さらにエージェントは，通常任された仕事についてプリンシパルよりも多くの知識と情報を保有しているため，望ましい行動自体がプリンシパルには分からない場合が多い。この現象は情報の非対称性と呼ばれる。利害の不一致かつ情報の非対称性が存在する状況では，経営者や従業員のモラルハザード問題が起こりうる。モラルハザードとは，何らかの契約をした後で，依頼した側（プリンシパル）が観察できないところで，依頼された側（エージェント）が取る行動が，プリンシパルに不利益をもたらすことをいう。エージェンシー理論は，情報の非対称性を前提としたうえで，契約関係をプリンシパル・エージェント関係として捉え，エージェントの行動がプリンシパルの利害と一致しないときに発生する問題の構造を明らかにし，その問題に対処する方法を考察する理論である。

エージェンシー理論では，目標の不一致および情報の非対称性の問題に対処する方法として，次の二つが提唱されている。一つは情報開示制度であり，今一つはインセンティブ・システムである。情報開示制度は企業経営情報の利害関係者への開示に関わる強制力を持つ制度であり，主に法律・法令として制定されている。日本では，企業の経営者は会社法や金融商品取引法に基づき，財務諸表を定期的に作成し，開示しなければならない。また，財務諸表は公認会計士または監査法人の会計監査を受けることを義務付けられている。このように，情報開示制度は組織外部の強制力を用いて，情報の非対称性問題を解決するための方法であると言える。一方，インセンティブ・システムは，インセンティブの提供を通じて，組織成員を仕事行動に動機づけていくための方法である。インセンティブは物質的なインセンティブ（金銭や地位など）と精神的なインセンティブ（名誉や自己実現など）に大別できる。

物質的なインセンティブ・システムは，金銭や地位などの提供を通じて，組織成員を動機づけるシステムである。組織成員の業績をその報酬や昇進に直接に結びつける業績依存型報酬・昇進制度は典型的な物質的なインセンティブ・システムである。例えば，経営者を対象とするストックオプション制度や社員を対象とする能力給制度などは最もよく見られる方法である。精神的なインセンティブ・システムは，名誉や自己実現などの提供を通じて，組織成員を動機づけるシステムである。精神的なインセンティブ・システムの目的は経営ビジョンを掲げて，組織成員にそれを自分自身の価値ないし目標として内在化させることにより，組織目標と個人目標との統合を図ることである。インセンティブ・システムは，組織内部における目標不一致の問題を解決するための方法であると言える。

以上のように，エージェンシー理論はマネジメント・コントロール・システムにおける目標一致の原則に関わる②の課題について有益な示唆を示しているものの，①の課題，すなわち目標一致の可能性についてはまったく言及されていない。

しかし，マネジメント・コントロール・システムにおける目標一致の原則に関する三つの課題はそれぞれ独立しているのではなく，互いに密接に関係している。しかも，②の課題の解決は，③の課題の解決の必須条件であり，①の課題の解決は，②の課題の解決の必須条件である。したがって，①の課題は，マネジメント・コントロール・システムにおける目標一致の原則に関する最大の課題である。

なぜ，これまでのマネジメント・コントロール・システムの理論研究ではこの重要な課題についてほとんど触れなかったのか。その最大の理由は，現行のマネジメント・コントロール・システム理論が目標一致の原則を前提条件として構築されているからである。したがって，本書では目標一致の原則に関わる三つの課題，特に①の課題を解決するために，目標一致の原則の理論的根拠を探さなければならない。

第5節　本章の要約

本章では第1章で述べた問題意識を念頭に置きながら，マネジメント・コントロール・システムの代表的な先行研究を検討することを通じて，これまでのマネジメント・コントロール・システムの理論を整理し，その特徴および問題点を指摘した。本章の内容を要約すると，次のようになる。

第1節では，企業経営管理の実践と経営管理の理論研究の両面からマネジメント・コントロール・システム理論の必要性を論じた。そして，本章の目的と構成を示した。

第2節では，マネジメント・コントロール・システムという理論の生成について考察した。マネジメント・コントロール・システム理論は，1960年代中頃ハーバード大学のアンソニーによって提唱された学問分野である。アンソニーの理論の基本内容と特徴は次のようにまとめることができる。第一に，組織の経営管理の活動を戦略の策定，マネジメント・コントロール，オペレーショナル・コントロール（タスク・コントロール）の三つに分けて，組織コントロールの階層と主体を明確に区分することである。第二に，マネジメント・コントロール・システムの性質と役割を明確にし，戦略実施のツールとして位置づけることである。第三に，会計手法をベースとして，マネジメント・コントロール・システムを構築することである。

第3節では，アンソニーによって提唱されてから近年までのマネジメント・コントロール・システム理論の主な展開について検討した。

まず，マーチャントのマネジメント・コントロール・システム理論を考察した。マーチャントは，アンソニーの理論と異なる視点から，独自のマネジメント・コントロール・システムの理論を展開した。マーチャント理論の基本内容と特徴は次の通りである。

コントロールの対象を基準としてマネジメント・コントロールを，行動コントロール，結果コントロール，人的コントロールと文化的コントロールに分類する。コントロールに関する問題は，方向性欠如，動機づけ，そして個人限界に分けることができる。それぞれの問題に対して，有効であるコントロール手法を適用し，対処しなければならない。アンソニーの理論と比較すると，マーチャントの理論は，人的コントロールと文化的コントロールを取り入れることで，マネジメント・コントロール・システムの理論の範囲を拡大したことが特徴である。

次に，サイモンズのレバー・オブ・コントロール理論を検討した。サイモンズの理論は，アンソニーの理論やマーチャントの理論と一線を画す形で展開されている。その論点と特徴を要約すると，次のようになる。第一に，マネジメント・コントロール・システムを構築する際に，コントロール・システムが戦略形成に果たす役割に焦点を当てなければならない。第二に，マネジメント・コントロール・システムは，信条システム，境界システム，診断型コントロール・システム，対話型コントロール・システムの四つのシステムから構成される。第三に，四つのコントロール・システムは，それぞれの目的や伝達内容，そして戦略コントロールにおける役割において組織の事業戦略と密接な関係を有する。

最後に，マルミとブラウンのマネジメント・コントロール・システム・パッケージという概念的枠組みを考察した。マルミとブラウンはマネジメント・コントロール・システムに関する研究を網羅的に検討し，多様なコントロールの手法を整理するためにマネジメント・コントロール・システム・パッケージという概念的枠組みを提示した。マルミとブラウンの論点をまとめると，次のようになる。

組織の中に複数のコントロール・システムが存在している現象が多くの先行研究によって報告されている。しかし，これらのシステムは一つのマネジメント・コントロール・システムとして機能しているのではなく，異なる時期に異なる関係者によって導入されたものである。このように一つの組織の中に同時に存在している複数コントロール・システムは，一つのマネジメント・コントロール・システムとして認識されるより，システムのパッケージとして見なされるべきである。マネジメント・コントロール・システム・パッケージには，計画，診断型コントロール，報酬と報奨，管理的コントロール，文化的コントロールが含まれている。また，各コントロール手法は，それぞれ独立して機能するのではなく，パッケージとして機能している。

以上のように，第2節と第3節は，マネジメント・コントロール・システム理論に関するこれまでの代表的な理論をレビューし，その基本内容と特徴を明らかにした。

第4節ではマネジメント・コントロール・システムの先行研究において残された課題を指摘した。従来のマネジメント・コントロール・システムの理論においては，次の二つの大きな課題が残っている。一つはマネジメント・コントロール・システムにおける目標一致の原則に関する課題である。もう一つはマネジメント・コントロール・システムの概念と構成要素とメカニズムに関する課題である。前者はマネジメント・コントロール・システムの理論的基礎に関わる問題である。後者はマネジメント・コントロール・システム理論の基本内容に関する問題である。

企業組織における目標一致の可能性に関する議論は，「企業とは何か」，「企業の基本機能は何か」という企業に対する基本的な考え方，すなわち，企業観や企業理論と密接に関係している。したがって，目標一致の原則を論じる前に，準備作業としてこれまでの企業観を検討する必要がある。これを次章の課題としたい。

第3章

現代企業理論の構築

第1節　はじめに

第2章ではマネジメント・コントロール・システムという学問分野の生成と展開の過程を考察しながら，これまでのマネジメント・コントロール・システムに関する主な理論の基本内容，主要な論点と主張を整理した。そして，それぞれの理論的枠組みの有用性を確認すると同時に，理論的な問題点やまだ解決されていない課題を指摘した。そこで，先行研究において残された大きな課題として，次の二つを提起している。

一つは組織における目標一致の原則に関する課題である。これまでのマネジメント・コントロール・システム理論は，目標一致の原則を前提条件として，組織成員の目標をいかに組織の目標に一致させるかということに焦点を当てて，理論展開が行われてきた。しかしながら，なぜ目標一致ができるかという目標一致の原則の理論的根拠についてはほとんど論述されていない。

今一つはマネジメント・コントロール・システムの構成要素に関する課題である。学問としてのマネジメント・コントロール・システムの生成経緯から，管理会計は間違いなく，マネジメント・コントロール・システムの構成要素の一つであると確認できるが，それ以外の構成要素については，先行研究ではさまざまな見解が示されているものの，共通した認識には至っていない。また，先行研究を見る限り，各構成要素の相互作用や整合性についてはほとんど言及されていないことが分かる。

しかし，以上の二つの課題は現代企業の経営実践に役立つマネジメント・コントロール・システム理論の構築において避けて通ることのできない重要な課題である。しかも，一つ目の課題の解決は二つ目の課題の解決の前提条件となっている。したがって，本章は，一つ目の課題の解決を目的としている。そして，次章では本章の結論を踏まえたうえで，二つ目の課題に取り組むことにする。

目標一致の原則を論じる際に，次の二つの問題を検討しなければならない。第一に，そもそも組織の目標は組織成員（あるいは組織の主要な利害関係者）が共有できる目標なのか。第二に，どのようなメカニズムにより組織成員と組織との目標一致が達成されるかである。前者は目標一致の可能性に関するという問題である。後者は目標一致達成の仕組みに関する問題である。前者のほうは後者より重要である。なぜならば，組織の目標が組織成員の共有できるものでなければ，目標一致を達成すること自体は不可能からである。一人の人間であれ，人間の集団としての組織であれ，各自の利害に基づいて定められるそれぞれの目標を持つ。したがって，共有目標が存在するための前提条件は組織成員が共通の利害関係を有することである。それゆえに，組織成員の間に共通の利害関係をいかに確立させるか，これは経営管理実務においても理論研究においても最も重大な課題の一つである。

事実，この課題は近年新しく現れたものではなく，経営管理実務および理論上の古い課題である。現代経営管理論の創始者であるテイラーは，1911年に出版された著書 *The Principles of Scientific Management*（『科学的管理の諸原理』）[1]の中で，企業の利害関係者間の利害不一致問題を論じ，その解決策を提案した。テイラーの科学的管理の理論の基本内容をまとめると，次のようになる。

まず，管理の目的は使用者の最大繁栄とあわせて従業員の最大繁栄をもたらすことにある。使用者の最大繁栄とは，単に所有者に対して高い配当を行うことではなく，事業の繁栄を永久のものとすることを意味する。また，従業員の最大繁栄とは，高い給料をとることばかりではなく，個人の能力を最大限に発揮させ，最高級の仕事ができるようにすることである。

一般的な考えによれば，労使の根本的な利害は絶対に相反するものであるとされるが，本当は労使の真の利害が同一でなければならない。なぜならば，従業員の繁栄を伴わない限り，使用者の繁栄だけが長く続くことはなく，使用者の繁栄を伴わない限り従業員の繁栄が長く続くこともできないからである。こうした最大の繁栄を実現するために，現代企業のすべての人々が最高の能率を出さなければならない。具体的には，「賃金は高く，原価は低く」することである。

最高能率の実現を妨げるのは怠業である。怠業の原因はさまざまあるが，主に次の三つが挙げられる。怠業の一つ目の原因は，生産能率を上げると失業者

1　テイラーは科学的管理法の父と呼ばれており，その主要な著書である同書は1910年代以降，幾度も日本語に翻訳されてきた。最近の翻訳として，有賀（2009）がある。

ができるとの誤解である。世の中にある製品に対する需要が一定であれば，生産能率を上げる結果，生産量が増加すると失業者を生じさせてしまうかもしれないが，生産量を増やせば製品の単価も安くなり，需要も増加することになる。したがって，生産能率を上げると失業者が増えるというのはまったくの誤解である。二つ目の原因は不完全な管理法である。これは使用者が各々の仕事を完了するための正当な時間を知らないため，工員が自分の利益を守るために働くふりをすることに起因する。三つ目の原因は非効率な工員任せである。目分量は怠業を促す原因であるから，目分量式の方法をやめて科学的方法をとれば，労使ともに非常に利益がある。管理者と工員が親密に個人的な協働を営むことが近代科学的管理の本質とするところである。

このように，テイラーの科学的管理法は，これまでの管理手法とは本質的に異なる。これまでの管理手法はアメとムチの刺激を与えることで労働者の勤労意欲を引き出す成行管理法である。これに対して，科学的管理法は作業の科学管理に基づき，作業の能率を増進させることにより高賃金と低原価を実現する管理システムである。具体的には作業（動作と時間）を科学的に研究し，標準作業方法，作業時間に基づいて１日の標準作業量を設定し，それを実施・遂行する。それによって，科学的管理法は経験に基づく成行管理法に取って代わる。これは科学的管理法の一つの重要な目的である。すなわち，管理手法の経験から科学への転換を実現することである。

しかしながら，科学的管理法にはもう一つの重要な目的がある。それは労使関係の対立から協調への転換である。テイラーによれば，科学的管理法の本質は，個々の具体的な技法や仕組みではなく，精神革命にある。彼が言う精神革命とは労使関係と仕事のやり方からなる。科学的管理法の原理が実際に普遍的に実施されるようになれば，結果的にすべての人々は幸福になる。すなわち，科学的管理法は労使双方にウィンウィンの関係を確立し，労使の繁栄を永久に実現していく役割を果たすのであるとしている。

以上述べたことから分かるように，テイラーが目指したのは科学的管理法を通じて，管理手法の経験から科学への転換と，労使関係の対立から協調への転換を実現することである。前者はこれまでの多くの経営管理理論家および実務家の努力によって，確実に実現されつつあると言える。しかし，『科学的管理の諸原理』が出版されてから1世紀以上経った今，企業経営管理の現実を見る限り，後者が完全に実現されているとは言い難い。

科学的管理法の適用は，労使の対立関係をある程度緩和することができる。しかし，企業経営実践の現実に目を向けると，科学的管理法だけでは労使関係を対立関係から協調関係へと変化させることができないことは明らかである。その根源的な原因は労使の目標不一致に起因していると考えられる。そして，冒頭で提起した組織における目標一致の原則に関する問題は単に労使間の問題ではなく，企業組織のすべての利害関係者に係る問題でもある。さらにこの問題は「企業とは何か」，「企業の主要な利害関係者はだれなのか」，また，「関係者の利害関係をどのように調整すべきか」といったいわゆる企業理論の問題にも密接に関係している。

このように目標一致の原則は企業の本質，目的，行動原理などに関わるものである。企業の存在目的や機能，行動原理を理論的に研究するのは企業理論と呼ばれる学問である。企業理論研究の理論的基礎は企業の本質に関する基本的な見方あるいは考え方である。こうした企業に対する基本的な見方は企業観と呼ばれる。したがって，目標一致の原則の理論的根拠は，企業理論および企業観に求めることができると言える。

そこで，本章ではまずこれまでの企業理論を考察し，その理論的基礎となる企業観を検討する。次に，現代企業を取り巻く経営環境に適合する新しい企業観，現代企業観を提唱する。最後に，現代企業観に基づく現代企業理論の構築を試みる。

第2節　これまでの企業理論：企業観と経営モデル

伝統的に，企業は経済学の主要な研究対象である。経済学とは人間社会の経済現象，特に財やサービスの生産・分配・消費の法則を研究する学問を指す。伝統的な経済学では，企業を財やサービスの生産活動を行う主体とし，財やサービスの生産・交換・消費を研究している。しかし，1970年以降，「企業はなぜ存在するのか」，「企業はどのように組織されているのか」，「企業はどのように行動するのか」といった企業の本質に関する理論的な問題が経済学研究の重要な研究課題となり，それに対する多くの研究がなされてきた。こうした中で，企業経済学という学問分野が誕生したのである。

企業経済学は，企業の本質，構造，そして行動原理を経済学的に解明しようとする学問である。企業経済学研究の土台となるのは，いわゆる企業観である。企業観とは社会における企業の持つ意味と位置づけに対する基本的な見方あるいは考え方を指す。企業経済学における主な企業観として，残差権の所有者としての企業，取引費用の節約手段としての企業，名声の担い手としての企業，経営資源の集合体としての企業などの企業観が挙げられる[2]。

一方，経営学は企業活動の原理や構造，またその合理的な管理方法などを研究する学問である。言うまでもなく，経営学の理論研究ではまず「企業とは何か」,「企業の活動は何のために行われるべきか」という企業の本質に関わる質問に対して，明確に答えを示さなければならない。その答えの根拠となるのは企業観である。企業観は企業の経営のあり方，活動を規定するものであるから，企業観の相違は，企業の戦略，組織，そして管理手法の相違を生む。したがって，企業観はマネジメント・コントロール・システムを理論的に分析するための前提仮定となっている。

これまで，時代の変化とともに，企業の性質や構造，役割，機能は変化してきている。そうした変化に合わせて，企業経営管理の実践の中から，さまざまな企業観と経営モデルが生まれてきた。そして，それぞれの企業観と経営モデルに基づき，それぞれの企業理論が構築されてきた。主な企業理論として，伝統的企業理論，人本主義企業理論，利害関係者理論が挙げられる。以下では，これらの企業理論を整理しておく。

1　伝統的企業理論：株主主権企業観と株主志向経営

企業は，営利を目的として，継続的に生産・販売・サービスなどの経済活動を営む事業体である。企業の成立と発展に絶対に欠かすことのできないのは，経営資源である。この意味では，企業はさまざまな経営資源の集合体であると

2　詳しくは小田切（2010）を参照されたい。

も言える。一般的に，企業の経営資源を大きく分けると，ヒト（人的資源），モノ（物的資源），カネ（貨幣的資源）の三種類の基本的な経営資源がある。これらの経営資源の中で，どれが一番重要なのか，それが時代の変化とともに，移り変わってきた。

イギリスにおける産業革命以降，機械化が進み，多くの工業生産が機械によって行われた。企業の競争力の主な源泉は資本設備であり，その購入に必要なカネを出資したのは資本家であった。そして，カネさえあれば，機械や設備を購入でき，労働力としてのヒトも簡単に雇うことができた。諸経営資源の中，カネは最も稀少な経営資源であった。労働者，顧客，取引先などは企業の活動に関わっていたとしても，彼らと企業とのつながりは単に一時的なものに過ぎなかった。労働者は単純な労働を決められた時間だけ提供し，賃金を受け取る。顧客は代金を支払って，商品を手に入れる。取引先は原材料等を提供して，その代金を受け取る。そして，顧客への商品販売から得られた売上から労働者・取引先に支払った賃金・代金を差し引いた後の利益は，資本家に帰属するものである。このような状況においては，貨幣的資源であるカネが企業経営の中で最も重要な位置を占める。そのカネを提供している株主は，企業の所有者であり，支配者である。これは資本主義初期の企業の実像である。

こうした状況を背景に，企業に対する次のような考え方が経済学や経営学の主流的な観点となった。つまり，企業に貨幣的資源を提供している資本家は，企業の所有者および支配者であり，企業の成果をすべて享受すべきであるというものである。企業に対するこのような考え方は，株主主権企業観と呼ばれる。株主主権企業観は，古典的資本主義の時代に生まれた考え方であり，企業の支配権に基づいた企業観である。

一方，資本主義の発展は，企業の規模を拡大するとともに，その形態を変化させてきた。最初の個人企業は会社企業に転化し，会社企業は合名会社，合資会社，そして株式会社という順序に従って，その姿を現してきた。合名会社は，会社の債務者に対して直接連帯責任を負う無限責任社員のみで構成される会社組織である。合資会社は，有限責任社員と無限責任社員で構成される会社組織である。株式会社は，株主という有限責任社員のみで構成される会社組織である。株式会社は産業資本の集中が高度に進展した時期に適合した企業形態であるとされ，現代の資本主義経済社会における最も代表的な企業形態となった。しかし，企業の形態が変わっても，上述した企業に対する基本的な考え方はそのまま受け継がれてきた。

株主主権企業観の基本的な考え方は次の三つの仮説にまとめることができる。第一に，企業は資本を提供した株主のものである。したがって，第二に，企業の成果（利益）は，株主に帰属すべきである。したがって，第三に，企業の目的は株主価値を最大化することである。そして，三つの仮説の間には以上のような因果関係が成立するのである。

伝統的企業理論は，以上の仮説をベースに構築されているものである。そこでは，株主価値の最大化という目的を達成するためにどのように意思決定を行うかというのが最大の研究課題である。株主主権企業観に基づく経営モデルは，株主志向経営と呼ばれる。株主志向経営とは，株主価値の最大化を企業の唯一の正当な目的とする経営モデルである。その理論的な根拠はノーベル経済学賞を受賞しているミルトン・フリードマン（Milton Friedman）に代表される新自由主義の考え方である[3]。フリードマンによれば，企業経営者の使命は株主価値の最大化であり，それ以外の社会的責任を引き受ける傾向が強まることほど，自由社会にとって危険なことはない。企業は社会貢献など余計なことを考えず，利益や株主価値を追求すべきである。そうすることで市場メカニズムが効率的に機能し，より良い社会が作られるのである（Friedman, 2002）。

株主主権企業観は古典的な資本主義の時代から現代に至るまで，欧米流の経済学および経営学研究の礎石として位置づけられている。言うまでもなく，従来のマネジメント・コントロール・システム理論および管理会計理論もこうした企業観を土台として構築されている。

しかし，20 世紀中頃以降，企業を取り巻く経営環境は著しく変化するとともに，企業自体も大きく変化してきた。こうした変化の結果，伝統的企業理論に基づく株主主権企業観や株主志向経営は，もはや現代企業の実像を正確に反

3　新自由主義（Neoliberalism）とは，国家による福祉・公共サービスの縮小（小さな政府，民営化）と，大幅な規制緩和，市場原理主義の重視を特徴とする経済思想を指す。代表的な経済学者として，ミルトン・フリードマンのほか，フリードリヒ・ハイエク（Friedrich August Von Hayek）が挙げられる。

映することができなくなっている。伝統的企業理論の代わりに新たな企業理論が，日本やアメリカの経営学者によって提唱されるようになった。代表的なものとして，人本主義企業理論と利害関係者理論が挙げられる。

2 人本主義企業理論：人本主義企業観と人本主義経営

周知の通り，古典的資本主義の時代には，工場・機械設備などの有形固定資産が企業の競争力の源泉であった。しかし，現代先進国では，企業の競争力は同じ製品の大量生産能力ではなく，消費者ニーズに合ったより多様な製品・サービスを作り出す能力である。それを可能にするのは，工場・機械や単純労働者ではなく，知識・知恵・技術を持った経営管理者と従業員である。すなわち，現代社会では，人的資源であるヒトは貨幣的資源であるカネに代わって，企業の最も重要な資産になったのである。その背景にあるのは企業を取り巻く経営環境の著しい変化である。

1950年代以降，これまでにない科学技術の進歩によって，工業生産の自動化が進み，多種多様な製品が大量に生産されるようになった。欧米や日本などの先進国においては大量生産・大量消費の時代が到来した。こうした中で，企業の規模が格段に拡大し，巨大な株式会社が現れ，やがて株式会社は資本主義社会の最も重要な組織となった。このような株式会社の著しい発展・拡大は，三つの重要な結果をもたらした。

一つ目は，「所有と経営の分離」である。会社の規模が小さいときは，自己資金を出資した創業者自身が会社の経営を行う場合が一般的である。この時点では会社の所有（支配）・経営は同一人物によって担われていることになる。しかし，会社の規模が大きくなると，経営の内容が複雑で高度なものとなり，専門的な知識を持った専門経営者が要請されることになる。その結果，このような専門経営者が，大株主である創業者に代わって，会社の経営を行うようになった。つまり，会社の所有と経営が分離されている状態になったのである。

二つ目は「経営者支配の出現」である。会社の事業を拡大するために，株式会社は証券市場において大量な新株を発行し，多数の投資家から資金を集める必要がある。これにより株式が広範に分散していく。そうすると，それまで圧倒的多数の株式を保有していた大株主の持株比率が低下することになる。それとともに，大株主の会社に対する支配も次第に弱くなる。その結果，専門経営者が会社に対する支配が強くなる。その結果として，経営者支配という現象が現れた。

三つ目は「機関投資家の台頭」である。1950年代以降，先進国では，年金基金，保険会社などによる株式保有が広がってきた。特にアメリカでは，かつての資本家に代わって，年金基金などの機関投資家が資本の供給と配分を支配するようになった。年金基金の所有者は，将来における受給者としての従業員である。機関投資家の台頭という現象の背後には，従業員の力の増大が存在しているのである。

以上の説明から次の結論を導くことができる。すなわち，経営資源の中で貨幣的資源である資本（カネ）の重要性が相当低下していると同時に，人的資源（ヒト）の重要性が著しく増大している。こうした経営資源の重要性における変化は企業経営に重大な影響を及ぼしている。こうした変化を背景に，経営学者は，二十世紀末頃から，従来の経営管理理論の問題点を指摘しながら，変わりつつある経営環境に適合するような企業経営の新しい理論を模索している。

経営学の生みの親であるドラッカー（Peter F. Drucker）は上述した変化を資本主義社会の歴史的転換の兆しと捉え，次のように主張している。1960年代からアメリカをはじめとする先進国の社会とその構造に関して基本的な変化が起こっている。その結果，先進国が資本主義からポスト資本主義社会（あるいは知識社会）へと移行している。そして，ポスト資本主義社会において支配力を持つ資源は，資本でも土地でも労働でもなく，知識である。そのため，ポスト資本主義社会における経済的な課題は，知識労働と知識労働者の生産性である（Drucker, 1993）。ドラッカーの主張は，従来の株主主権企業観の限界を指摘し，新しい企業観の必要性を示唆してくれる。

一方，1980年代以降，日本企業の国際競争力の急速な向上を背景に，日本的経営が世界的に注目されるようになった。日本的経営とは何かについて，さまざまな捉え方がある。最も有名なのは，アベグレン（James C. Abegglen）の三種の神器論である。1958年に出版された彼の名著 *The Japanese Factory*（『日本の経営』）の中で，終身雇用，年功序列，企業別組合の三つが日本的経営の本質的な特徴であるということを指摘した。1980年代に入ると，欧米や日本の研究者によって，日本的経営研究あるいは日米企業経営比較研究が盛んに行われるようになった。こうした研究では，日本的経営の特徴として，終身雇用，年功序列，企業別組合以外に，経営理念・組織風土や経営戦略，人事管理と業務遂行などの特徴も取り上げられている。その中で，日米企業経営の相違を日米の企業観の相違に求める研究も行われてきた。代表的な研究は，伊丹敬之の「人本主義経営」についての研究である（伊丹，1987，2000，2009）。

伊丹は一連の研究を通して，戦後の日本企業の成功の原因を考察し，典型的な日本企業と典型的なアメリカ企業との間に，組織編成の基本原理における本質的な相違の存在を明らかにしている。すなわち，典型的なアメリカ企業は，カネを経済活動の最も本源的かつ稀少な資源という考えに基づき，企業経営を行う。このようなアメリカ型企業はいわゆる資本主義企業である。その経営モデルはいわゆる資本主義経営である。それに対して，典型的な日本企業は，ヒトを経済活動の最も本源的かつ稀少な資源とする考えに基づき，企業経営を行う。このような日本企業では，企業のすべての人的資源（社員と経営管理者を含む従業員全員）こそ，最も根本的な経営資源となる。伊丹（1987）は，この日本型企業を人本主義企業，その経営モデルを「人本主義経営」と名付けた。

人本主義企業の特徴を説明するため，伊丹（1987，2000）は企業主権，組織内シェアリング，市場取引という三つの概念を用いて，人本主義企業と資本主義企業との比較を行っている。図表3-1はその比較の結果を示している。

企業主権の概念は，企業はだれのもので，だれの利益のためにその行動を決めているのかについての基本的な考え方である。資本主義企業では，株主が企業の実質的な所有者あるいは主権者である。その企業主権は株主主権である。

図表3-1　人本主義企業と資本主義企業との比較

比較項目＼比較対象	人本主義企業	資本主義企業
(1) 企業主権の概念	従業員主権	株主主権
(2) シェアリングの概念	分散シェアリング	一元的シェアリング
(3) 市場の概念	組織的市場	自由市場

出所：伊丹（2000），59頁，表2-1を筆者一部修正。

それに対して，人本主義企業では，従業員が企業の実質的な主権者である。その企業主権は従業員主権となる。

シェアリングの概念は，企業組織に参加している人々の間で権限，情報，経済的成果がどのように分担され，分配されているか，についての基本的な考え方である。資本主義企業では，トップの経営者に，権限も情報も経済的成果も集中しているため，その組織内シェアリングは一元的シェアリングである。それに対して，人本主義企業では，権限や情報，経済的成果を従業員が分け合うのが一般的なパターンであり，その組織内シェアリングは分散シェアリングである。

市場の概念は，市場における企業と企業の関係のあり方に関する考え方である。資本主義企業の場合は，企業間の取引は自由市場を通して行われる。それに対して，人本主義企業の場合は，企業間の取引は長期的協力関係になる目的で行われることが多い。こうした長期的な協力関係による取引は，市場と組織の中間に位置している組織的市場である。

上述した特徴を持つ人本主義企業が，資本主義企業と比べると，企業経営の効果・効率において次の点で優れていると伊丹（2000）は主張している。

第一に，企業の各成員と企業の利害が一致しているという点である。利害の一致とは，従業員の個人的な利害と，企業の組織としての利害が一致することを指す。いかなる企業でも，企業活動を通じて，付加価値を創造しているのは，従業員である。従業員の個人としての利害と，企業の組織としての利害が一致すれば，従業員の働く意欲がおのずと高まる。株主主権の場合，従業員は，株主の利益に奉仕することによって，報酬をもらうため，言われた通り働くだけで済む。一方，従業員主権の場合，従業員は企業の重要な意思決定権と，企業の経済的成果の分配を優先的に受け取る権利を有するため，長期的かつ全社的な視野を持って，積極的に付加価値創造の活動に参加するようになる。結果的にすべての利害関係者にとって，長期的かつ継続的な利益になる。

第二に，情報を有効に利用し，意思決定を正確に行うことができるという点である。企業活動に関する情報の多くは活動の現場で生まれるものである。現場で働いている人々だけがこういった情報を持つことができる。株主主権の場合，株主の委託を受けている経営者は現場の人々が提供している情報に基づいて，意思決定を行わなければならない。しかし，個人と企業の利害が一致しなければ，現場の人々が自分に有利な情報しか上司に提供しない傾向がある。これでは，経営者は正しく意思決定をすることができなくなる。従業員主権の場合，以上のような問題を解消することができる。

こうした人本主義経営は，従業員主権のもとで，組織内の分散シェアリングと組織的市場の長所を活用して競争力を向上させる。伊丹（1987，2000，2009）はこうした人本主義経営の優位性こそ，戦後の日本企業の成功をもたらした重要な原因であると主張している。

人本主義経営の背後にあるのは，人本主義企業観である。こうした人本主義企業観の本質を的確に表現する言葉は従業員主権という概念である。従業員主権の概念は二つの意味を含む。一つは，社員と経営管理者を含む従業員が企業の重要な意思決定をする権利を持つことである。そして，もう一つは，従業員が企業の経済的成果の分配を優先的に受ける権利を持つことである。人本主義企業の行動原理やその合理性を解釈する理論は，人本主義企業理論である。

以上のように，伊丹（1987，2000，2009）は人本主義企業や人本主義経営の概念を用いて，日本的経営の特徴と行動原理を明らかにしている。その結果，日本では伝統的企業理論に取って代わるものとして人本主義企業理論が構築されている。一方，アメリカでは，同じく1980年代にいわゆる利害関係者理論が提唱されている。

3　利害関係者理論：利害関係者企業観と利害関係者志向経営

利害関係者（stakeholder）という用語は株主（stockholder）の概念を内包する上位の概念として提案されたものである。1963年にスタンフォード研究所において内部用のメモで使われたのがこの用語の始まりとされる。利害関係者の意味は当初，組織の生存を支えるグループと定義されていた。利害関係者として挙げられたのは株主，従業員，顧客，納入業者，金融機関，社会である。当初，利害関係者という概念はそれほど注目されなかった。事実上，経営管理研究者の多くはこの概念の有用性を認めなかった[4]。

4　例えば，「経営戦略の父」と呼ばれているアンゾフ（Harry Igor Ansoff）は1965年に出版された著作 *Corporate Strategy* の中で，利害関係者理論の主張を批判した。

1970年代以降，戦略計画やシステム論，組織論などの研究の中で利害関係者の概念が援用されるようになった。1984年に出版された著書*Strategic Management: A Stakeholder Approach*の中で，フリーマン（R. Edward Freeman）は初めて，研究の方法論として利害関係者アプローチを提唱した。それ以降，フリーマンは一連の研究を公刊し，株主資本主義（Stockholder Capitalism）の問題点を指摘し，利害関係者資本主義（Stakeholder Capitalism）の枠組みを提唱してきた（Freeman, 1984, 1994, 2005; Freeman et al., 2010）。フリーマンの提唱した理論は利害関係者理論と呼ばれる。以来，こうした利害関係者理論は戦略的経営，経営管理理論，企業倫理など多くの研究領域で検討されるようになった。以下では，利害関係者理論の概要をまとめる。

3-1　利害関係者理論の基礎概念と基本問題

一般的には，経済学や経営学の理論を構築する作業は，その礎石としての基礎概念の定義から始めなければならない。利害関係者理論では，基礎概念として，利害関係者および企業の概念を次のように定義している。

利害関係者とは，企業の目的の達成活動に影響を及ぼすことができる，もしくはその活動によって影響をこうむる，集団もしくは個人を指す。利害関係者として，経営者，従業員，顧客，納入業者，資金拠出者（株主，銀行などの債権者），地域社会，競合企業，消費者支持団体，特定利益集団，メディア，政府などが挙げられる。

企業とは，それを構成する諸活動と利害関係者の間の一連の関係をいう。企業は，その利害関係者がいかに相互作用し，価値を創造するかに関わるものである。そして，企業の基本的な機能は，価値の創造と分配である。すなわち，企業は，経済活動を通して，複数の価値を創造・分配するための関係の集合体である。そういう意味では，資本主義は，価値創造ならびに分配の協働的な体制であると言える。企業に対する以上のような見方，考え方は利害関係者企業観と呼ばれる。こうした利害関係者企業観に基づいて，企業の目的や機能，行動原理を解釈する学問は，利害関係者理論と呼ばれる。

利害関係者理論が解決しようとする基本問題は，以下の三つである（Freeman et al., 2010）。一つ目は価値の創造と分配の問題である。国や産業，社会的文脈に依存しながら大きく変化しているビジネス関係の中で，いかに企業を理解するのか，こうした環境の中で価値の創造と分配は可能なのか。フリーマンの利害関係者理論は，最初からこの問題に対して関心を持ち続けてきた（Freeman, 1984）。ビジネスに関する主な理論の中で，価値や倫理の問題はまったく関係のない問題，あるいは超理論的な問題だと見なされていた。しかし，現実の世界では，人々は資本主義が人間の生活のあらゆる部分に影響を及ぼしていることを認識している。既存の理論を用いて以上の問題を解決することができないのは明らかである。

二つ目は資本主義の倫理の問題である。資本主義が価値の創造と分配を行う主要な手段になるにつれて，次のことが明らかになった。すなわち，資本主義の経済的効果のみに注目していいという考え方は，有害で偏った観点をもたらす。したがって，経済学的な視点のみから価値の創造と分配問題を解決する試みは，資本主義の倫理の問題を引き起こすことになる。

三つ目の問題は経営管理者の考え方である。この問題はさらに以下の三つの問題につながっている。第一に，数多くの倫理的挑戦が存在するビジネスの世界で，経済理論をいかに用いるかあるいは経済理論をいかに再定義するか。第二に，経営管理者はいかにビジネスと倫理を共存した考え方をもって，経営意思決定を行うか。第三に，ビジネス・スクールでは何を教えるべきか。こうした問題は，21世紀の企業をいかに成功裏に経営するかという難問に直面している経営者にとって，避けて通れないものである。

ビジネスに関する既存の理論は，経営意思決定を倫理的意思決定から分離できるという前提条件の上に成り立っている。これこそ資本主義の倫理問題を生み出した原因である（Freeman, 1994）。これに対して，利害関係者理論は以上の三つの問題を解決するために既存の理論とは異なる枠組みを提唱している。この枠組みの基礎になるのは，次の四つの仮定である。第一に，経営意思決定を行う際に，ビジネスと倫理を完全に分離することができない。第二に，経営意思決定を行う際に，だれのために価値を創造するのかを問わなければならない。第三に，ほぼすべての経営意思決定には倫理的内容や倫理的な考えが含まれる。逆にほぼすべての倫理的意思決定には，ビジネス的な内容や考えが含まれる。第四に，ほぼすべての人々は，自身の行動が他者に与える影響に対して責任を取りたがるし，また，確実に責任を取る。

利害関係者理論は，価値の創造と分配に関するものであり，ビジネスの効果的な経営に関するものである。もし，この理論が価値の創造と分配の問題を解決できるとすれば，利害関係者関係を通していかにビジネスを認識するかを説明しなければならない。もし，この理論が資本主義の倫理の問題を解決できるとすれば，利害関係者への影響や利害関係者に対する責任を完全に考慮に入れたビジネス経営の方法を説明しなければならない。もし，この理論が経営者の考え方の問題を解決できるとすれば，現実の世界に実行可能なビジネスと倫理を協和させる実務的な方法を取らなければならない。

3-2　利害関係者志向経営と利害関係者の役割

20 世紀の支配的な経営モデルは株主志向経営と呼ばれるものである。しかし，過去 30 年間，特に 21 世紀に入ってから，経営環境の急速な変化を背景に，株式会社の性質が大きく変化してきている。経営環境の主な変化は次の四つである。第一に，世界範囲での市場の自由化である。第二に，政治制度の自由化である。第三に，環境主義の台頭である。第四に，情報技術の飛躍的進歩である。そして，企業を理解するのに用いられてきたこれまでの枠組みでは，こうした変化を的確に説明することができなくなっている。

そこで，株主志向経営モデルの問題点が多く指摘されている。こうした状況を背景に，従来の株主志向経営モデルに取って代わる新しい経営モデルとして利害関係者志向経営が提唱されている。利害関係者志向経営の理論的な根拠は上述した利害関係者理論であるが，きわめて実用的な理由から開発された企業経営のモデルである。

事実上，持続的な成功を実現している企業の多くは，利害関係者志向経営を行っている。現在企業を取り巻く環境は非常に複雑で，多くの不確実性が存在する。企業の事業そのものは，顧客，納入業者，従業員，経営者，資金拠出者，地域社会などの相互連結的なネットワークから成り立っている。そのため，企業はこうした利害関係者のための価値を創造し，維持しなければならない。株主志向経営を行う企業は，他の利害関係者の犠牲の上に得られた成功を長期的に維持することができないのである。

利害関係者志向経営では，企業経営を行う経営者の立場から，利害関係者を第一義的利害関係者と第二義的利害関係者に大別する。第一義的利害関係者は顧客，従業員，納入業者，資金拠出者，そして地域社会から構成されている。第二義的利害関係者は競合企業，消費者支持団体，特定利益集団，メディア，政府から構成されている。第一義的利害関係者は企業の目的の達成活動に直接に影響を及ぼすことができる，もしくはその活動によって直接に影響を受ける集団である。これに対して，第二義的利害関係者は第一義的利害関係者への影響を通じて，企業の活動に間接的に影響を及ぼす，もしくはその活動によって間接的に影響をこうむるのである。図表 3-2 は企業とその利害関係者の関係を示している概念図である。

利害関係者志向経営の本質は，利害関係者，特に第一義的利害関係者が継続的に長期的にわたって成功する方法で価値を創造することである。経営者の唯一の任務は，こうした利害関係者のためにできるだけ多くの価値を生み出すことである。利害関係者の利益の間に対立があるとき，経営者は，トレードオフ関係を用いることなく，利害関係者の利益を調和させながら，利害関係者のために価値を創造する方法を見出さなければならない。こうした方法で利害関係

図表 3-2　企業の利害関係者

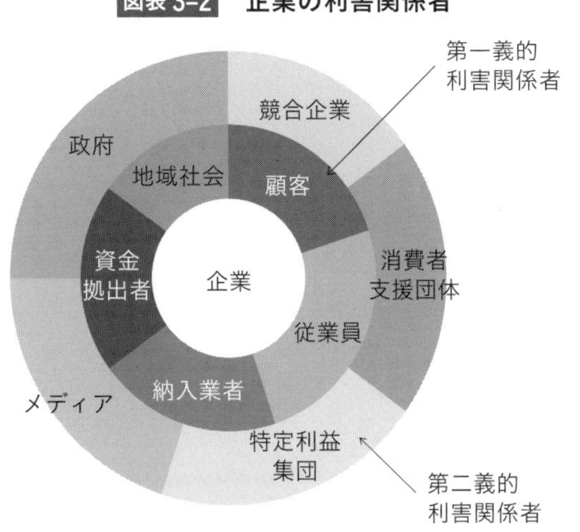

出所：Freeman et al. (2010), p.24, Figure 1.2.

者のために価値を創造することが，21世紀の資本主義の本質である。

上述したように，利害関係者理論によれば，企業は，それを構成する活動に利害関係のある集団間のさまざまな関係の集合体として理解することができる。企業を理解することは，これらの関係がいかに機能するかを知ることである。そして，企業経営者または起業家の仕事は，これらの関係を管理し，形作ることである。具体的に，個々の利害関係者は企業とどのような利害関係を持つだろうか。利害関係者理論では，企業と第一義的利害関係者との関係を次のように分析する。

所有者または資金拠出者は，明らかに株式，債券などの形で企業との経済的利害関係を有しており，そこから何らかの経済的利益を期待している。もちろん，資金拠出者の利害関係は，会社の種類だけでなく，所有者の種類，道徳的な傾向によっても異なる。所有者としての資金拠出者はその財産の使用に付随する責任を負っている。

従業員は自分の仕事と生計をもって企業との利害関係を形成する。彼らは通常，完全に弾力的な市場が存在しない専門的なスキルを持っている。労働の見返りとして，彼らは安全，賃金，福利厚生，そして有意義な仕事を期待している。多くの場合，従業員は組織の意思決定に参加することが期待されており，組織全体の行動に多大な責任を負うことになる。多くの企業は従業員持株制度を設立しているから，また，企業の将来を信じる忠誠心のある従業員が自発的に投資することが多いため，従業員も資金拠出者になることがある。

顧客と納入業者は，市場における製品とサービスの取引を通じて，企業との利害関係を確立する。資金拠出者や従業員と同様に，顧客と納入業者と企業との関係は倫理的に絡み合っている。企業は広告を通じて顧客に約束する。もし，その製品またはサービスがこれらの約束通りに提供されていない場合，経営者は状況を修正する責任を負う。また，企業をより良くすることにコミットしている納入業者を確保することも重要である。納入業者が重要な部品やサービスをより良く，より速く，より安く作る方法を見つけた場合，納入業者と企業の両方が勝つことができる。もちろん，一部の納入業者は単に価格で競争するが，そうであっても，納入業者との関係に対する公正さと透明性という道徳的な要素がある。

地域社会は工場や施設を建設する権利を企業に付与し，その結果，企業の納税や他の経済的および社会的貢献の恩恵を受ける。企業が地域社会に真の影響を与え，そして歓迎している地域社会に立地することは，企業が他の利害関係者に価値を創造するのに役立つのである。地域サービスの提供の見返りとして，企業は個人と同様に良き市民であることが期待される。企業は汚染，有毒廃棄物などの形で不合理な危険に地域社会をさらすべきではない。また，地域社会に対するコミットメントを遵守し，可能な限り透明な形で経営活動を行うことが期待される。

以上の分析を通じて，利害関係者理論における，企業と第一義的利害関係者との利害関係を明らかにした。競合企業，消費者支援団体，特定利益集団，メディア，政府からなる第二義的利害関係者は，第一義的利害関係者のように，企業の設立やその存続を直接に左右するものではないが，企業と第一義的利害関係者との関係に影響を及ぼすことができる。

3-3　価値創造における経営者の役割

以上の利害関係者の分類は，経営者の視点から行われたものであるから，その中に経営者が含まれていないが，決して経営者の役割が重要ではないというわけではない。事実，経営者は，企業の価値創造活動において特別な役割を果たすのである。利害関係者理論では，価値創造における経営の役割について次のように説明している。

経営者は実際のあるいは暗黙の雇用契約という形で，他の従業員と同様の利害関係を持つ。その利害は，資金拠出者，顧客，納入業者，地域社会，および他の従業員の利害と結びつけられている。さらに，経営者は，企業全体の健全性を考慮し，さまざまな利害関係をほぼ同じ方向に動かし，それらを調和させることが期待されている。

価値創造のプロセスにおいて利害関係者はだれも孤立している存在ではない。各利害関係者集団の利害関係は多面的であり，本質的に互いに関連している。利害関係者理論の支配的な問題は，いわゆる優先順位の問題をいかに解決するかであると考える学者は少なくない。すなわち，どの利害関係者がより重要か，または利害関係者の間でどのようにトレードオフを行うのであるかといった問題である。しかし，何よりも重要なのは，利害関係者の利益を互いに結びつけられた共同のものと見なすことである。言うまでもなく，利害関係者の利益を反対ではなく共同と見なすことは困難である。すべての利害関係者の利益に配慮する方法を見つけることは必ずしも容易ではない。互いにトレードオフするほうがより簡単である。

しかしながら，経営者の主な責任は，利害関係者に可能な限り価値を創造することである。利害関係者の利害が対立する場合，経営者は問題を解決する方法を見つけ，これらの利害を一致させ，多くの価値が生み出されるようにしなければならない。利害関係者志向経営は，トレードオフに頼ることなく，利害関係者に可能な限り多くの価値を生み出すことに集中するのである。

3-4　利害関係者理論と資本主義

以上のように，利害関係者理論は，伝統的企業理論と対峙する理論として提唱されている。伝統的企業理論の分析対象は，古典的資本主義の時代に生きる企業であった。一方，利害関係者理論の分析対象は，現代資本主義の時代に生きる企業である。利害関係者理論では，現代資本主義を利害関係者資本主義と呼ぶ。

古典的資本主義は，次の三つの原則を前提条件としている。第一の原則は個人利益追求の原則である。すなわち，個人は自己の利益のみを追求する。また，個人の利益は他人の利益と関係ないので，他人の利益を考慮する必要はない。第二は倫理・経済の分離の原則である。すなわち，倫理や道徳は経済繁栄から切り離せるものであるか，あるいは経済繁栄と正反対のものである。第三は稀少資源競争の原則である。限られた資源をめぐる競争（ゼロサムゲーム）は，繁栄を導く支配的な方法である。

それに対して，利害関係者資本主義は次の諸原則を前提条件としている。第一の原則は利害関係者協力の原則である。利害関係者は，互いに自発的な合意を形成することと，合意を守ることにより，ニーズと欲求を共同で満たすことができるため，価値を創造し，分配し，維持することができる。第二は利害関係者関与の原則である。価値を創造し，分配し，維持するためには，企業は利害関係者と関わる必要がある。ほとんどすべてのビジネス取引には，顧客，納入業者，地域社会，従業員，および資金拠出者が含まれる。また，メディア，市民社会代表者，NGO（非政府組織）などの他の利害関係者が，価値創造に影響を与える可能性がある。第三は利害関係者責任の原則である。合意の当事者は彼らの行動の結果に対する責任を喜んで受け入れるので，価値は創造され，取引され，そして維持される。第三者が被害を受けた場合，被害者を補償するか，影響を受けるすべての当事者と新しい合意を交渉する必要がある。第四は複雑さの原則である。人間はさまざまな価値観や視点から行動できる複雑な心理的生き物であるため，価値を創造し，分配し，維持することができる。個人は社会的に位置づけられており，その価値観は社会的文脈に関連している。第五は継続的な創造の原則である。企業は価値創造の源である。利害関係者と協力し，価値観に動機づけられた従業員と経営者は，新しい価値の源を継続的に作り出す。第六は創発的競争の原則である。競争は比較的自由な社会から出現するため，利害関係者は選択肢を持っている。競争は資本主義に必要な仮定というよりはむしろ創発的なものである。

4　三つの企業理論の比較と課題

以上，伝統的企業理論，人本主義企業理論，そして利害関係者理論の基本概念と主要な論点を整理した。これらの企業理論においては生み出された社会的背景や分析の対象となる企業形態がそれぞれ異なる。したがって，三つの企業理論の比較を行う前に，社会的背景や分析対象の企業形態を明らかにしておかなければならない。社会的背景については上述した通りである。以下では，分析の対象となる企業形態について検討する。

現実の世界では，さまざまな企業形態が存在する。まず，出資者がだれかという角度から，企業を私企業と公企業に分類することができる。そして，出資に関してどの程度の責任を負うかという視点から，企業を無限責任の合名会社，有限責任の株式会社，あるいはその中間に位置する合資会社に分けることができる。通常，経営学が分析の対象としている企業は，株式会社という会社形態であることを暗黙の前提としているが，本書では，「所有と経営の分離」を基準に，企業を所有と経営が完全に分離している上場株式企業と，そうではない企業に分けて，分析を行う。前者を現代企業と呼び，後者を伝統的企業と呼ぶ。以下では，この分類に従って，三つの企業理論の特徴と相違を比較する。比較の結果は図表 3-3 に示されている。

図表 3-3 の横の欄においては比較対象として，伝統的企業理論，人本主義企業理論，利害関係者理論の三つが設けられている。そして縦の欄においては，比較項目として，適用企業，企業観，企業の目的，成果測定の尺度，成果分配の原則，利害関係仮説，ビジネスと倫理との関係，の七つが設けられている。なお，図表の中では，伊丹（1987）の定義に従い，従業員という概念は，社員（労働者）と経営者を含む企業内部の利害関係者を意味する。以下では，図表の内容を詳細に解釈する。

伝統的企業理論は，伝統的企業の分析に相応しい企業理論である。伝統的企業の場合は，所有者（株主）が出資者として，企業そのものを全面的に支配する権利を持っているので，自分自身の意思で労働者を雇い，企業の経営を自由に行うことができる。場合によっては，何らかの理由で，所有者は他人に企業の経営を任せることがある。いずれの場合でも，株主が企業の主権を有する。

図表 3-3　三つの企業理論の比較

比較対象 ／ 比較項目	伝統的企業理論	人本主義企業理論	利害関係者理論
適用企業	伝統的企業	現代企業	現代企業
企業観	株主主権	従業員主権	利害関係者の関係の集合体
企業の目的	株主利益の追求	すべての従業員利益の追求	利害関係者価値の創造
成果測定の尺度	利益	付加価値	複数の価値尺度
成果分配の原則	株主優先	従業員優先	バランスのとれた成果分配
利害関係仮説	従業員と株主の利害が一致しない	従業員と株主の利害が一致する	利害関係者の利害が長期的に調和できる
ビジネスと倫理との関係	分離できるし，すべきである	分離できない	分離できないし，すべきではない

出所：筆者作成。

伝統的企業理論が前提条件としている企業観は株主主権企業観である。当然ながら，企業の目的は，株主の利益を最大化することである。そして，成果分配の原則は株主優先で，最終的な利益も株主に帰属する。

ただし，所有者が他人に経営を任せる場合は，その経営者は株主の委託を受け，企業に雇われている社員の仕事を監督することが期待される。通常，所有者の利益と任された経営者の利益が一致しないので，二人の間にはプリンシパル・エージェント関係になる。エージェンシー理論はこのプリンシパル・エージェント関係を主要な研究課題とする学問分野である。

エージェンシー理論は1980年代以降，欧米において研究が盛んに行われてきた。不完備契約やモラルハザードなどの難問が依然として残されているものの，この理論は伝統的企業に関わる問題に一定の解決策を提示しており，伝統的企業理論の欠陥をある程度補っていると言える。しかし，エージェンシー理論は次の二つの前提条件の上に成り立っているものである。一つは，株主と経営者と社員との関係は純粋に契約関係と見なされていることである。もう一つは，ビジネスは倫理とは完全に切り離されていることである。

伝統的企業理論は，伝統的企業を描写する理論として妥当性を持つと言えるが，「所有と経営の分離」を特徴とする現代企業にはそのまま当てはまることが無理である。そのために，伝統的企業理論にとって代わるものとして，日本では人本主義企業理論が提唱され，アメリカでは利害関係者理論が提唱されている。

人本主義企業理論は，現代企業の分析に適用している企業理論である。人本主義企業理論と伝統的企業理論の根本的な相違は，企業の株主と従業員の関係をいかに認識するか，すなわち株主主権か，それとも従業員主権かということに遡ることができる。ここで注意すべき点は，人本主義企業理論における従業員の概念は，社員（労働者）と経営者の両方を含むという主張である。すなわち，経営者は企業に対して社員とほぼ同様な利害関係を持つので，広い意味での従業員概念に含まれるということである。

そういう意味で，人本主義企業は従業員主権である。そのため，人本主義企業は目的，成果分配の原則，利害関係仮説，ビジネスと倫理との関係といった面で伝統的企業とは異なっている。まず，人本主義企業の目的は従業員の利益を追求することにある。次に企業の成果は優先的に従業員に分配される。さらに，従業員と株主の利益は基本的に一致する。人本主義企業理論においてはビジネスと倫理の関係については直接言及されてないが，ビジネスを倫理と切り離すことができないという考え方は人本主義の考え方に合致していると考えられる。

伝統的企業理論に比べると，人本主義企業理論は現代企業の経営原理や行動をより合理的に解釈しているが，いくつかの課題を残している。第一に，人本主義経営の優位性の問題である。人本主義企業理論によれば，人本主義企業は，資本主義企業と比較すると，利害一致と情報の有効利用という点で優れているから，企業経営において優位性を持つ。しかし，人本主義経営がどのようなメカニズムにより利害の一致と情報の有効利用を実現しているのか，まだ十分に明らかにされているとは言い難い。第二に，利害関係者視点の欠如の問題である。人本主義企業理論の分析は，従業員対株主という対立軸に焦点を当てているため，他の利害関係者についてはほとんど言及されていない。

第三に，人本主義企業理論の一般性あるいは普遍性の問題である。人本主義企業理論は，戦後日本企業の成功要因を明らかにするために提唱されているものである。人本主義企業は，アメリカ型の資本主義企業に対峙する概念として提示されている。人本主義企業理論は，20 世紀後半の日本企業の行動原理を人本主義の経済合理性と歴史的親和性の視点から解釈している。経済合理性は普遍的要素であるが，歴史的親和性はいわゆる日本特殊的な要素である。伊丹（1987，2000）は人本主義の限界を認めながら，その普遍性を強調している。しかし，その普遍性については十分に論理的に論じられているとは言い難い。

一般的には，経営理論の価値は主にその一般性あるいは汎用性にある。言うまでもなく，日本はアメリカや欧米諸国と同様に資本主義市場経済の先進国である。特に世界的にグローバル化が進んでいる今日の時代において，日本の社会経済システムは，基本的に欧米のそれと同じである。だとすると，日本の企業であれ，欧米の企業であれ，その経営の基本原理やメカニズムは同様なはずである。現代企業に関する理論研究の目的はそうした基本原理やメカニズムを明らかにすることにある。したがって，現代企業理論は欧米や日本の企業を含むあらゆる現代企業の行動原理を説明できるという理論的な頑健性を持たなければならない。この意味では，人本主義企業理論は現代企業の経営理論としてまだ一般的な理論体系になっていないと言わざるを得ない。

利害関係者理論は人本主義企業理論と同様に，伝統的企業理論の問題や限界を指摘したうえで，それに取って代わるものとして構築された理論である。伝統的企業理論と人本主義企業理論と比較すると，利害関係者理論は，次のような特徴を有する。第一に，企業を利害関係者の関係の集合体と定義していること。第二に，企業の目的をすべての利害関係者のための価値創造と分配と定めていること，第三に，企業の成果の測定には，複数の価値尺度を用いること。第四に，企業成果はバランスをとれた方法で分配されること。第五に，利害関係者の利害関係が長期的に調和できるとしていること，第六に，ビジネスと倫理との関係は分離できない，かつ分離すべきではないこと，である。このように，利害関係者理論は以上の六つの点において，伝統的企業理論とは対照的である。

利害関係者理論は，規範，価値および倫理を理論の土台として構築されており，本質的には規範的であり，その正当性はその規範的基盤の上に成り立っている。その利害関係者の概念には現代企業を取り巻くあらゆる関係者が含まれている。

このように利害関係者理論は，現代企業の本質と経営行動を分析する理論的分析枠組みとして有益な知見を示している。特に利害関係者という切り口から現代企業の行動原理を解明するというアプローチは理論的分析枠組みとして高く評価されるべきである。

しかし，利害関係者理論にも依然としていくつかの課題が残されている。まず，第一の課題は，利害関係とは何か，そして利害関係の重要性（あるいは程度）を測る共通の尺度は存在するかという課題である。3-2での説明から分かるように，第一義的利害関係者はほとんど何らかの形で企業と経済的な利害関係を持っているが，第二義的利害関係者は，必ずしも企業と経済的な利害関係を持つわけではない。しかし，異なる複数の利害関係がある場合，利害関係の重要性を測定する共通の尺度がなければ，利害関係者を第一義的利害関係者と第二義的利害関係者に分けること自体が無理である。例えば，なぜ地域社会が第一義的利害関係者なのに，政府は第二義的利害関係者に分類されるのか。また，なぜ株主を銀行などの債権者と区別しないのか。これらの問いに対して，利害関係者理論には明白な答えは見られない。

第二は，価値という言葉の意味をどのように捉えるかという課題である。利害関係者理論によれば，企業は経済活動を通して，複数の価値を創造・分配するための関係の集合体である。複数の価値の中には，経済的価値のほか，社会的価値や環境価値という非経済的価値も含まれる[5]。経済的価値はカネという数量的尺度で測定できるが，社会的価値や環境価値は，数量的尺度で正確に測ることが簡単ではないし，場合によってはほぼ不可能である。

第三は，企業の成果をいかに測定・分配するかという課題である。この課題は第二の課題と密接に関係している。バランスのとれたという言葉は，すべての利害関係者の利害を考慮に入れることを意味する。バランスのとれた成果の分配という原則は，理論的な意味を持っても，実務において確実に実行できるものでなければ意味がない。そして，成果の分配を議論する前に，まず企業の成果をどのように測定するかという問題を解決しなければならない。成果とは，一定の投入から得られる産出のことである。利害関係者の間の関係の集合体と見なされる企業においては，複数の投入産出関係が存在すると想定される。企業の投入と成果を測る尺度や方法がなければ，成果を分配することもできないのである。

第四は，企業の各部門の業績を測定する方法に関する課題である。これは三番目の課題と直接に関連している課題である。価値創造と分配という企業の目的を実現するという任務は企業の各部門の役目である。そうすると，各部門の仕事が効果的かつ効率的に行われているかどうかを評価することが必要になる。そして，各部門業績の評価方法は企業全体業績の評価方法と整合性を持たなければならない。したがって，第三の課題を解決できない限り，第四の課題も解決できないのである。

以上，三つの企業理論を比較・検討した結果，次の点が明らかになった。伝

5　社会的価値は，企業が社会の持続可能な発展に寄与する事業を行うことによって社会全体が享受できる価値を指す。環境価値とは，再生可能エネルギーそのものの価値に加え，地球温暖化への一因とされている二酸化炭素排出の削減によりもたらされる価値のことを指す。広い意味で，環境価値を社会的価値の一つとして捉えることができる。

統的企業理論は伝統的企業を分析するツールとして相応しいが，現代企業の分析のツールとして適していない。人本主義企業理論と利害関係者理論は，異なるアプローチを用いながら，現代企業の本質と行動原理を明らかにしようとしている。人本主義企業理論は従業員主権と株主主権という対立軸から，日米企業の経営を比較し，日本的経営の特徴と優位性を論じている。分析の対象となる利害関係者は従業員と株主だけである。企業理論としては一般性あるいは汎用性に欠けるという問題がある。

一方，利害関係者理論は，現代資本主義時代における企業経営原理を分析するための一般的な理論的枠組みの構築を目指している。分析の対象となるのはすべての利害関係者である。しかし，利害関係者理論は価値および倫理といった概念を用い，企業の経営原理に関する抽象的な議論に終始しており，企業の行動原理やメカニズムについてほとんど言及されていない。したがって，利害関係者理論は人本主義企業理論と同様に，現代企業を描写する理論としては不完全であると言わざるを得ない。

第3節　現代企業理論：現代企業観と現代企業経営モデル

本節では，上述した課題を念頭に置きながら，利害関係者理論の分析枠組みと人本主義企業理論の考え方を援用し，現代企業に相応しい企業理論，現代企業理論の構築を試みる。そのために，まず本節で分析の対象となる現代企業の定義を明確にしておく。

企業は営利目的のため，生産・販売・サービスなどの経済活動を行う主体であると同時に，社会的な存在でもある。現代先進国の産業社会において最も大きな役割を果たしている企業は上述した現代企業である。そういう意味では，現代企業は現代産業社会を代表する企業形態であると言える。現代企業観は，この現代企業の性質に対する基本的な考え方である。本書では現代企業に適している企業理論の構築を試みる。

1　現代企業の性質とその利害関係者

現代企業は自由競争の市場経済において事業を遂行するための事業体であると同時に，現代産業社会の基盤となる組織でもある。現代企業とは何かを理解するために，法人としての現代企業，経済組織としての現代企業，そして社会的組織としての現代企業，という三つの側面から現代企業の性質を検討しなければならない。

1-1　法人としての現代企業

まず，法人という側面から現代企業の性質を検討する。現代企業は法律的には，法人格を持つ組織体である。法律により自然人と同じような人格が認められ，だれとでも契約を結ぶことができる。法人と自然人の根本的な相違は，自然人には寿命があるが，法人は社長の寿命に関係なく存続できることである。現代企業は株式の発行によって投資家から集めた資金を用いて，事業活動を行う。株主は株式の持ち主，すなわち出資者ということになる。現代企業に対する株主の権利は，大きく分けると，自益権と共益権からなる。自益権とは，株主自身の利益のために認められた権利をいう。剰余金配当請求権，残余財産分配請求権は主な自益権である。共益権とは，株主が現代企業の経営に参加することを目的とした権利である。株主総会議決権がこれにあたる。

一方，現代企業は法律上，法人格を持つものの，現実の世界では，現代企業の代わりに実際に資産を運営したり，契約を結んだりする生身の人間が不可欠である。すなわち，現代企業の代表として実際に企業経営を行う人間が必要なのである。現代企業法では，現代企業の経営を行うのは代表取締役であると規定されている。代表取締役が現代企業経営のすべてを行うことは多くの場合，困難であるので，実際の経営には，代表取締役から権限を委譲された執行役員が担当することになる。経営者とは，代表取締役や執行役員のことを指す。

伝統的企業の場合，所有者自身が企業の経営を行うので，所有と経営が一体となる。しかし，現代企業の場合，株主自身が企業の経営を経営者に任せるので，所有と経営が分離されることになる。「所有と経営の分離」の状況では，株主と経営者と現代企業との関係は，次のようになる。

株主は現代企業をモノとして所有する。現代企業はヒト（法人）として現代企業資産を所有しているということである。経営者は，現代企業の代表として現代企業経営を行う。そうすると，現代企業の所有構造は，二重の所有関係になる。すなわち，株主が現代企業をモノとして所有し，その現代企業がヒト（法人）として現代企業資産を所有しているということである[6]。このように，法人という制度の中に，現代企業を純粋なモノとする仕組みと，現代企業を純粋なヒトとする仕組みの二つが，ともに組み込まれているのである。

1-2　経済組織としての現代企業

次に，経済組織という側面から現代企業の性質を検討する。組織とは，その参加者が組織それ自体の存続に共通の利益を有し，その目的のために集団的な活動を行っている集合体をいう（Scott, 2003）。組織の成立には，共通目的，協働意志，意思疎通の三つの条件が必要である（Barnard, 1938）。

古典的資本主義の時代では，企業の目的は，所有者である株主のために利益を上げることである。しかし，現代資本主義産業社会では，企業の目的は利益を上げるだけではない。ドラッカーによれば，企業とは共通の目的に向けた一人ひとりの人間の活動を組織化する社会的な存在である。企業とは何かを理解するには，企業の目的から考えなければならない。企業の目的は顧客の創造に他ならない（Drucker, 1993）。すなわち，顧客・市場からの「満足」を獲得し，永続的に成長し続けることが企業の最大の目的である。そのためには，適正な利益を得なければならない。なぜならば，利益を上げられない企業は存続・発展することはできないからである。

したがって，経済組織としての現代企業は，存続と発展のためにさまざまな経済活動を通して，経済的な価値を創造・分配しなければならない。こうした経済活動に直接あるいは間接に関わっている個人や組織は，現代企業と経済的利害関係を持つ利害関係者である。利害関係者は，内部利害関係者と外部利害関係者とに分けられる。内部利害関係者は，株主と経営者と社員からなる。外部利害関係者は，債権者，顧客，納入業者，政府（国家および地方自治体の行政

6　現代企業の二重の所有関係という概念について詳しくは，岩井（2005）を参照されたい。

機関）からなる。図表 3-4 で示されているように，利害関係者と現代企業との関係は，利害関係者が現代企業へ何かを提供するとともに，現代企業から何かをもらうというやりとりの関係である。

株主は，現代企業に資金を投資し，現代企業から配当をもらう。経営者は経営管理というサービスを現代企業に提供し，現代企業から報酬をもらう。社員は現代企業に労働を提供して，給与を受け取る。経営者と社員は，現代企業の経営活動に直接に関わる関係者で，内部関係者である。また，株主は所有者として，企業の経営に参加するため，内部関係者に属する。

一方，債権者は現代企業に融資を行い，現代企業から利子を受け取る。顧客は現代企業に代金を支払い，現代企業から商品・サービスを受け取る。納入業者は現代企業に原材料を供給し，現代企業からその代金を受け取る。政府行政機関は現代企業に公共サービスを提供し，現代企業から税金を徴収する。これらの関係者は企業の外から企業の経営活動に関わるので，外部関係者になる。

この中で，経済的価値の創造活動と分配活動の両方に参加するのは，経営者と社員，株主からなる内部利害関係者である。経営者と社員は，知恵と能力，技術と経験などを使い，経営管理や生産・販売などの企業経営活動に参加する，付加価値という経済的価値を生み出す。そして，価値創造に対する貢献の対価として付加価値の一部を報酬や給与の形で受け取る。株主は株式市場を通じて，現代企業と経済的価値の分配を行うとともに，株式総会議決権の行使により，間接的に現代企業の経営に参加する。すなわち，株主は現代企業の価値創造活動には間接的に関わっており，価値分配活動には直接に参加する。

図表 3-4　利害関係者と現代企業との関係

関係者／関係	内部関係者			外部関係者			
	株主	経営者	社員	債権者	顧客	納入業者	政府
現代企業へ	投資	経営管理	労働	融資	代金	代金	公共サービス
現代企業から	配当	報酬	給与	利子	商品・サービス	原材料	税金

出所：筆者作成。

経済的価値の分配活動に参加する他の利害関係者は，債権者，顧客，納入業者，政府からなる外部利害関係者である。債権者，顧客，納入業者は，市場取引という形で，現代企業と経済的価値を分配する。一方，政府は法律や規定に従って，現代企業と経済的価値の分配を行う。

以上のように，各利害関係者と現代企業との間では価値の創造・分配という形で経済的利害関係が形成される。

1-3　社会的組織としての現代企業

最後に，社会的組織という側面から現代企業の性質を考察する。現代社会における現代企業の役割は，社会に対して，経済的に貢献するだけではない。それ以外に，法律の遵守，環境への配慮，地域社会への貢献などが消費者支援団体，メディア団体，環境保護組織，政府組織などから求められる。こうした団体や組織は，現代企業と直接な利害関係を持たない外部利害関係者である。現代企業は現代社会を生きるために，これらの外部利害関係者との調和関係を築き上げなければならない。なぜならば，現代社会において現代企業を取り巻くこれらの関係者と良好な関係を構築・維持することができなければ，社会の一員として存在することが不可能だからである。そのために，現代企業は，良き企業市民として，積極的に社会貢献活動などを行い，社会的責任を果たさなければならない。企業の社会的責任（Corporate Social Responsibility：CSR）とは，企業が社会から期待される経済的，法的，倫理的，裁量的責任を負うことを指す。一般的に，企業のCSR活動は四つの段階で推進される。第1段階は，利益の最大化を図ることによって経済責任を果たす段階である。第2段階は，法律遵守を強化することにより，法的責任を果たす段階である。第3段階は，倫理基準に準拠する企業文化を形成することによって，倫理的責任を果たす段階である。第4段階は，地域社会への貢献を通じて，慈善的責任を果たす段階である（Carroll, 1991）。企業は本業で生み出した利益の一部を社会に還元する形で，社会的責任を果たさなければならない。すなわち，企業は事業で経済的価値を生み出した後，社会貢献活動を通じて，社会的価値を作り出すということである。これはCSRの基本的な考え方である。

2　現代企業の主権者と現代企業観

2-1　現代企業の概念

以上の検討を踏まえて，本書では，現代企業の概念を次のように定義する。

「現代企業とはすべての利害関係者のために価値の創造と分配を行う組織である。」

利害関係は，経済的利害関係と社会的（非経済的）利害関係に分けることができる。価値も，経済的価値と社会的（非経済的）価値に大別できる。経済的利害関係を重要視するか，あるいは社会的利害関係を重要視するかによって，具体的な利害関係者が求める価値は異なってくる。伝統的には，経済的価値と社会的価値とは，トレードオフ関係であると見なされていた。そのため，伝統的企業理論では企業の目的を株主利益の追求と定めている。しかし，上述したように，過去30年間，特に21世紀に入ってから，現代企業を取り巻く経営環境が急速に変化した。それに伴って，現代企業の性質も大きく変わってきている。

こうした中で，アメリカでは，事業としても成功し，社会からも高い評価を受けている企業の経営実務が注目を集めている。成功企業の代表として，GE，IBM，インテル，ジョンソン・エンド・ジョンソン，ネスレ，ユニリーバ，ウォルマートなどが挙げられる。これらの企業の経営実務に共通する特徴は，経済的価値の創造を行いながら社会的価値の創造にも力を入れることである。

こうした状況を背景に，近年アメリカでは，学界および実務界の企業の基本機能と役割に関する考え方において二つの大きな変化が見られた。

学界においては，こうしたアメリカ企業の先進的な実務を理論的に解釈するために，さまざまな研究がなされている。代表的な研究はハーバード大学のポーター（M. E. Porter）とクラマー（M. R. Kramer）が提唱している「共通価値の創造（Creating Shared Value）」という経営モデルである（Porter and Kramer, 2011）。この経営モデルによれば，企業本来の目的は，単なる利益ではなく，共通価値の創出であるとされる。共通価値とは，企業が事業を営む地域社会の経済条件や社会状況を改善しながら，自らの競争力を高める方針とその実行をいう。企業は社会的価値を創造することで経済的価値を創造することができる。共通価値を創造する方法は次の三つがある。一つ目は製品と市場を見直すことである。二つ目はバリューチェーンの生産性を再定義することである。三つ目は企業が拠点を置く地域を支援する産業クラスターを作ることである。

共通価値の創造が目指しているのは，企業の利益と公共の利益を結びつけることによって，経済的価値と社会的価値を全体的に拡大することである。したがって，共通価値の創造は企業経営の一つの理想的なモデルと言える。しかし，ポーターとクラマーは，共通価値という概念については，経済的価値を創造しながら，社会的にニーズに対応することで社会的価値も創造するというアプローチであると説明はしているものの，共通価値は経済的価値や社会的価値とはどのように関係するのか，また，共通価値そのものは測定できるか，できるとしたら，どのような尺度が使えるか，これらの問題についてはほとんど言及していない。

一方，実務界における変化を象徴しているのは，「ビジネス・ラウンドテーブル（Business Roundtable：BRT）」が企業の目的に関する定義を見直したことである。BRT は 1972 年に設立されたアメリカ最大規模の経営者団体であり，アメリカを代表する企業の経営者がその会員となっている。BRT では，1970 年代からコーポレートガバナンスに関する声明を公表してきており，現代企業の目的を株主利益の実現と明確に定めていた。

しかし，BRT は 2019 年 8 月に，企業の目的に関する声明（Statement on the Purpose of a Corporation）を新たに発表し，大きな話題を呼んでいる。同声明ではまず，企業は自由市場経済の中で社会に不可欠な商品やサービスの供給，雇用創出，イノベーション等に重要な役割を果たしていると強調している。それを踏まえて，企業はすべての利害関係者に対するコミットメントを行うべきであると主張している。すなわち，企業の役割は顧客への価値の提供，従業員の能力開発への取り組み，納入業者との公平で倫理的な関係の構築，地域社会への貢献，株主に対する長期的利益の提供を行うことであると主張したのである。BRT の声明はアメリカ企業の株主第一主義からの脱却を意味する。すなわち，企業の目的を従来の株主利益の追求から，すべての利害関係者の利益の追求に変えるということである。

BRT の声明では，現代社会において現代企業が目指すべき目的を明確に提示しているが，利害関係者への責任をどのように果たしていくかに関しては言及されていない。もちろん現代企業の目的を明確に持つことは重要である。しかし，それよりもっと重要なのは，その目標を実現することである。現代企業の経営活動を通して，現代企業の目的を達成させるのは生身の人間の仕事である。この仕事を行う人間あるいは人間集団は，価値創造と分配を含む現代企業経営に関するすべての重要な権限を持つことになるのである。すなわち，これらの人間あるいは人間集団は現代企業の主権者である。言うまでもなく，こうした主権者は現代企業の利害関係者でなければならない。問題は，現代企業の主権者に相応しい利害関係者はだれなのかである。最も合理的な判断基準として挙げられるのは，現代企業にとっての利害関係者の重要性である。

2-2 現代企業の各利害関係者の重要性

利害関係者は現代企業の存続と発展に必要不可欠な存在であるが，現代企業にとって，それぞれの重要性は決して同じ程度ではない。利害関係者の重要性を測る物差しとして次の二つの指標が挙げられる。一つは現代企業の生存・発展に寄与する貢献の大きさであり，もう一つは現代企業が衰退ないし消滅することによる損失の大きさである（伊丹，2002；小池，2015）。この二つの指標から現代企業の各利害関係者の重要性を評価すると，図表 3-5 のようになる。

現代企業の生存・発展への株主の貢献と言えば，企業の設立資金を提供していることである。現代企業はその資金を活用することによって，生産や販売など活動を展開していく。しかも株主が出資したカネは，元本返還不要なので，

図表 3-5　各利害関係者の重要性

評価対象 ＼ 評価指標	内部利害関係者			外部利害関係者			
	株主	経営者	社員	債権者	顧客	納入業者	政府
貢献	大	大	大	小	小	小	小
損失	大	大	大	小	小	小	小

出所：筆者作成。

現代企業に継続的かつ安定的に提供され，現代企業の経営活動を支え続ける資金である。そういう意味で，株主は現代企業の生存・発展に対する貢献が非常に大きい。

一方，現代企業の衰退や消滅による損失を見ても，株主と現代企業の利害関係はやはり重要であることが分かる。現代企業は有限責任制である。すなわち，出資者は，その出資した金額を限度として，現代企業の資本リスクに対して責任を負うことになる。しかし，有限責任とはいえ，特に大株主は出資金額が多いだけに，損失のリスクも大きい。この大きなリスクを背負っていることは，大株主が現代企業の経営活動を支え続けるインセンティブになる。

しかし，多くの上場企業の場合，大株主の数より少株主のほうがはるかに多い。こうした小株主は簡単に持っている株を売り払い，他社の株に乗り換えることができる。このように少株主が出資したカネは現代企業に継続的かつ安定的に提供されるものではない。したがって，小株主は，現代企業に対する貢献も損失も必ずしも大きいとは言えない。以下では，議論を簡単にするため，特別な説明がない限り，株主は大株主のことを指す。

経営者の仕事は現代企業の戦略を策定し，長期の競争力を築くための研究開発，設備投資などの意思決定を行うことである。現代企業の業績は相当程度，こうした意思決定の良し悪しによって左右される。もしその経営管理に成功すれば，多額の報酬や名声を獲得できるが，逆に失敗すれば，報酬はおろか，その地位も追われることになる。しかも，失敗した経営者は簡単に他の現代企業に移ることができない。このように貢献と損失の両面から見れば，経営者は現代企業の重要な利害関係者であると言える。

経営者と社員は，現代企業に提供しているものは異なるものの，現代企業から対価を受け取るという点においては同じである。厳密に言うと，社員には，パートタイムで働く単純労働者や期間限定の契約社員も含まれるが，ここでは一つの現代企業に長期間勤めることを前提に働く正社員だけを社員と呼ぶ。こうした社員は自分の経済生活の大半を，勤める現代企業と共にし，技能も高く現代企業への貢献が大きい。一方，現代企業が衰退あるいは消滅した場合，社員が解雇されるとき，あるいは仕事を辞めせざるを得ないときには，自分の中に残った経験や能力を除けば，ほぼすべてがなくなるので，損失は非常に大きい。したがって，社員も現代企業の重要な利害関係者である。

銀行などの債権者は，現代企業に融資をすることにより，現代企業の生存と発展に貢献をするが，一般的には融資金額に相当する不動産などの担保を融資の条件とする。そして，見返りとして現代企業から利子をもらい，満期になったら，元本も回収する。融資先の現代企業が万が一衰退あるいは倒産した場合でも，債権者の損失はなしか限定的である。いわゆるメインバンクは現代企業の生存と発展への貢献も大きいし，現代企業の衰退と消滅による損失も大きい。そういう意味では，企業の重要な利害関係者と言える。しかし，1990年代バブル崩壊以降，メインバンク制度自体は崩壊しつつある。メインバンク以外の債権者は，現代企業の重要な利害関係者ではない。

顧客は現代企業が提供している商品・サービスを利用することで，現代企業の生存と発展に貢献する。しかし，自分のニーズに合うような商品・サービスでなければ，顧客はもちろんその商品・サービスを買わない。また，例え自分のニーズに合った商品・サービスであっても，他社が提供している同じような商品・サービスが安ければ，そちらのほうを買うことになる。さらに，顧客はもしその現代企業が衰退あるいは消滅しても，競合他社の商品・サービスを購入する。したがって，顧客は現代企業の重要な利害関係者ではない。

自由競争の市場では，納入業者を競争原理で選ぶのは一般的である。したがって，トヨタの系列企業のような納入業者ではない限り，重要な利害関係者とは言えない。

政府・地方自治体が公共サービスを提供する目的は，国や地域全体の産業の振興を促進し，雇用の拡大や税収の増加を確保することである。したがって，個々の現代企業にとっては，政府・地方自治体は，重要な利害関係者ではない。

2-3　現代企業観

以上の議論により，経営者，社員，株主が現代企業の重要な利害関係者であることが明らかになった。それでは，経営者と社員と株主のうち，だれが最も重要な利害関係者なのか。結論から言うと，株主と比べると，経営者および社員は現代企業にとってより重要な利害関係者である。その理由は貢献と損失の大きさから見れば明らかである。

株主の出資は現代企業の設立とその後の事業展開に欠かせないものであるが，カネそのものは，付加価値の創出活動を支援する役割を果たすが，付加価値を作り出すわけではない。直接に付加価値を作り出すのは経営者および社員である。そういう意味で，株主の貢献よりは経営者および社員の貢献のほうが大きい。また，確かに株主は，出資金が返ってこないリスクを負っている。しかし，現代の株式市場の制度のもとでは，出資企業の業績が悪化したとき，その企業の株を売却することにより，損失を最小限にとどめることができる。また，分散投資という形でさまざまな企業に出資することにより，平均リスクあるいは損失を小さくすることもできる。経営者および社員にとっては，勤める企業の業績が悪くなったとき，そこを辞めて他社に移るという選択肢はあるものの，それに伴う損失は非常に大きい。しかも，経営者および社員は分散投資のようなリスク分散の手段を持たない。以上の分析から，株主と比べると，経営者および社員のほうが，現代企業との利害関係がより緊密であることが明らかになった。

また，経営資源の重要性という視点からも，現代企業にとって経営者および社員のほうは株主より重要であることが明らかである。本章の第2節ですでに触れたが，現代先進国が古典的資本主義からポスト資本主義社会へと移行しているとドラッカーが指摘している。ポスト資本主義では，支配力を持つ経営資源は，資本でも土地でも単純労働でもなく，知識である。その知識を学習・蓄積・創造することができるのは経営者および社員である。

実際の現代企業経営を見ると分かるように，現代企業の経営戦略を実現するために，市場の需要に適合する製品を開発・生産するためには，経営者および社員の知識と能力が成功のカギとなる。知識と能力は，現代企業経営活動の中で，実践と学習を通して育成されていくものであり，それが実際に育成され使用される個々の組織の文脈に依存することになる。そのため，現代企業の経営資源の中で知識と能力は最も重要かつ稀少な資源である。

こうした個々の組織の中でのみ価値を持つ知識と能力は組織特殊的な人的資産と呼ばれる。組織特殊的な人的資産は近代における資本集約的な技術の潜在的な規模と範囲の経済を現実化させる最も重要な要素である。また，組織特殊的な人的資産は，競争相手企業との差別化を実現するうえで最も重要な要素である。現代企業は，組織特殊的な人的資産の蓄積において伝統的企業より有利な環境を提供している。これは現代企業の成功の最大の理由である。生産設備などの物的資産と違って，こうした組織特殊的な人的資産は，それを持つ経営者および社員と独立に存在することができないという特徴を有している（岩井，1993）。そういう意味では，やはり経営者および社員は現代企業の最も重要な経営資源であると言える。

以上の分析から，次のような結論を導き出すことができる。利害関係者の重要性という視点から見ると，現代企業の最も重要な利害関係者は，経営者と社員，そして株主である。また，現代企業経営における経営資源の重要性から見れば，経営者および社員は最も重要な資源である。したがって，経営者と社員，株主は現代企業の主権者として相応しい。したがって，現代企業の目的は，経営者と社員，株主の三者の利益を同時に追求することである。現代企業経営はこの目的を実現するために行わなければならない。

本書では，現代企業に対するこのような見方あるいは考え方を現代企業観と呼ぶ。そして，この現代企業観に基づく企業経営のモデルを現代企業経営モデルと呼ぶ。

3　現代企業の経営モデル

企業経営モデルの基本内容は，企業の基本機能と行動原理からなる。企業経営モデルを理解するために，企業がどのような機能を持つのか，そしてどのような行動原理に基づき，どのような仕組みを通じて，その機能を果たすのかを明らかにしなければならない。以下では，伝統的企業の経営モデルと比較しながら，現代企業の基本機能と行動原理を明らかにする。

伝統的企業であれ，現代企業であれ，企業はヒト・モノ・カネといった経営資源を投入して，それによって生産した商品・サービスを社会に提供する経済組織である。企業の最も重要な機能は，価値創造と価値分配との二つの機能である。企業の経営活動は価値創造に関係する活動（価値創造活動）と価値分配に関係する活動（価値分配活動）から構成されている。

価値創造は企業の最も基本的な機能であり，企業存在の理由である。特に経済的価値の創造は企業存続の条件である。また，経済的価値を作り続けることは，社会的価値を生み出す前提となる。管理会計ではこの新たに創造された価値のことを付加価値と呼ぶ。

付加価値とは，売上高から企業外部から購入した材料やサービスの総額（前給付原価。外部購入価値とも呼ばれる）を差し引いた金額と定義することができる。付加価値の計算方法には，控除法と加算法との二つの方法がある。

控除法は，上述の付加価値の定義で示されている計算法である。控除法による付加価値の計算式は次の通りである。

付加価値＝売上高－前給付原価

この付加価値の計算式を見ると分かるように，付加価値を生み出す方法は次の二つの方法に他ならない。一つの方法は売上高を上げることであり，もう一つの方法は前給付原価を下げることである。換言すれば，付加価値の最大化は売上高の最大化と前給付原価の最小化により達成される。

売上高を上げるためには，企業の経営活動と顧客の購入行動が不可欠である。経営活動は経営者による管理活動と，社員による商品の開発・生産・販売活動からなる。経営活動によって生み出された付加価値は，顧客の購入活動を通じて，実現される。ここでは，企業と顧客の利害関係は，市場における商品・サービスの売買により結ばれる。この利害関係は主に市場原理によって形成・調整される。もちろん，顧客との良好な関係を確立・維持するためには，市場原理以外に品質保証やアフターサービスなどの企業の経営活動も不可欠である。

一方，前給付原価は企業外部から購入した材料やサービスの金額なので，そこには企業と納入業者の利害関係が絡み合っている。前給付原価を下げる方法は二つある。一つは，なるべく低い価格で納入業者から必要な材料やサービスを購入することである。しかし，自由競争の市場経済においては，材料やサービスの価格は基本的に市場によって決められるものである。そのため，企業と納入業者の利害関係は主に市場原理により調整される。それゆえにこの方法には限界がある。もう一つの方法は，技術の向上を通じて，競争相手より少ない経営資源で，より良い製品・サービスを生産・販売することである。この方法は企業の競争力を強めることにより，付加価値を上げる方法であり，企業の長期的な存続と健全な発展を支える原動力である。

以上の付加価値の創造方法に関する説明は，伝統的企業にも，現代企業にも当てはまる。しかし，付加価値を生み出す源泉については伝統的企業観と現代企業観とはそれぞれの解釈が根本的に異なる。伝統的企業観によれば，株主は企業の唯一の主権者である。企業は株主が拠出した資本を用いて，土地や建物，機械を購入し，原材料を仕入れ，従業員を雇い，製品を作る。そして，その製品を市場で販売することによって利益を獲得する。以上のプロセスの中で，従業員は機械と同様に，利益を上げるための手段に過ぎない。したがって，付加価値の創造に最も重要な役割を果たしているのは，資本拠出者としての株主である。

一方，現代企業観によれば，企業の主権者は経営者と社員と株主である。経営者と社員は，知恵と能力，技術と経験を用いて，機械や設備を効率的に利用して，商品やサービスを生産・販売し，付加価値を生み出す。要するに，経営者と社員の経営努力は付加価値を創造する原動力であり，企業競争力の源泉である。

次は，加算法を分析することを通じて，付加価値分配の基本原理を明らかにする。

加算法とは，付加価値を構成する各項目を合計して付加価値を算定する方法をいう。加算法による付加価値は次の公式により計算される。

付加価値＝経常利益＋人件費＋賃借料＋金融費用＋租税公課

以上の公式で算定される付加価値は，減価償却費を含めない付加価値であり，純付加価値と呼ばれる。それに対して，減価償却費を付加価値に含めて計算される付加価値は粗付加価値と呼ばれる。粗付加価値と純付加価値との関係は次の公式で示すことができる。

粗付加価値＝純付加価値＋減価償却費

減価償却費は現金支出を伴わない費用であるが，再生産資本として，企業自体に分配され，企業の再生産を維持する役割を果たしている。しかし，固定資産は材料などと同様に他の企業が生産したものなので，固定資産の取得原価を費用配分した減価償却費は，材料費と同様に，前給付原価に加算されるべきである。このように，企業の価値創造の測定尺度という観点からすれば，純付加価値は理論的には正しい尺度である。以下では，純付加価値のことを付加価値と略称する。

以上の付加価値の計算公式によって，付加価値の構成状況を把握すると同時に，付加価値の分配状況を把握することができる。図表3-6は付加価値の構成と分配状況を示している。

経常利益は自己資本に対する分配項目で，そのうち一部は配当という形で，株主に分配され，残りは内部留保という形で，企業将来の事業展開のために企業内部に貯めておく。人件費は人的資本に対する分配項目で，そのうち一部は給料という形で社員に分配され，一部は報酬という形で経営者に分配される。賃借料は他人資本に対する分配項目で，地代という形で地主に分配され，特許使用料という形で権利者に分配される。金融費用は他人資本に対する分配項目で，利息という形で債権者に分配される。租税公課は，社会資本に対する分配項目で，税金という形で政府や自治体に分配される。

付加価値の分配状況を考察する際に特に注目すべき点は，付加価値の各項目の分配原理である。賃借料や金融費用は一般的に市場によって決められるので，その分配は市場原理によって行われる。租税公課は国や地方政府の法律・

図表3-6　付加価値の構成項目と分配状況

構成項目	経常利益	人件費	賃借料	金融費用	租税公課
分配対象	自己資本	人的資本	他人資本	他人資本	社会資本
分配内容	配当，内部留保	給料，報酬	地代，特許使用料	利息	税金
分配原理	契約，協議	契約，協議	市場原理	市場原理	法律法令，行政手段
利害関係者	株主，企業自体	社員，経営者	地主，権利者	債権者	政府，自治体

出所：梶浦（2014），39頁，図表4を参考に，筆者作成。

法令によって決められ，その分配は政府部門の行政手段によってなされる。以上の分配原理は伝統的企業にとっても，現代企業にとっても同様に適用されるものである。

ここで問題となるのは，経営利益と人件費の分配である。なぜならば，現代企業観と伝統的企業観は，利益と人件費に対して，根本的に異なる見方を有するからである。伝統的企業観に従えば，主権者は株主のみなので，企業は資本のリターンである利益をできるだけ大きくするために経営活動を行わなければならない。そこでは，経営者の報酬と社員の給料は，利益を上げるために必要な代価（費用としての人件費）であると見なされる。また，利益の最大化を実現するために，人件費を含むすべての費用を最小化しなければならない。要するに人件費は削減されるべき費用なのである。こうした人件費は主に契約という形で決められる。

一方，現代企業観によれば，経営者および社員は株主とともに企業の主権者である。したがって，現代企業の唯一合理的な目的は経営者と社員と株主の三者の利益を最大化することである。そのため，企業は資本のリターンである利益と労働のリターンである賃金（経営者の報酬と社員の給料）の両方をできるだけ増やすために，経営活動を行わなければならない。経営者の報酬と社員の給与は，企業の価値創造に対する貢献の見返りとして，企業の成果である付加価値を分け合う部分であると見なされるのである。要するに，経営者の報酬と社員の給与は成果の分配であって，費用と見なされるべきではないと考えられている。

したがって，賃金は利益を得るための費用であり，利益は株主に帰属するものであるという伝統的企業観の考え方は，経営者と社員と株主の利害関係を対立させる原因である。そして，この考え方は企業組織の目標不一致を引き起こす根本的な原因となっている。そういう意味で，伝統的企業理論の中には目標不一致をもたらす原因が内包されているのである。これはエージェンシー理論が完全に解決できない問題であると言える。

現代企業観では，経営者と社員と株主の利害関係が長期的に一致しているので，企業経営の目的は三者の共通する利益を追求することである。その共通する利益は上述した付加価値の加算式に示されている。それは付加価値から外部の経済的利害関係者に分配される部分を差し引いて残った部分，すなわち経常利益と人件費の合計である。本書では，経常利益と人件費の合計を共通価値と呼ぶ。また，外部の経済的利害関係者に分配される付加価値を外部分配価値と呼ぶ。そうすると，付加価値は次のように計算できる。

付加価値＝共通価値＋外部分配価値

この計算式は現代企業における成果を二つの利害関係者グループに分配することを明確に示している。外部分配価値は，地主・権利者，債権者，政府・自治体などの企業外部利害関係者に分配される付加価値であり，市場原理や法律法令および行政手段によって分配される。外部分配価値は，企業にとって，その正常な経営活動を続けるために，外部の経済的利害関係者に支払わなければならない費用である。企業はこの費用を上まわる付加価値を生み出さなければ，存続することすらできないのである。

それに対して，共通価値は，経営者と社員，株主，企業自体といった企業内部の利害関係者に分配される付加価値であり，企業内部の利害関係者である経営者と社員と株主の三者の協議によって分配される。実務的には組合，経営陣，株主が労使会議や株主総会などの場において共通価値の分配について協議することになる。経営者と社員と株主の三者は，次の二つの原則に従って，協議に臨まなければならない。一つの原則は公正性原則である。すなわち，共通価値は三者の付加価値の創造における貢献の大きさに基づいて分配されなければならない。もう一つの原則は短期的利益と長期的利益の調和である。共通価値の分配において，三者の短期的利益と長期的利益をバランスよく調和させなければならない。

企業は付加価値創造と分配の機能を通じて，経営者と社員と株主の三者の利益を緊密に結びつけている。企業の健全かつ持続可能な発展は，経営者と社員と株主の共通する利益である。そのため，共通価値の一部は企業内部留保という形で企業自体へ分配される。内部留保は企業の成長・拡大を実現させるための原資になり，企業の付加価値の創造活動を継続的に循環させる。このように，経営者と社員と株主の三者は共通価値の向上という共通の目標を持つようになり，共存共栄の関係が確立される。

以上の付加価値の計算式を変形すると，共通価値は次の計算式で表示することができる。

共通価値＝付加価値－外部分配価値＝売上高－前給付原価－外部分配価値

前給付原価と外部分配価値は企業にとって同じく費用であるので，ここでは総費用と呼ぶ。すると，共通価値の計算式は次のようになる。

共通価値＝売上高－総費用

この計算式から分かるように，共通価値を向上させるためには二つの方法がある。一つは売上高を上げることであり，もう一つは総費用を下げることである。

以上の検討を踏まえて，現代企業経営の基本機能と行動原理は次のようにまとめることができる。現代企業は，価値創造機能と価値分配機能との二つの基本機能を有する。現代企業経営の目標は，付加価値を作り出すことを通して，共通価値を向上させることである。企業は売上の最大化と費用の最小化を同時に実現するために経営活動を展開する。売上の最大化と費用の最小化は現代企業経営の基本原理である。

4　現代企業理論

本章の目的は，現代企業を取り巻く経営環境に適合する企業理論を構築することである。そのために，次の準備作業を行ってきた。まず，法人と経済組織と社会的組織との三つの側面から現代企業の性質を検討しながら，現代企業の利害関係者を確認した。次に，貢献と損失の両面から各利害関係者の重要性を分析し，現代企業観を提唱した。さらに，共通価値という概念を用いて，企業の価値創造と価値分配の仕組みを分析し，現代企業経営の基本原理を明らかにした。

以上の作業を通じて，現代企業の目的と基本機能と行動原理を解釈する一つの新しい企業理論を構築することができた。本書ではこの新しい企業理論を現代企業理論と呼ぶ。現代企業理論は，現代企業観と現代企業経営モデルから構成されている。

現代企業観の基本内容をまとめると，次のようになる。

第一に，企業はすべての利害関係者のために価値の創造と分配を行う組織である。第二に，企業の内部利害関係者である経営者と社員と株主は，企業の最も重要な利害関係者であるので，企業の主権者に相応しい。第三に，企業の目的は経営者と社員と株主の利益を同時に追求することである。

現代企業の基本機能と企業経営の基本原理は，次のようにまとめることができる。

第一に，企業の基本機能は，価値創造機能と価値分配機能である。経済的価値の創造は，企業存続の前提条件である。第二に，企業が創造する経済的価値は付加価値である。控除法による付加価値の計算式は，付加価値創造の方法を表しており，加算法による付加価値の計算式は付加価値分配の仕組みを示している。第三に，付加価値は共通価値と外部分配価値の合計である。共通価値は経営者と社員と株主に分配される付加価値であり，外部分配価値は企業外部の利害関係者に分配される付加価値である。第四に，共通価値を向上させることは，企業経営の目標である。この目標は，売上の最大化と費用の最小化によって達成される。

現代企業理論は，企業観および経営原理において伝統的企業理論とは本質的に異なる。図表3-7は現代企業理論と伝統的企業理論との相違を明らかにしている。

こうした現代企業理論は，本章の第1節で提示した目標一致の原則に関連する問題を解決するための合理的な仕組みを内在している。現代企業はすべての利害関係者のために価値の創造・分配を行う組織である。現代企業の存続と成長は経済的価値を創造しながら，社会的価値を生み出すことによって，実現されるのである。経済的価値と社会的価値の創造活動に直接的・間接的に貢献しているのは，経営者と社員，そして株主である。経営者と社員と株主の間には現代企業との共通の利害関係を持つことによって，共存共栄の関係が結ばれる。こうした共通の利害関係のもとでは，経営者と社員，株主は，企業の目標を共有することができるので，最終的には個人と組織との目標一致が達成されることになる。

本章の冒頭では述べたように，テイラーの科学的管理法の目的は，作業の能

図表 3-7　現代企業理論と伝統的企業理論との比較

比較項目＼企業理論	伝統的企業理論	現代企業理論
適用企業	伝統的企業	現代企業
企業観	株主が主権者	経営者と社員と株主が主権者
企業の目的	株主利益への追求	経営者と社員と株主の利益への追求
企業成果の測定尺度	利益	共通価値
成果分配の原則	株主優先の分配原則	共通価値への貢献の大きさに基づく分配原則
利害関係仮説	経営者と社員と株主の利害が不一致	経営者と社員と株主の利害が一致する
ビジネスと倫理の関係	分離できるし，分離すべきである	分離できないし，すべきではない

出所：筆者作成。

率を向上させることにより，高賃金と低労務費を同時に実現することにある。それによって，管理手法の経験から科学への転換と，労使関係の対立から協調への転換を実現することができるとテイラーは力説している。現代企業理論は，労使関係を含むすべての利害関係が共存共栄の関係になりえることを明らかにしている。そういう意味では，現代企業理論は科学的管理法の目的の実現に向けた道筋を示していると言えよう。

第 4 節　本章の要約

本章の目的は組織における目標一致の原則に関する理論的根拠を究明することにある。そのために，これまでの企業理論を考察し，その理論的基礎となる企業観を整理し，目標一致の原則との関係を明らかにした。そして，従来の企業理論では，目標一致の原則を論理的に解釈することができないという問題を指摘し，新たな企業理論の構築を試みた。本章の主な内容は次のようにまとめることができる。

第1節では本章の研究課題と目的を提示した。続き第2節ではこれまでの三つの企業理論をレビューした。まず，伝統的企業理論について考察した。それによって，次の三点が明らかになった。第一に，伝統的企業理論の理論的基礎となるのは株主主権企業観である。第二に，株主主権企業観は古典的資本主義の時代に生まれた考え方であり，企業の支配権に基づく企業観である。第三に，株主主権企業観と株主志向経営は，21世紀の現代企業に適用できなくなっている。

次に人本主義企業理論について考察した。人本主義企業理論は戦後日本の経済的成功を実現させた典型的な日本企業の組織編成原理と経営行動を解釈するために構築されている。人本主義企業理論の基本内容は次の三点である。第一に，カネを経済活動の最も本源的かつ稀少な資源と考え，その資源の提供者を中心に企業システムが作られるのは，アメリカ流の資本主義である。それに対して，ヒトを経済活動の最も本源的かつ稀少な資源と考え，その資源の提供者を中心に企業システムが作られるのは，日本の人本主義である。第二に，人本主義企業は，企業主権の概念とシェアリングの概念と市場の概念において資本主義企業とは対照的である。第三に，人本主義企業は，資本主義企業と比較して，企業の成員と企業の利害一致や情報の有効利用といった点で優れている。

さらに利害関係者理論の基礎概念と分析枠組みを検討した。利害関係者理論は，価値の創造と分配，資本主義の倫理，経営管理者の考え方といった基本問題に対して新たな解釈を提示することで，伝統的な企業理論と対峙する企業理論である。利害関係者理論によれば，企業は企業とその利害関係者との関係の集合体として理解することができる。こうした利害関係がいかに機能するかを理解すれば，企業を理解することになる。経営者の任務は，利害関係者のためにできるだけ多くの価値を創造することである。利害関係者の利益の間に対立があるとき，経営者は，トレードオフ関係を用いることなく，利害関係者の利益を調和させながら，価値創造の方法を見出す。こうした方法で利害関係者のために価値を創造することが，利害関係者志向経営の本質である。

最後に，以上の三つの企業理論を比較し，残された課題を指摘した。伝統的企業理論は，伝統的企業の分析に相応しい理論であるが，現代企業を解釈する理論としては妥当性に欠ける。人本主義企業理論はアメリカ型の資本主義企業より企業経営の効果・効率において優位性を持つことを論証しているが，経営理論としての普遍性が欠如しているのは大きな問題である。利害関係者理論は，現代企業の経営原理を分析するための包括的な理論的な枠組みを提示しているが，企業の行動原理や具体的なメカニズムについてほとんど究明されていないという課題が残っている。

第3節では，利害関係者理論の分析枠組みや人本主義企業理論の概念を援用しながら，現代企業に相応しい企業理論の構築を試みた。まず，現代企業の性質とその利害関係者を検討した。次に，利害関係者の中でだれが現代企業の主権者として相応しいかを考察した。その結果，経営者と社員，それに株主が主権者の資格を有することが明らかになった。さらに，現代企業の基本機能と行動原理を分析した。その結果，次の点が明らかになった。第一に，現代企業の基本機能は価値創造機能と価値分配機能の二つである。第二に，共通価値は経営者と社員，そして株主の共通する利益である。現代企業経営の目標は，共通価値の最大化である。第三に，現代企業経営の原理は，売上の最大化と，総費用の最小化を同時に実現することである。最後に，伝統的企業理論との比較を通じて，現代企業理論の基本内容とその特徴を明らかにした。

本章の第1節の冒頭では，マネジメント・コントロール・システム研究に関する二つの研究課題を提示した。すなわち，組織における目標一致の原則に関する課題とマネジメント・コントロール・システムの構成要素に関する課題の二つである。前者の課題には目標一致の可能性と目標一致の達成の仕組みとの二つの問題が含まれるが，本章ではこの二つの問題の検討を通じて，組織における目標一致の原則に関する課題を解決することができたと思われる。次章では，残された後者の課題を検討しながら，新しいマネジメント・コントロール・システム理論の構築を試みる。

第4章

現代マネジメント・コントロール・システム理論の構築

第1節　はじめに

本章では，これまでの各章の議論の結果を踏まえながら，現代企業理論に基づくマネジメント・コントロール・システム理論の構築を試みる。具体的には次のように議論を展開する。

まず，マネジメント・コントロール・システムの理論構築の方法論を明確にする。次にマネジメント・コントロール・システムの理論的枠組みを示しながら，現代マネジメント・コントロール・システムの各構成要素とそれぞれのコントロール機能を明らかにする。最後に，従来のマネジメント・コントロール・システムとの比較を通じて，現代マネジメント・コントロール・システムの特徴と本質を究明する。

第2節　マネジメント・コントロール・システムの理論構築の方法論

1　一般システム論の概要

一般システム論の基本概念は，システム，相互作用，自律調整の三つである。システムとは，ある目的を達成するために，個別的に識別でき相互に関連のある要素が組み合わされ，何らかの機能を果たすものであり，一定の相互作用の関係にある一つの全体を指す概念である。システム論は，考察の対象をシステムとして捉えていく科学的方法論であり，1950年代にオーストリア出身の理論生物学者のバータランフィー（L. Von Bertalanffy）によって提唱された一般システム論がその代表である（Von Bertalanffy, 1968）。

バータランフィーが一般システム論を提唱した目的は，専門化した各科学領域における専門的知識を統合する一つの新しい科学を構築することにある。人類の現代科学研究の歴史を回顧すれば，自然科学にせよ，社会科学にせよ，すべての科学は専門化を進め，限定された対象に対して専門的知識を深化させてきたことが分かる。しかし，技術の進歩とともに，現実の問題はますます複雑になっており，それを解決するために一つの科学領域を超えて，関連科学を総合する学際的なアプローチをとることが必要となってきた。そこで，異なる専門科学が考察する異なる対象をシステムとして捉え，システムに共通する原理を明らかにしようとする一般システム論が誕生したわけである。

一般システム論によれば，システムの基本原理は次の五つからなる[1]。第一に，システムは互いに作用している要素からなるものである。第二に，システムは部分に還元することができない。第三に，システムは目的に向かって動いている。第四に，一つのシステムの中には独特の構造を持った複数の下位システムが存在する。第五に，下位システムは相互に作用し合いながら調和し，全体としてまとまった存在をなしている。

すなわち，システムは，全体として何を行うかといった共通の目的を持っている存在である。そして，システムは構成要素の単なる寄せ集めではなく，全体として統一性のある働きをする。さらに，システムを構成する各要素の間には，常に相互依存，相互促進などの有機的関連性が存在する。

また，バータランフィーは，オープン・システムの概念を提唱している。オープン・システムとは，環境との間に継続的な相互作用の関係を持っており，環境から物質，エネルギー，情報などをシステムにインプットし，それを内部で転換し，アウトプットを環境に産出することによって，均衡状態を保つことにより存続していくシステムを指す。バータランフィーによれば，すべての有機体は，環境との間のインプットとアウトプットを通じて，システムの構成要素は変化するが，均衡状態を維持することによって，有機体は生存を続ける。また，環境から刺激を受けると，システムはその均衡状態を回復しようとする自律調節の機能を持つ。

現在，一般システム論は一つの重要な科学的方法論として，社会学や心理学，文化人類学，そして経営学の研究に広く援用されている。経営学では，バーナード（C. I. Barnard）やサイモン（H. A. Simon）などによって一般システム論が近代管理論に適用されてきた。近代管理論において，組織は共通の目的

1　詳しくはVon Bertalanffy (1968)（長野　敬・太田邦昌訳（1973）『一般システム理論―その基礎・発展・応用』みすず書房）を参照されたい。

を達成するために相互に調整された人間行動のシステムと定義される。営利組織としての企業は，有機体と共通した特質を有している。

企業の場合は，原材料，資金，情報を環境からインプットとして受け入れ，それらを一定の製品やサービスに転換し，そのアウトプットを市場に営業・販売して貨幣を獲得し，構成員にそれを分配することによって，環境と企業との間に循環的な相互作用を続け，それによって均衡状態を保ち，企業は生存・成長していく。

具体的に，こうした均衡状態とはどのような状態なのか，どのようなメカニズムを通して実現されるのか。これらの課題を検討するのは，組織均衡論と呼ばれる学問である。

2　組織均衡論の概要

組織の究極の目的は組織の存続である。組織が存続するためにはどのような条件が必要なのか，これは近代組織論の主要なテーマとなった。組織存続の条件を提示したのは，バーナードの組織均衡論である（Barnard, 1938）。この組織均衡論の基本内容を次のようにまとめることができる[2]。

組織としての企業は，株主，経営者，社員，顧客，サプライヤーなどの利害関係者の協働体系と見なすことができる。これらの利害関係者は組織の参加者（個人あるいはグループ）である。組織と参加者との関係を次のように捉えることができる。参加者は組織に対して貢献を提供する代わりに，組織からは誘因を受け取る。貢献とは組織の目的の達成に寄与する参加者の活動を指しており，誘因とは組織が参加者を満足させるために提供する効用を指す。

企業組織は貢献と誘因とのバランスを維持することによってはじめて，その存続と成長が可能になるというのが組織均衡論の基本原理である。すなわち，参加者にとって貢献が誘因と等しいとき，あるいは後者が前者より大であるとき，参加者は満足して，組織への参加を続けることになる。そして，参加者が組織への参加を続けることによって，組織は存続し，成長することができる。このような状態を，組織が能率的である状態と呼ぶ。逆に，もし貢献と誘因の

2　詳しくは Barnard（1938）（山本安次郎・田杉　競・飯野春樹訳（1968）『新訳　経営者の役割』ダイヤモンド社）を参照されたい。

バランスが達成されなければ，組織の参加者は不満足を感じ，組織への参加をやめる。結果として組織は成長するところか，存続すらできなくなる。また，誘因の原資に限りがあるため，それを参加者へどのように配分するかという問題が生じる。いわゆる誘因配分の経済性問題である。配分の経済性は，各参加者の貢献を公平に評価し，貢献に比例して誘因を配分することによって達成される。

他方，組織は環境の変化に適応して，誘因を効率的に作り出さなければならない。この誘因を作り出すのは参加者の貢献である。組織は参加者の貢献を原資として，適切な戦略策定と組織設計を通じて，誘因の効率的生産を計画する。この計画が成功するとき，組織は誘因の効率的生産に成功する。このような状態を組織が有効である状態と呼ぶ。

組織の能率と有効性は，相互に補完的な関係にある。組織の能率が高ければ，誘因の生産がより効率的になり，有効性も高まる。逆に，組織の有効性が高まれば，組織は参加者に配分すべき誘因を多く生産することができるので，能率も高まる。

組織の能率で評価される均衡は，組織と参加者との間の均衡という意味で，組織の対内的均衡と呼ばれる。これに対して，組織の有効性で評価される均衡は，組織と外部環境との間の均衡という意味で，組織の対外的均衡と呼ばれる。組織の存続のためには，組織の対内的均衡と対外的均衡の両方を維持することが必要である。したがって，こうした組織の均衡を維持することは，組織の存続と成長を実現させる基本条件である。

3　マネジメント・コントロール・システムの理論構築の方法論

現代企業の究極的な目標は，競争優位を長期的に創出・維持することによって，安定的かつ持続可能な成長を実現することである。そのために，企業は優れた経営戦略を策定し，その経営戦略を成功裏に実施しなければならない。第3章で述べたように，現代企業は価値の創造と配分を基本的な機能としながら，持続的な成長，発展を図っている組織である。企業の経営者は，企業の目的を達成するために，経営方針を定め，経営戦略を策定する。ここにおいて，経営方針とは企業方針あるいは経営指針などとも呼ばれるもので，経営理念を実現するための活動の方針・方向性をいう。経営戦略とは経営方針を実現するために，経営資源の配分に関する方法を指す。そして，この経営戦略を実施するために用いられる経営管理の手法が，マネジメント・コントロール・システムと呼ばれるものである。

マネジメント・コントロール・システムの理論を構築するにあたって，どのような方法論を用いるべきなのか。マネジメント・コントロール・システムは，企業の存続と成長を実現するという共通の目的を持つことから，上述した一般システムの基本原理に基づいて構築されるべきである。そして，企業の存続と成長は，組織均衡の状態を作り出しそれを維持することによって達成されるものであることから，マネジメント・コントロール・システム理論は組織均衡論をその基礎に据えるべきである。換言すれば，マネジメント・コントロール・システム理論は，一般システム論と組織均衡論の基本原理に照らして，構築されなければならない。次節では，一般システム論と組織均衡論の基本原理を援用しながら，現代マネジメント・コントロール・システム理論の構築を試みる。

第3節　マネジメント・コントロール・システムの理論的枠組み

1　マネジメント・コントロール・システムの構成要素

現代マネジメント・コントロール・システム理論を構築するために，まずマネジメント・コントロール・システムの構成要素を明確にしておく必要がある。第2章第2～3節での検討から分かるように，従来のマネジメント・コントロール・システムに関する各概念的枠組みの中では，アンソニーの枠組みは主に会計（管理会計）によるコントロールをマネジメント・コントロール・システムの構成要素とするため，その範囲は最も狭い。それと対照的に，マルミとブラウンの枠組みは文化的コントロール，計画，診断型コントロール，報酬と報奨，管理コントロールをマネジメント・コントロール・システムの構成要素とするため，その概念の範囲が最も広い。しかし，マルミとブラウンの概念的枠組みは，従来の研究で取り上げられたほぼすべてのコントロール手法を寄せ集めて，パッケージとして分類したものである。それゆえに，各構成要素の相互作用や整合性があるかどうかは一つの大きな問題になっている。

事実，Malmi and Brown (2008) によれば，マネジメント・コントロール・パッケージは，組織の中に複数のコントロール・システムが存在し，パッケージとして機能するという現象を指しており，これらのシステムは最初から意図的に設計・調整されたものではない場合が多いから，一つのマネジメント・コントロール・システムとして認識されるより，システムのパッケージとして見なされるべきであるとしている。しかし，こうしたマネジメント・コントロール・システム・パッケージ論は，企業経営の実践において用いられているほぼすべてのコントロール手法をその枠組みの中に取り入れたため，総合的な解釈能力を持つ一方，大きな課題を残している。これはパッケージという概念に関わる課題である。

パッケージの中の個々のコントロール手法の間には相互作用や整合性がないまま，個々のコントロール手法はそれぞれ独自に機能するのであれば，一つのマネジメント・コントロール・システムとしてその効果を発揮することができないのである。そうすると，こうしたマネジメント・コントロール・パッケージは一般システム論と組織均衡論の基本原理に合致しないということになる。

したがって，マネジメント・コントロール・システムはパッケージとしてではなく，一般システム論の原理を満たす整合性のあるシステムとして構築されなければならない。

これまでの考察を通じて，次の結論にたどり着く。整合性のあるマネジメント・コントロール・システムを構築するにあたって，次の二つの条件を満たさなければならない。一つ目は，マネジメント・コントロール・システム概念の範囲をアンソニーの提唱した概念より広く，そしてマルミとブラウンのそれより狭く定めるべきであることである。二つ目は一般システム論と組織均衡論の基本原理に基づき，マネジメント・コントロール・システム理論を構築しなければならないことである。したがって，以上の二つは，マネジメント・コントロール・システムの構成要素を選択する際に考慮しなければならない基本条件である。

それでは，整合性のあるマネジメント・コントロール・システムはどのような構成要素により構成されるべきなのか。言い換えれば，企業組織の経営戦略を効果的かつ効率的に実行するために，どのようなコントロール手法が必要不可欠なのか。

アンソニーの会計システム中心のコントロール手法以外に，どのようなコントロール手法が存在するかについて，これまで多くの研究がなされてきた。代表的な研究として，Ouchi (1979) や Flamholtz (1983) が挙げられる。

Ouchi (1979) は，ある大企業の流通部門に対する事例調査の分析結果に基づいて，組織コントロール・メカニズムの設計に関する一つの概念的枠組みを提唱している。この枠組みの概要をまとめると，次のようになる。

組織コントロールには，結果によるコントロール，行動によるコントロール，クランによるコントロールの三つの手法が存在する。まず，結果によるコントロールは，目標を設定して業績を評価するコントロール手法であり，市場メカニズムに基づくコントロールの手法である。会計によるコントロールはこれに含まれる。次に，行動によるコントロールは，階層化された組織における明示的な指示と監督によって，コントロールを行う手法であり，官僚的メカニズムを用いたコントロールの手法である。最後に，クラン・コントロールは，組織成員に共有される価値観や信条に基づいてコントロールを行う手法である。すなわち，クラン・コントロールは文化的なメカニズムに基づくコントロールである。

以上のように，Ouchi (1979) では，従来の研究において指摘されてきた市場メカニズムや官僚的メカニズムのような公式的なメカニズムに加えて，文化的なメカニズムという非公式なメカニズムの存在を確認している。また，コントロールの対象の特性に応じて，三つのメカニズムを適切に組み合わせることで，効果的なコントロールを実現することができると主張している。Ouchi (1979) の結論はその後の組織のコントロールに関する研究に大きな影響を与えている。そして，1980 年代以降，組織文化によるコントロールの研究が盛んに行われるようになった。第 2 章で紹介したマーチャントのマネジメント・コントロール・システム理論は，Ouchi (1979) の枠組みの影響を強く受けているとされる。

また，従来の研究より広い視点から組織のコントロール・システムの構築を試みたのはFlamholtz (1983) である。この論文は従来の管理会計研究において検討されてきた組織のコントロール・システム理論の問題点を指摘したうえで，予算管理のような公式的なコントロールは，組織の全体的なコントロールの一部として見なすべきであると主張し，組織コントロール・システムの分析的枠組みを提唱している。図表4-1は組織コントロール・システムの分析的枠組みを示したものである。

図表4-1の枠組みによれば，組織のコントロール・システムは，コア・コントロール・システム，組織構造，組織文化の三つの要素から構成されている。コア・コントロール・システムは，計画，実行，測定，評価および報酬の四つのサブシステムから構成されており，サイバネティックな構造を有する。

図表4-1　組織コントロール・システムの分析的枠組み

組織環境

組織文化

組織構造

コア・コントロール・システム

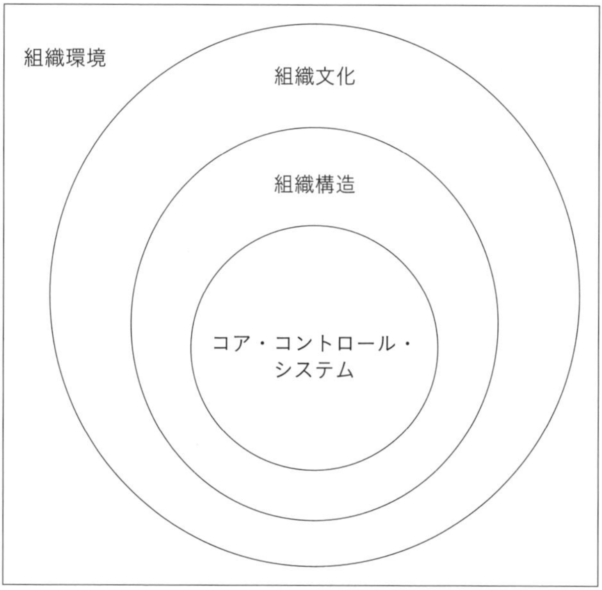

出所：Flamholtz (1983), p.155, Fig.1を引用。

組織構造は組織内のルールとそれらルール間の相互関係の集合である。組織文化は価値観，信念などのパターン化された思考様式である。そして，三つの要素は，組織環境によって取り囲まれている。

Flamholtz (1983) では，以上の枠組みを用いて，三つのアメリカ企業のコントロール・システムに関する事例調査を行った結果，組織構造と組織文化が予算や会計システムの利用方法に大きな影響を及ぼしていることを確認した。そして，予算ないし会計システムは，それら自体ではコントロール・システムとして見ることはできず，むしろ，綿密に設計された全体的システムの一部と見なすべきであると結論付けている。

上述した Ouchi (1979) や Flamholtz (1983) の研究は，「マネジメント・コントロール・システムがどのような構成要素を持つべきなのか」という研究課題に対して，非常に有益な示唆を提示している。すなわち，予算管理や会計システムよるコントロール手法は，マネジメント・コントロール・システムの構成要素の一つに過ぎないこと，また，組織構造や組織文化もマネジメント・コントロール・システムの構成要素として見なすべきだということである。しかしながら，こうした先行研究には二つの課題が残されている。一つはマネジメント・コントロール・システムがこの三つの要素だけで構成されているのか。言い換えれば，この三つのコントロール手法を用いて，組織の戦略を効果的かつ効率的に実行することができるのかという課題である。もう一つは，各要素の間にどのような関係が存在するか，そして全体として整合性を持つのかという課題である。

経営学は実践的な学問分野である。その使命として，理論でありながらも，企業経営に役立つことを常に目指さなければならない。すなわち，経営学の理論は企業の経営管理実践から生成し，企業実践の場に応用され，その有用性が検証される。そして，検証の結果に基づき理論自身が修正され，より良いものになっていく。そういう意味では，一つ目の課題は最終的には企業の実践による検証を通じて解決されるものである。結論を先に述べると，この課題は第5章の検討によって解決される。

二つ目の課題については，先行研究ではまったく言及されていないわけではない。例えば，Flamholtz (1983) では，コア・コントロール・システムと組織構造と組織文化の三要素は統合的に設計されるべきであるとして，組織文化は組織構造を決定し，そして必要とされるコア・コントロール・システムの性質を決めると主張している。しかし，なぜそうすべきか，また，こうした整合性を持つコントロール・システムはどのように設計するのかについては議論されていない。

2　マネジメント・コントロール・システムの理論的枠組み

以上の検討を踏まえて，ここでは，一つの新しいマネジメント・コントロール・システムの理論的枠組みを提唱しながら，現代企業に相応しいマネジメント・コントロール・システムを構築する。図表 4-2 はこの理論的枠組みを示している。

この理論的枠組みでは，組織文化，組織構造，管理会計の三つのコントロール手法（下位コントロール・システム）をマネジメント・コントロール・システムの構成要素とする。そして，マネジメント・コントロール・システムの役割は，戦略を確実に実施することにより，企業業績の向上をもたらすことである。すなわち，戦略をインプットして，業績というアウトプットを生み出すのが，マネジメント・コントロール・システムである。図表 4-2 の中にある実線の矢印はこの関係を示している。逆に，マネジメント・コントロール・システムを通じて，業績の結果を戦略へとフィードバックすることにより，戦略の

図表 4-2　マネジメント・コントロール・システムの理論的枠組み

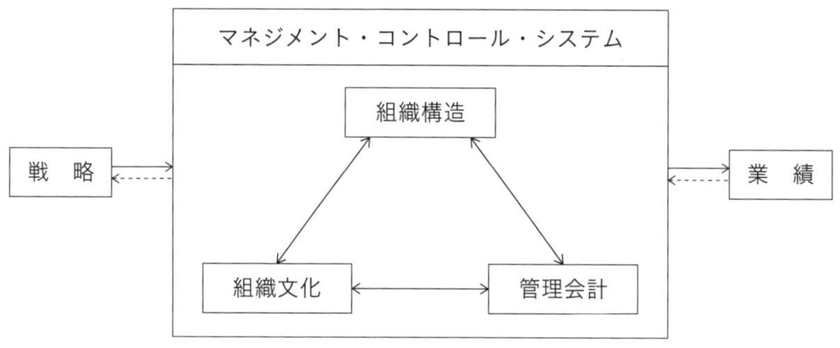

出所：著者作成。

見直しが行われる。図表の中の破線の矢印はこのフィードバック関係を示している。

本書では，この理論的枠組みに従い，マネジメント・コントロール・システムを次のように定義する。

「マネジメント・コントロール・システムとは，企業の経営戦略を効果的かつ効率的に実施するための，組織文化，組織構造，管理会計の三つのコントロール手法から構成される経営管理のシステムをいう。」

従来のマネジメント・コントロール・システムの定義と比較すると，この定義は次の特徴を有する。第一に，この定義の範囲はアンソニーの定義より広い。マネジメント・コントロール・システムを経営戦略実施のためのツールとして位置づけている点においては，アンソニーの定義と同様である一方，管理会計のほかに，組織文化や組織文化も定義の中に含まれる点から見ると，明らかに範囲は広い。これでアンソニーの概念範囲の狭すぎるという問題を克服することができたと言える。

第二に，マルミとブラウンの定義よりは概念の外延が明確的である。マルミとブラウンの定義によれば，社員の行動と意思決定を組織の目標と戦略に一致させるためのすべての仕組みがマネジメント・コントロール・システムの中に含まれている。結果として，その定義は包括性を追求するあまり，外延の境界が非常に曖昧になっている。これに対して，本書の定義はその境界を明確に線引きしている。

第三に，組織文化と組織構造と管理会計の三つの下位コントロール・システムは，それぞれ経営管理に欠かせないコントロール機能を果たすと同時に，全体として相互作用しながらコントロール機能を発揮することができる。

以下では，現代マネジメント・コントロール・システムの各構成要素とその基本機能について検討する。

第4節 組織文化と組織文化によるコントロール

1 組織文化の概念

組織文化はマネジメント・コントロール・システムの中で，重要な役割を果たす必要不可欠な構成要素である。組織文化が企業経営に欠かすことのできない重要な要素であることは古くから認識されてきた。例えば，日本の近代経済社会の基礎を築き，日本実業界の父と呼ばれている渋沢栄一は，名著『論語と算盤』の中で，論語による人格形成と資本主義の利益追求との両方を追求する「道徳経済合一説」を展開し，企業経営における道徳・文化の重要性を強調した。また，ドラッカーは，世界で最初の総合的経営学の著作 *The Practice of Management*（1954）の中で，組織文化の重要性について次のように力説している。組織の文化は凡人を非凡にする力を持つ。優れた組織の文化は経営管理者を動機づけ，彼らの献身と力を引き出すものである。そして，優れた組織の文化が存在するならば，投入した労力の総和を超えるものが生み出される(Drucker, 1954)。世界で長寿企業が最も多い国は日本であると言われており，近年，日本の長寿企業に関する研究が盛んに行われている。こうした長寿企業の秘訣として，明確な価値体系，ビジョン，使命感，長期的な視点などの存在がよく指摘されている（舩橋，2003)。また，Nonaka and Takeuchi (2019) では，日本を代表する自動車メーカーの本田技研工業株式会社の事例研究を通じて，企業の長期的な繁栄を持続するために，使命，ビジョン，価値観は大切であると結論付けている。

しかし，これらの主張が正しいかどうかは，個別の事例だけではなく，数多くの事例研究やアンケート調査を通じて，論理的に検証しなければならない。1970年代後半から，企業経営管理における組織文化の役割を明らかにするため，事例研究や聞き取り調査などに基づく大規模な研究が行われるようになった。代表的な研究として，ピーターズ（(Thomas J. Peters) とウォータマン(Robert H. Waterman Jr.) の著書 *In Search of EXCELLENCE* (1982) と，コリンズ（James C. Collins) とポラス（Jerry I. Porras) の著書 *Built to Last: Successful*

Habits of Visionary Companies (1994) が挙げられる。

ピーターズとウォータマンの著書では，独特の組織文化を持ち，きわめて収益力の高い企業を「超優良企業」と定義し，アメリカの超優良企業 43 社を対象に組織文化の役割を考察し，行動重視，顧客密着，自主性と企業家精神，人を通じての効率性向上，価値観に基づく実践，基軸から離れない，簡素な組織・小さな本社，厳しさとゆるやかさの両面を同時に持つこと，など八つの特徴を抽出している。

コリンズとポラスの著書の目的は，ビジョナリー・カンパニー（ビジョンを持っている未来志向の企業）の時代を超える生存の原則を明らかすることである。コリンズとポラスによれば，ビジョナリー・カンパニー企業とは次の六つの条件を満たしている企業を指す。①業界で卓越した企業である，②見識のある経営者や企業幹部の間で，広く尊敬されている，③私たちが暮らす社会に，消えることのない足跡を残している，④最高経営責任者（CEO）が世代交代している，⑤当初の主力商品のライフ・サイクルを超えて繁栄している，⑥1950 年以前に設立されている。

コリンズとポラスはスタンフォード大学の調査チームとともに，アメリカを中心とした会社から，以上の条件に合致する 18 社を選び抜き，数年にかけて調査と分析を行った。その際，単に 18 社の共通点を探すのではなく，18 社を傑出した企業へ押し上げた本質的な要因を探るために，各社の「比較対象企業」も選んでいる。比較対象企業は参入市場においても設立時期においてもビジョナリー・カンパニーと直接競合する企業だったものの，傑出する企業と言えるほど飛躍できなかったか，もしくは飛躍したとしてもそれを維持できなかった企業である。コリンズとポラスは以上の綿密な調査・分析を実施した結果，次のような結論に達した。要するに，持続的な成長を実現しているビジョナリー・カンパニーの成長の源泉は，基本理念を維持し，一貫性を追求し続けることである。

一方，1980 年代世界市場における日本企業の強い競争力を背景に，欧米では日本企業の競争力の源泉を探求する研究が数多く行われていた（Ouchi, 1981; Pascale and Athos, 1981）。その結果，日本の優良企業の共通点として，「三種の神器」と呼ばれる終身雇用，年功序列，企業内組合といった労使関係制度ではなく，組織的統合を図る手段として経営理念や組織文化が用いられていることが挙げられた。すなわち，日本企業の強さの源泉の一つは経営理念や組織文化にあるとされている。

以上の研究は，優良企業には経営理念や組織文化がしっかりと形成されており，これが企業活動に活力を与えている点を明らかにした。

これらの研究をきっかけに，経営学の多くの分野では，企業文化や組織文化，経営理念に関する研究が盛んに行われるようになった。また，管理会計研究においても，組織文化を考慮に入れた研究が蓄積されてきた。

管理会計分野における組織文化に関するこれまでの研究を大きく分けると，組織文化と管理会計の関係に関する研究と，組織文化と企業業績の関係に関する研究との二種類がある。組織文化と管理会計の関係に関する研究はさらに二つに分けることができる。一つは組織文化が管理会計システムの導入と適応にどのような影響を及ぼすかについての研究であり，もう一つは管理会計システムの導入と適応が組織文化にどのように影響するかに関する研究である。先行研究では，組織文化と管理会計の間に双方向に影響し合う相互作用が存在するという結論が得られている（木島，2006；挽，2007）。

組織文化と企業業績の関係に焦点を当てた研究も数多くなされているが，その中で注目すべきは組織文化と企業業績の関係について統計的に実証しようとした研究である。経営理念の有無によって企業業績に差があるか否かを検証する先行研究を見る限り，欧米企業を対象とした研究では，経営理念の有無が企業業績に影響をもたらすという結果は得られなかったが，日本企業を対象とした研究では経営理念の有無によって企業業績に一定の影響を与えていることが示唆されている（David, 1989; Klemm, Sanderson, and Luffman,1991; 久保・広田・宮島，2005）。

このように，先行研究では，組織文化が企業業績に与える影響について一致した結論が得られなかった。その理由として次の三つが挙げられる。一つ目の理由は，企業業績に影響をもたらす要素が複数あるからである。上述したように，組織文化と管理会計との間に相互作用があることは先行研究によって示唆されている。また，組織文化と他のコントロール手法との間に相互作用が存在することも考えられる。そのため，組織文化だけを抽出して，企業業績との関係を検証すること自体は無意味である。

二つ目の理由は，そもそも組織文化を企業業績の一つの影響要因と見なすことが問題だからである。組織文化は，企業業績を向上させるためのコントロール手法と見なされるべきである。しかも組織文化は単独で機能するのではなく，マネジメント・コントロール・システムの他の構成要素と相互作用をしながら，その役割を果たすのである。

三つ目の理由は，これまでの研究では，企業文化や組織文化，経営理念などの概念は使い方に曖昧さがあり，時には同義に使われることがあるからである。優れた企業が個性的な文化を持つことは経験的によく観察される現象である。通常，企業あるいはその下位組織（事業部，部門など）によって共有されている思考や行動様式を組織文化と呼ぶ。上位組織（企業体）の文化を企業文化，下位組織の文化を組織文化と定義し，企業文化と組織文化との関係性を考察する研究は一部見られる（例えば，木島，2006）が，本書では企業組織の文化は組織のすべての成員によって共有されるべきものであるという認識に基づき，企業文化と組織文化を同一視し，組織文化と呼ぶことにする。

組織文化について先行研究ではさまざまな定義が提唱されている。図表 4-3 は先行研究における組織文化に関する代表的な定義をまとめたものである。

四つのうち最初の三つの定義は強調する点においてはそれぞれ微妙に異なるものの，キーワードはほぼ同じである。すなわち，共有，価値観，行動規範である。特に注目すべきは，有意義なヒントを示唆してくれる Henri (2006) の定義である。この定義によって組織文化の三つの特徴が示されている。第一に，組織文化は行動規範を作り出すための価値観である。第二に，組織文化は組織成員に共有されるものである。第三に，組織文化は組織構造やコントロール・システムと相互作用するものである。この定義におけるコントロール・システムとは，管理会計の概念をベースにした伝統的なマネジメント・コントロール・システムを意味するものである。上述した一般システム論の原理に従えば，組織文化，組織構造，コントロール・システム（管理会計）は相互に作用しながら調和し，全体としてまとまった存在をなしている。

図表4-3　先行研究における組織文化の定義

研究者	定　義	キーワード
加護野（1982）	ある組織の成員によって共有されている価値観や行動規範ならびにそれらを支えている信念	共有，価値観，行動規範，信念
新江・伊藤（2008）	組織成員に共有された意味体系や価値観であり，そこから派生する一貫した行動原理	共有，意味体系，価値観，行動原理
Flamholtz（1983）	組織成員の考えと行動に影響する共有された価値と信条と社会的な規範のセット	共有，価値，信条，社会的規範
Henri（2006）	行動規範を作り出すために組織構造やコントロール・システムと相互作用する共有された価値観	行動規範，組織構造，コントロール・システム，相互作用，共有，価値観

出所：筆者作成。

2　組織文化によるコントロール

本書では，組織文化を組織成員に共有される価値観とそれに基づく行動規範と定義する。組織文化によるコントロールの機能は，組織成員に共有する価値観を持たせることにより，成員一人ひとりの目標を組織の目標に一致させることである。そして，目標一致のもとで，成員全員が高いモチベーションを持ちながら，組織の戦略を実現することにより，企業の業績の向上に貢献するのである。

第3章の検討から分かるように，伝統的な企業理論によれば，企業の目的は，企業の唯一の主権者である株主のために利益の最大化を追求することである。しかし，株主利益を生み出しているのは，企業の社員と経営者である。そうすると，社員と経営者と株主のそれぞれの利益の間には根源的な不一致が存在するということになる。利益の不一致は，組織の目標不一致の問題を引き起こす。エージェンシー理論に従えば，報酬制度などを用いて，組織の目標不一致問題，特に株主と経営者との間の目標不一致問題をある程度解消することができるとされているが，伝統的な理論では，この問題を根本的に解決することができないのは明白である。そのため，組織成員が共有する価値観を形成するのは不可能とは言わなくても，明らかに難しいことである。したがって，伝統的な企業では，組織文化によるコントロールはその機能を十分に発揮することができないのである。

以上の問題を解決できるのが現代企業理論である。現代企業理論によれば，社員と経営者と株主の三者は企業の主権者として，共通の利害関係を共有している。企業はすべての利害関係者のために価値の創造と配分を行う組織である。社員と経営者の労働は，付加価値を生み出す真の原動力である。そして，創造された付加価値は，公正・公平に各利害関係者に配分されるべきである。

このように，現代企業では，社員，経営者，株主の利害が本質的に一致している。こうした利害の一致は，組織成員の目標を組織の目標に一致させる前提条件になる。すなわち，組織の目標一致は現代企業の基本的な特徴であると言えよう。そうすると，現代企業は，組織の目標一致を前提として，組織成員に共有できる価値観や行動規範，すなわち組織文化を作ることができる。そして，組織文化は組織の目標を実現する方向へ，すべての組織成員の行動を誘導することができる。これによって，組織すべての成員の行動一致を実現させるのである。この機能は組織文化によるコントロール機能と呼ばれる。このように，組織文化は，現代企業のマネジメント・コントロール・システムの構成要素として重要な機能を果たしている。

マネジメント・コントロール・システムは，経営戦略を実施するためのツールである。戦略実施の活動を実際に担うのは，組織内のさまざまな部門である。したがって，企業全体の戦略を有効かつ効果的に実施するには，組織内の各部門を調整・統合しなければならない。組織文化によるコントロールは，組織全体を統合するための一つの仕組みであると言える。

しかしながら，組織文化によるコントロール機能は，単独ではその機能を十分に発揮することができない。組織文化によるコントロールを有効かつ効果的に機能させるためには，マネジメント・コントロール・システムの他の構成要素である組織構造や管理会計との連携が必要不可欠である。以下では，まず組織構造と組織構造によるコントロール機能について検討する。

第5節　組織構造と組織構造によるコントロール

企業は多数の人間から構成されている組織である。近代組織論の始祖とされるバーナードによれば，組織とは二人以上の人々の意識的に調整された活動や諸力のシステムをいう。組織は共通の目的に対する人々の協働システムである。組織が成立するには，共通の目的，協働への意欲，情報伝達の仕組み（コミュニケーション・システム）の三つの条件が不可欠である（Barnard, 1938）。組織を研究対象とする学問は組織論と呼ばれる。組織論では，分化と統合の概念を用いて，組織の協働の仕組みを解釈する（Lawrence and Lorsch, 1967）。

企業では大量の製品やサービスを効率よく安定的に生産するために，複数の人間が役割を分担して生産活動を行わなければならない。例えば，研究開発部門は製品の研究開発活動を担当する。生産部門や販売部門はそれぞれ生産活動と販売活動を行う。この役割分担の仕組みは，アダム・スミスが提唱した分業の原理（principle of division of labor）である。分業には社会的分業と技術的分業（専門化）の二種類がある。経営学では通常，後者の意味で使用される。

企業がある程度の規模に達すると，技術的分業の原理（以下，分業の原理と省略する）に従い，組織内の仕事を分けて受け持つことにより，組織をいくつかの部門に分けて，それぞれの部門に特定の仕事を割り振る。これは組織の部門化と呼ばれる。組織の部門化は組織の分化（differentiation）をもたらす。分化とは異なる職能部門の管理者の間にある認識および感情志向の差異，およびこれら部門間の公式構造の差異を指す。分化の程度を示す指標は，目標，時間志向，対人志向，構造の公式性の四つである。

組織の部門化は，各部門の業務活動の効率を向上させる効果がある一方，セクショナリズムという問題を引き起こす。セクショナリズムとは，組織の各部門が互いに協力し合うことなく，自分たちが保持する権限や利害にこだわり，外部からの干渉を排除しようとする排他的傾向を指す。セクショナリズムの存在は部門間の協働ないし組織目標の実現を阻害する。そこで，セクショナリズムを克服し，組織全体がバラバラにならないように，部門化した組織に統一性および整合性を持たせる仕組みが必要となる。これが組織の統合である。組織構造は，組織を統合するための重要な仕組みである。

組織構造とは，組織における分業，権限と責任の配分，コミュニケーションのパターンを指す。組織構造の機能は，組織成員の行動をコントロールし，権限の行使，意思決定，活動実行の枠組みを作り出すことである。そういう意味で，組織構造は企業経営管理に重大な影響を及ぼす要素である。そのために，組織構造は組織論の主要な研究対象となる[3]。以下では，組織構造と組織の設計について検討する。

1　組織構造と組織設計

組織構造研究において最も重要な課題は，組織の有効性に関するものである。組織の有効性（effectiveness）とは組織の目的をより具体化した組織目標が達成されている程度である。組織がどのような構造をとったときに組織有効性が最大になるかというのは組織論研究の最も重要な課題である。この課題は，「組織とは何か」という問いに対する視点や考え方，すなわち「組織観」に深く関わっている。

1-1　組織観と組織構造

組織観は「組織の機械観」と「組織の有機体観」の二つに分けることができる。組織の機械観は，組織を注意深く設計された精密機械のアナロジーとして理解する考え方である。いわゆる伝統的組織論は，こうした機械観に立つ組織論の典型である。組織の有機体観は，組織をその環境の変化に適応しながら生存しようとする生命体として理解する考え方である。人間関係論と近代組織論は，有機体観に立つ組織論の典型である。

組織の機械観に立つ伝統的組織論は，すべての組織に適合する唯一最善の組織構造が存在すると想定し，精密機械のように設計された機械的構造を持つ組織が最も有効な組織になると主張する。一方，組織の有機体観に立脚する組織論は，有名なホーソン実験などの調査結果を根拠に，非機械的な有機的構造を持つ組織が有効であると主張する。

3　組織構造のほかに，組織論が研究関心としてきたもう一つの典型的な組織現象は組織過程である。組織論の研究は，組織構造論と組織過程論に分けることができる。

こうした矛盾を解決するために提唱されている分析枠組みは，コンティンジェンシー理論である。コンティンジェンシー理論の基本的な仮説は，あらゆる組織に共通する唯一最善の組織構造は存在しないということである。このコンティンジェンシー理論によれば，どのような組織が有効であるかは，組織の環境や技術のいかんによって異なってくる。言い換えれば，異なる条件のもとでは，異なる組織構造が構築されるべきということである。

組織構造に影響を与える要因は組織の内部要因と組織の外部要因に大別される。組織戦略，組織規模，技術などは組織の内部要因であり，組織を取り巻く環境は組織の外部要因である（Pfeffer, 1997）。

組織戦略と組織構造の関係については，チャンドラーの「組織は戦略に従う」という命題が有名である。彼はアメリカの代表的な巨大企業を対象に，その戦略と組織構造の適合性について詳しく考察し，職能部門別組織は非多角化戦略に適合し，事業部制組織は多角化戦略に適合すると結論付けた（Chandler, 1962）。

組織規模と組織構造に関する先行研究では，組織規模が構造に影響を与えることが確認されている。こうした研究の多くは，組織の規模と組織の公式化や集権化に関心を置いてきた。公式化とは組織成員の個人的特性から独立して，社会的位置とその関係が明示的に特定され，定義される程度を指す。また，集権化とは意思決定の権限が組織階層の上層に集中する程度をいう。

組織の規模と組織の公式化に関する研究によって，規模が大きくなると，公式化が進むことが明らかになった（Hall, Johnson and Haas, 1967）。また，組織の規模と組織の集権化についての調査では，規模が大きくなると，意思決定の権限が上位の管理者から下位の管理者に移譲される傾向が報告された（Blau and Schoenherr, 1971）。

技術と組織構造の関係についても数多くの研究が行われてきた。例えば，イギリスの製造業に対する調査の結果，大量生産技術を用いる企業で機械的組織を持つ企業と，それ以外の生産技術を用いる企業で有機的組織を持つ企業が高い業績を上げる傾向があることが報告された（Woodward, 1965）。また，他の調査ではルーティン化された技術を用いる企業は，より集権化や公式化になる傾向がある一方で，ルーティン化されない技術によって特徴づけられる企業は，分権化や非公式な組織構造を持つ傾向があることが確認された（Pfeffer, 1997）。

環境と組織構造の関係については，安定した環境では機械的組織が有効であり，市場や技術の変化が激しい環境では有機的組織が有効であると指摘された（Burns and Stalker, 1961, pp.119-122）。また，環境に適合した構造を持つ組織が高い業績を上げることも明らかになった（Lawrence and Lorsch, 1967）。

先行研究では外部要因と内部要因と組織構造の間に次のような因果関係が存在することが明らかになった。すなわち，環境要因が戦略，規模，技術といった内部要因を規定し，内部要因が組織構造を規定する。したがって，組織構造が環境の要求に最も適した組織が最良の適応を達成するとされる。

問題は，現代企業を取り巻く環境に最も適合した組織がどのような組織構造を持つべきなのかである。この課題を解決するために，現代企業が生まれてから，企業の組織構造がどのように変化してきたかを考察しなければならない。アメリカ・スタンフォード大学のスコット（W. R. Scott）は，閉鎖システムモデルか開放システムモデルか，合理システムモデルか自然システムモデルかという二つの視点から，これまでの組織を図表4-4のように分類している（Scott, 2003）。

図表4-4　スコットによる組織モデル分類

	合理システムモデル	自然システムモデル
閉鎖システムモデル	科学的管理（Taylor, 1911） 管理過程（Fayol, 1917） 官僚制組織（Weber, 1921） 意思決定（Simon, 1945）	協働システム論（Barnard, 1938） 人間関係論（Mayo, 1945）
開放システムモデル	制限合理性（March and Simon, 1958） コンティンジェンシー理論（Lawrence and Lorsch, 1967） 取引費用（Williamson, 1975） 知識創造（Nonaka and Takeuchi, 1995）	社会ー技術システム論（Miller and Rice, 1967） 組織エコロジー（Hannan and Freeman, 1977） 資源依存（Pfeffer and Salancik, 1978） 制度理論（Selznick, 1949; DiMaggio and Powell, 1983）

出所：Scott（2003），p.108, Table 5-1を一部修正。

閉鎖システムモデル理論は20世紀初頭から1960年代前半まで形成された理論であり，組織内部の個人や集団の行動など組織自体に焦点を当てることが特徴である。開放システムモデル理論は1960年代後半以降形成されており，組織と環境の相互依存性に分析の焦点を当てている。一方，組織の合理システムモデルは，基本的には上述した組織の機械観に合致しており，組織の自然システムモデルは，組織の有機体観に合致している。

図表の縦軸と横軸を組み合わせて分類すると，組織を閉鎖・合理システムモデル，閉鎖・自然システムモデル，開放・合理システムモデル，開放・自然システムモデルの四つに分けることができる。そして，それぞれの生成と発展の時期は次の四つの時期である。すなわち，1900年代～1930年代は閉鎖・合理システムモデル，1930年代～1960年代は閉鎖・自然システムモデル，1960年代～1970年代は開放・合理システムモデル，1970年代以降は開放・自然システムモデル，である。

合理システム，自然システム，開放システムという三つの視点は，組織構造に関する異なるレベルの分析に用いられる。具体的には，合理システム視点は技術レベルの分析に，自然システム視点は管理レベルの分析，そして開放システム視点は制度レベルの分析に適用されている。

1-2　組織設計

有効な組織構造をいかに設計するか，これは組織構造研究のもう一つの重要な課題である。組織の設計を検討するために，組織構造を規定する基本要素および編成原理を考察しなければならない。組織構造を規定する基本要素として，次の三つが挙げられる。第一に，組織構造は組織の階層数や管理の幅（span of control）など，公式な職制関係を決める。第二に，組織構造は個々の構成員を事業部門に配置し，事業部門を全体の組織へとまとめる。第三に，組織構造は，各事業部門間の有効なコミュニケーションを図り，調整し，活力を統合するためのシステムを設計する（Daft, 2007, p.90）。

最初の二つの要素は組織の垂直方向構造に関するものであり，三番目は組織の水平方向構造に関わるものである。垂直方向構造は，主として統制のために設計され，集権的な組織に採用される。水平方向構造は，調整や協力のために設計され，分権的な組織に採用される。垂直方向構造を基本とするか，あるいは水平方向構造を基本とするかによって，組織構造は大きく効率重視型組織構造と学習重視型組織構造に大別される。図表 4-5 は効率重視型と学習重視型の組織構造を比較している。

図表 4-5 の中で示されているように，左側の効率重視型組織は，垂直構造の比重が高く，水平構造の比重が低い構造になっている。そのため，垂直型組織とも呼ばれる。このような組織構造を持つのは伝統的な組織であり，業務の専門化，厳密な階層構造と多くの規則，垂直方向のコミュニケーションと直属関係，チームやタスクフォースが少ない，中央集権化された意思決定などの特徴を有する。一方，右側の学習重視型組織は，垂直構造の比重が低く，水平構造の比重が高い構造になっている。そのため，水平型組織とも呼ばれる。このような組織構造を持つのは現代的な組織であり，業務の共有化と権限委譲，ゆるやかな階層構造と少ない規則，水平方向のコミュニケーション，多くのチームやタスクフォース，分散化された意思決定などの特徴を有する。また，図表 4-5 を見ると分かるように，完全効率重視型組織構造と完全学習重視型組織構造が組織構造の対照的な二極を代表するものである。通常，組織は垂直方向構造と水平方向構造の両方を持っており，この二極の間のどこかに位置するのである。

図表 4-5　効率重視型と学習重視型の組織構造の比較

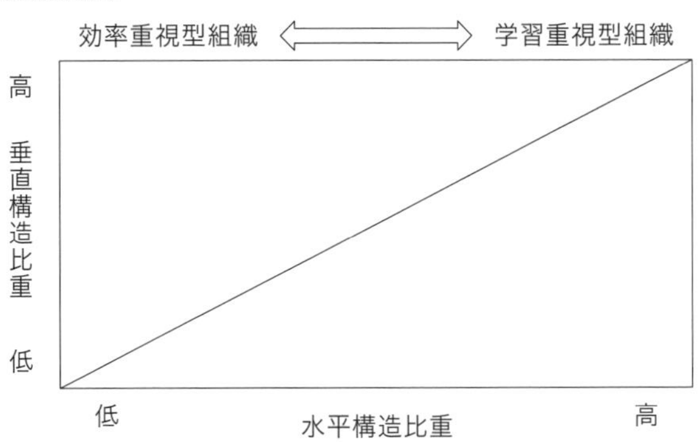

出所：Daft（2007），p.93, Exhibit 3.2 を参考に筆者作成。

以上，組織を垂直型組織と水平型組織との二種類に分けて分析し，それぞれの特徴を説明したが，具体的には，組織はどのように設計・編成されるのか。組織構造の全体的な設計には，次の三つの作業が含まれる。すなわち，職務活動の設計，直属関係（報告関係）の決定，そして部門編成の三つである。一般的には，組織は機能別，事業別，マルチフォーカス，水平的プロセスなどを基準として，次のように編成することができる。

機能別による部門編成は，同じような機能や作業工程を行う社員あるいは同類の知識や技能を持つ社員を一緒にまとめて配置する方法である。事業別による部門編成は，その組織が生産するものに従って部門が編成される。マルチフォーカスによる部門編成は，組織が以上の二つの編成基準によって編成されることである。水平的プロセスによる部門編成は，直接顧客に価値を提供するプロセス，情報とモノの流れに従って部門が編成される。

上述した編成原理に従えば，組織の構造は大きく機能別構造，事業別構造，マトリックス構造，水平型構造との四つの種類に分けることができる。図表4-5の枠組みを用いて，これらの組織構造の関係（位置づけ）を示すと，図表4-6のようになる。

一般的に，効率重視の垂直型組織は，統制，効率，安定性，信頼性を特徴としている。それに対して，学習重視の水平型組織は，協調，学習，革新性，柔

図表4-6　各種組織構造の関係

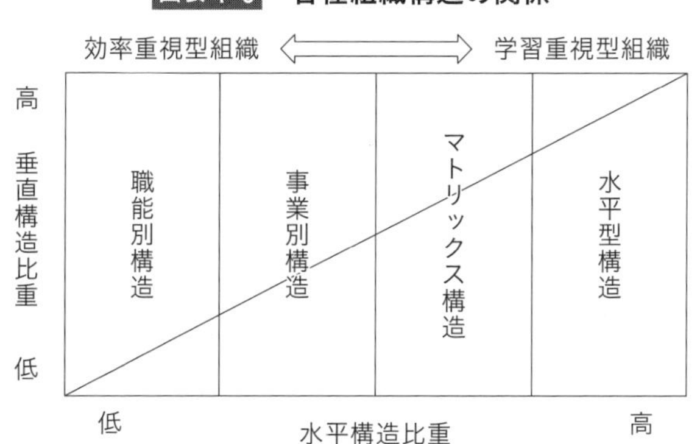

出所：Daft (2007), p.123, EXHIBIT 3.19を参考に筆者作成。

軟性を特徴としている。この二種類の組織構造はそれぞれ長所もあれば，短所もある。それでは，現代企業はどのような組織構造を持つべきか。理論的には，垂直型組織と水平型組織の長所を生かすと同時に，それぞれの短所を避けるような組織構造が最も理想的である。しかし，現実の企業経営の世界では，このような理想的な組織構造を構築することが可能なのか，また可能であれば，いかに構築するのか。

特に 1990 年代以降，こういった課題に関する研究が数多くなされ，いくつかの組織構造モデルが提案された。代表的なものとして，ハマー（Michael Hammer）とチャンピー（James Champy）の「リエンジニアリング（Reengineering）」（Hammer and Champy, 1993）と，コッター（John P. Kotter）の「デュアル・システム（Dual Operating System）」（Kotter, 2014）が挙げられる。

ハマーとチャンピーは著書 *Reengineering the Corporation: A Manifesto for Business Revolution* の中で，リエンジニアリングという経営手法を提唱している。この著書の基本内容をまとめると，以下のようになる。

アメリカのビジネスの構造と企業の経営手法は，19 世紀および 20 世紀を通じて，200 年以上前に作られた一連の原則によって形作られてきた。しかし，絶え間なく変化する経営環境に直面している現代企業は，アダム・スミスの分業の原理に基づいて仕事のやり方を決める必要はないし，またそうすべきではない。分業志向の仕事は時代遅れである。その代わりに，企業は「プロセス」を重視して仕事を組み立てなければならない。そのために開発されたのがリエンジニアリングと呼ばれる手法である。

リエンジニアリングとは，開発や生産，営業といった職能別に分かれている組織を，顧客の満足を高めるという視点から，業務のプロセスごとに編成し直すことである。アメリカでは盛んに行われてきた企業改革の手法としてリストラクチャリング（リストラ）という手法もあるが，両者は次の点で決定的に異なる。リストラは仕事のプロセスには手をつけずに，単にそれを異なった組織に再配分することによって競争優位の回復を目指す。それに対して，リエンジニアリングは職能別の専門職化を排し，仕事の進め方そのものを抜本的に変えることにより，業績の劇的な向上を図るのである（Hammer and Champy, 1993）。

1990 年代初頭のアメリカの長期不況を背景に，リエンジニアリングという経営手法は，多くの企業に導入され，IBMやフォードなどの成功事例が報告されている。日本においてもちょうどバブル経済崩壊後の景気低迷期にあたり，この手法はビジネスプロセス・リエンジニアリング（Business Process Re-engineering：BPR）という名称で業務改革の手法として多くの企業に導入された。しかし，多くの場合はいわゆる人員削減の手段として用いられたため，結果的には日本においてBPRの導入は真に成功したとは言い難い。その原因の一部は導入の目的と導入方法にあるだろうが，根本的な原因はリエンジニアリングという経営手法の限界に関係していると考えられる。

一般的には，リエンジニアリングは，職能別組織ではなく，プロジェクト型組織によって業務プロセスの革新を推進する。確かに，プロジェクトチームは，硬直化した企業組織を活性化・効率化することができる。しかしながら，プロジェクト型組織は企業経営活動を行う永続的な組織形態として機能することが難しい。企業の経営活動を有効に運営するために，分業の原理に基づく職能別の階層を持った組織構造が他の構造より適切であることは世界中の多くの企業の実践によって明確に証明されている事実である。したがって，中間管理層をなくして階層組織を廃止するという必要はまったくない。組織を安定的かつ効率的に機能させるためには，よくできた階層構造が欠かせないのである。

では，現代企業を取り巻く経営環境が急速に変化する中で，激しい競争を勝ち抜くためには，どのような組織構造が望ましいのか。この問題に対して，ハーバード大学のコッターは，長年の調査研究の成果をまとめた著書の中で，独自の組織構造のモデルを示している。この著書の基本内容をまとめると，次のようになる。

どの企業も起業した当時は，戦略を実行する俊敏性や機動性を備えていた。しかし，企業が順調に成長してスタートアップの段階を過ぎると，早かれ遅かれ，効率化や最適化に軸足を移すことになる。その結果，企業はネットワーク組織から階層組織へと移行し，やがて階層組織の限界に直面するようになる。

階層組織の長所を生かすと同時に，俊敏性や機動性も持たせるためには，企業は階層型の組織構造を維持したまま，もう一つのネットワーク組織を作る必要がある。これは「デュアル・システム」と呼ばれる組織の二重構造である。ネットワーク部分は，起業当時の組織，すなわち組織図によって上下関係が明確化される前の組織に近いものである。

デュアル・システムは，細部は状況に応じて異なるものの，基本的なパターンは共通であり，五つの原則に基づき，運営されている。五つの原則とは，①社内のさまざまな部門から沢山のチェンジ・エージェントを動員すること，②「命じてやる」のではなくて「やりたい」気持ちを引き出すこと，③理性だけではなく感情に訴えること，④リーダーを増やすこと，⑤階層組織とネットワーク組織の連携を深めること，の五つである。

そして，ネットワーク組織の基本プロセスは，まず経営トップが率先して動く段階，次にネットワーク組織と階層組織が噛み合って一つのシステムとして機能する段階，そしていったん形成されたら止まることなく機能する段階の三つの段階からなる。そのプロセスを順調に推進するためには，①危機感を高める，②コア・グループを作る，③ビジョンを掲げ，イニシアチブを決める，④志願者を増やす，⑤障害物を取り除く，⑥早めに成果を祝う，⑦加速を維持する，⑧変革を体質化する，という八つのアクセラレータが不可欠である（Kotter, 2014）。

また，コッターは，著書の中でいくつかの成功事例を紹介している。事例の対象企業はどれも階層組織の長所を生かしながら，ネットワーク組織を作ることにより，俊敏性や機動性を持ちながら，成長を続けてきたという。そして，こうした成功事例を根拠として，デュアル・システムの有効性を主張しているのである。

コッターが提唱したデュアル・システム・モデルはこれまでの組織構造の概念を広めたという意味で，大いに評価されるべきであると思われる。今後の組織研究に対しても，有意義な示唆を与えていると言える。一方，このデュアル・システム・モデルに関してまだ大きな課題も残されている。すなわち，デュアル・システムの有効性をどのように測定・評価するかという課題である。階層組織の場合，事業計画の目標達成度が評価の基準となるが，ネットワーク組織の場合はそもそも事業計画を持たないため，質的な評価しかできない。そうなると，ネットワーク組織の評価が企業全体の評価との間に整合性を持つのかという問題が生じる。換言すれば，企業全体の目標の実現につながらないと，いくらネットワーク組織の運営によって，企業に俊敏性や機動性を持たせても意味がないのである。

以上の検討から分かるように，これまでの研究では，現代企業がどのような構造を持つべきかという問題についてさまざまなモデルが提唱されているが，いまだに多くの課題が残されている。組織均衡論によれば，理論的には組織の能率と有効性を高めることができるような組織構造が良い組織構造とされるが，先行研究では組織構造の優劣を判断する明確な基準が提示されていない。明確な判断基準がない状況の中で，上述した異なる組織構造の優劣に関する議論がいくら行われても，正確な結論を得ることができないのである。

そこで，本書では，まず組織構造の優劣を判断する基準を新たに提唱し，その基準に基づく現代企業の編成原理を明らかにし，現代企業に相応しい組織構造の構築を試みる。

2　組織構造によるコントロール

現代企業はどのような編成原理に従い，その組織構造を形成すべきなのか。そして，組織構造は企業のマネジメント・コントロールにおいてどのような役割を果たしているのか。

これらは現代企業のマネジメント・コントロール・システムの設計と運用を考える際に，まず検討しなければならない重要な課題である。

第3章で論述したように，現代企業はすべての利害関係者のために価値の創造と分配を行う組織である。現代企業の主権者は，社員と経営者と株主である。現代企業の目的は社員と経営者と株主との共通価値を最大化することである。したがって，現代企業は共通価値の最大化を組織編成の一つの基本原理とすべきである。そうすると，共通価値を効果的かつ効率的に創造することができるかどうかということは，組織構造の優劣を判断する基準となる。一方，分業の原理はあらゆる組織編成の基本原理の一つであり，現代企業も例外ではない。以下では，上述した基本原理と判断基準に基づき，価値連鎖の概念やデュアル・システムの概念を援用しながら，現代企業に相応しい組織構造のモデルを提唱する。

この組織構造のモデルは次の二つの組織構造から構成されている。まず，分業の原理に基づき，組織編成を行い，組織の構造を形作る。その結果，企業全体は階層的な組織構造をなすことになる。これは伝統的な企業でよく見られる階層型組織構造であるが，現代企業もこのような組織構造を基本とする。しかし，共通価値の最大化を目標とする現代企業にとっては，階層的な組織構造だけでは十分ではない。

次に，価値連鎖型の組織構造を構築する。価値創造の観点から見れば，企業の経営活動は，製品やサービスの買い手にとって，価値を作り出す一連の活動である。価値を作り出す主要な活動（主活動）は，購買物流，製造，出荷物流，販売・マーケティング，サービスからなる。主活動を支援する活動（支援活動）は，全般管理，労務管理，技術開発，調達活動から構成される。この一連の活動の流れは，それぞれの活動ごとに付加価値が追加されていくプロセスである。これらの活動のつながりは価値連鎖（value chain）と呼ばれる（Porter, 1985)。企業の価値連鎖を示しているのは図表 4-7 である。

図表 4-7 を見れば分かるように，付加価値を創造するのは生産部門と営業部門，いわゆるライン部門である。付加価値の創造活動を支援するのは，開発部門や経営管理部門など，いわゆるスタッフ部門である。それと同様に，第 3 章で提唱した共通価値を作り出すのはライン部門である。ライン部門の共通価値の創造活動を支援するのは，スタッフ部門である。

そこで，現代企業では，階層的な組織構造を維持したまま，共通価値の創造に適したもう一つの組織構造を構築する必要がある。この組織構造は共通価値の最大化原理に基づき，ライン部門を多数の独立採算の単位に分割するによっ

図表 4-7　企業の価値連鎖

主　活　動 →

	購買物流	製造	出荷物流	販売・マーケティング	サービス
支援活動	調達活動				
	技術開発				
	人事・労務管理				
	全般管理				

出所：Porter (1985), p.37.

て，編成される。こうした独立採算の単位を価値センターと呼ぶ。価値センターは，それぞれの事業を行うことによって，共通価値を創造することができる組織単位である。組織の各成員は，階層的な組織の部門に所属すると同時に，特定の価値センターのメンバーにもなる。企業の中で，各価値センターが相互に結びつき連鎖することによって，共通価値が生み出される。このように，価値連鎖型の組織構造が形成される。

一方，開発や管理など特定の業務を通じて，価値センターの共通価値創造活動を支援するスタッフ部門は，業務ごとに支援センターに分割される。こうした組織構造のもとで，価値センターおよび支援センターは，共通価値の創造を目標として，組織内部の意思決定機能，報告関係および責任分担を明確にする。各価値センターが生み出した価値の合計は企業全体が創造した共通価値となる。そして，企業組織のすべての成員と各価値センター，そして企業全体は，共通価値の創造という目標にベクトルを合わせるようになる。各成員は所属する価値センターにおいて価値創造活動に参加することによって，企業全体目標の達成に貢献する。それと同時に，企業組織から公正・公平に分配され，自分の貢献に見合った価値配分を受け取ることで，物質的・精神的な満足を獲得する。その結果，組織の均衡を実現・維持することができ，企業の長期的な存続と成長ができるようになる。

以上のように，価値センターを中心とした組織構造は，現代企業に相応しい組織構造として，企業組織の効率と有効性を高め，企業戦略の効果的な実施を行う基本事業単位となるのである。

第6節　管理会計と管理会計によるコントロール

1　マネジメント・コントロール・システムの中核的な構成要素としての管理会計

第2章の検討から分かるように，1960年代後半にアンソニーが提唱したマネジメント・コントロール・システムという学問分野は，管理会計の基本技法である予算管理や業績評価などを中心に構築されたものである。それ以降今日に至るまで，マネジメント・コントロール・システムの内容および範囲は，多くの研究者の研究により，拡大してきているが，管理会計がマネジメント・コントロール・システムの中核的な構成要素であることは変わっていない。なぜ管理会計はマネジメント・コントロール・システムの中核となる構成要素であり続けてきたのか。その理由は次の通りである。

本章の図表 4-2 により示されているように，マネジメント・コントロール・システムの役割は，企業の戦略を実施することにより，企業の業績を向上させることである。こうした戦略実施はマネジメント・コントロール・プロセスを通じて行われる。マネジメント・コントロール・プロセスは，計画策定 (Plan)，目標実現 (Do)，業績評価 (Check)，是正行動 (Action) の四つの段階から構成されている。この四つの段階は全体として一つの循環を形成しており，PDCA サイクルと呼ばれる。図表 4-8 はマネジメント・コントロールの PDCA サイクルを示している。

計画策定段階では，企業の経営戦略や経営計画を具体的な目標に落とし込む。目標実現段階では，経営活動を通じて目標の達成を図る。業績評価段階では，経営活動の実績を測定し，目標との比較を通じて，業績を評価する。是正行動の段階では，業績評価の結果に基づいて是正行動を行う。これで一つのサ

図表 4-8　マネジメント・コントロールの PDCA サイクル

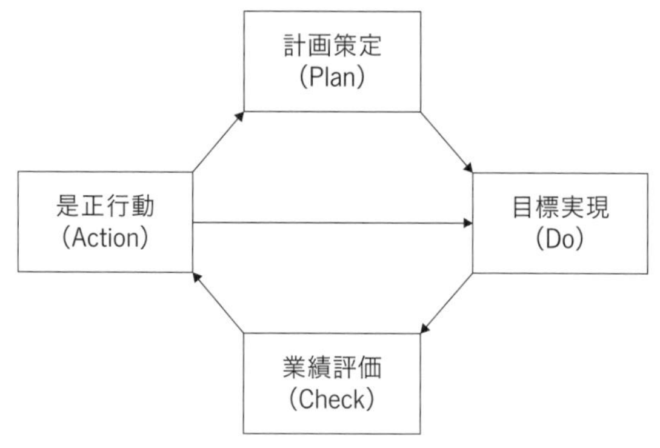

出所：筆者作成。

イクルが終了し，次のサイクルに入る。

企業の最も基本的な機能は経済的価値を生み出すことである。経済的価値の創造は，企業存続と発展を可能にするために，なくてはならない原動力である。企業の経営戦略の実施プロセスは，経済的価値の創造プロセスでもある。企業の戦略実施活動が効果的かつ効率的に行われているかどうかを判断するためには，企業内部の各部門や企業全体の価値創造活動の状況およびその結果に関する情報が必要となる。したがって，経済的価値を測定・評価する手法の存在はマネジメント・コントロールを機能させるための前提条件である。管理会計はマネジメント・コントロール・システムの三つの構成要素の中で唯一，経済的価値を測定・評価する機能を持つものである。そして，上述したPDCAサイクルを回すことによって，会計手法を用いてマネジメント・コントロールを実施するができるのも管理会計である。

第1章〜第3章までの検討によって明らかになったように，従来の管理会計は，伝統的な企業理論をベースにしており，現代企業の経営管理のツールとして，その適合性をすでに失っている。従来の管理会計は，経営管理者に対して，企業の経営管理に不可欠な経済的情報を提供することを目的としている。そのために，経営活動に関する原価や収益，利益など数量的なデータを認識し，測定し，記録し，要約し，報告するなど一連の作業を行う。ホーングレン管理会計の体系では，管理会計は管理者が組織の目的を実現するために役立つ情報を認識，測定，収集，分析，作成，説明，伝達するプロセスであると定義されている（Horngren et al., 2005）。このように，従来の管理会計は，会計アプローチに依拠しており，情報提供機能を管理会計の唯一の基本機能としている。そして，管理会計は，大きく意思決定会計と業績評価会計に大別される。意思決定会計はマネジメント・コントロールのプロセスにおける意思決定に必要な会計情報を提供することを目的とする管理会計の分野である。業績評価会計はマネジメント・コントロールのプロセスにおける業績評価に必要な情報の提供を目的とする管理会計の分野である。

本書では，管理アプローチに立脚しており，管理会計を次のように定義する。管理会計は企業組織の目的を効果的かつ効率的に達成するため，会計の手法を用いてマネジメント・コントロール活動を行うマネジメント・コントロール・システムの下位システムを指す。この定義では，情報提供機能に加えて，マネジメント・コントロール機能を管理会計の最も基本的な機能と見なしている。ただし，マネジメント・コントロール機能を管理会計の基本機能として位置づけることは，決して情報提供機能の役割を軽視するということではない。なぜかというと，マネジメント・コントロール機能は，情報提供機能とは独立して作用するのではなく，情報提供機能がうまく働くという状態を前提条件として，その機能を十分に発揮することができるからである。換言すれば，マネジメント・コントロール機能は，情報提供機能の支援なくしては有効に機能することができないのである。

このように，管理会計は情報提供機能とマネジメント・コントロール機能を同時に有するマネジメント・コントロールの手法であると言える。そして，こうした管理会計は，マネジメント・コントロール・システムの下位システムとして位置づけることができると考えられる。本書では，従来の管理会計と区別するために，以上のように定義される管理会計を現代管理会計と呼ぶことにする。現代管理会計と従来の管理会計との違いは，管理アプローチに依拠するか，それとも会計アプローチに依拠するかの区別だけではない，もう一つ本質的な相違点が存在する。それは管理会計の理論的土台となる企業理論に起因するものである。

従来の管理会計は，伝統的企業理論を理論的土台として構築されている。第3章で紹介したように，伝統的企業理論の基本原理は次の三点に要約できる。第一に，企業の主権者は資本を提供した株主である。第二に，企業の目的は株主価値の最大化である。第三に，企業の経営成果としての利益は株主に帰属すべきである。こうした伝統的企業理論に従えば，企業は資本のリターンである利益をできるだけ大きくするために経営活動を行わなければならない。そこでは，社員の給料と経営者の報酬は，利益を上げるために必要な代価（費用としての人件費）であると見なされる。利益の最大化を実現するためには，人件費を含むすべての費用を最小化しなければならない。

また，従来の管理会計は利益の最大化を実現するため，企業内部の経営管理者に有用な情報を提供することを目的としている。そのために，企業の業績を表す利益関連の指標に関する情報の収集と提供は，従来の管理会計の最も重要な役割であるとされている。

一方，現代管理会計は現代企業理論を理論的土台として構築されている。現代企業理論の基本原理をまとめると，次のようになる。第一に，企業の主権者は社員と経営者と株主である。第二に，企業の目的は社員と経営者と株主の三者の共通の利益である共通価値を最大化することである。第三に，共通価値は社員と経営者と株主のそれぞれの貢献に応じて，分配されるべきである。このような現代企業理論によれば，社員の給与と経営者の報酬は，企業の価値創造に対する貢献の見返りとして，企業の経営成果である付加価値を分け合う部分である。したがって，企業は資本のリターンである利益と労働のリターンである賃金（社員の給料と経営者の報酬）の両方を増やすために，経営活動を行わなければならない。

この現代企業論に基づき，現代管理会計はマネジメント・コントロール・システムの中でどのような役割を果たすべきなのか。すでに述べたように，マネジメント・コントロール・システムの役割は，企業の戦略を実施することにより，企業の業績を向上させることである。マネジメント・コントロール・システムの三つの構成要素は，企業戦略の実施においてそれぞれの役割を担っている。組織文化は，組織の目標を実現する方向へ，組織成員の行動を誘導し，目標一致による行動一致を達成する役割を果たしている。また，組織構造は企業組織の効率と有効性を高め，企業戦略の効果的な実施を支える土台としての役割を果たしている。

しかし，目標一致のもとで，組織成員および組織単位（各部門）の経営努力をいかに最大限に引き出すか，また，組織成員および組織単位の経営努力をいかに測定・評価・管理すべきか。これらはいわゆる業績管理の問題であり，企業戦略を成功裏に遂行するためにまず解決しなければならない問題である。そこで用いられるのが管理会計の業績管理システムである。

現代管理会計の業績管理システムはいかに構築されるべきか。業績管理システムの構築にあたって，次の四点を明らかにしなければならない。一つ目は業績を測定する尺度である。二つ目は業績管理の対象である。三つ目は業績管理の仕組みである。そして，四つ目は業績管理のプロセスである。

以下では，業績管理システムは，どのような業績評価尺度を用いるべきかについて検討する。

2　業績管理システムの業績測定尺度

一般的には，経済組織としての企業の経営活動を総合的に測定・評価するには，二種類の尺度が用いられる。一つは効果性に関する尺度であり，もう一つは，効率性に関する尺度である。効果性（effectiveness）とは，組織の目的に対する達成度をいう。一般的に，経営活動の結果が企業の目的や目標にいかに貢献したかで経営活動の効果性が測定される。効率性（efficiency）は経営活動に投入した経営資源からどれだけの成果が生み出されたかを指す。経営活動の効果が出るかどうかは，正しいことをしているかどうかに関わる問題である。それに対して，効率的に経営活動が行っているかどうかは，正しく仕事をしているかどうかに関わる問題である。企業の経営活動は，効果性と効率性を同時に追求しなければならない。

経営活動の効果性と効率性を測定・評価する尺度として，いわゆる生産性指標が用いられる。生産性（productivity）とは，産出に対する投入の寄与度を指す。生産性は一定の投入から生み出された産出と投入との比率で算定される。

　　生産性＝産出÷投入

生産性は企業経営活動の経済効率を測る指標として最も優れたものである。生産性の概念を操作可能にするためには，投入と産出を数量化する必要がある。数量化される投入と産出の数値は，物量値と金額値の二種類に分けることができる。産出の数値が物量値なのか，それとも金額値なのかによって，生産性は物的生産性と価値生産性に大別される。市場経済における企業の成果を測定する尺度として，加算の可能性や比較の可能性においては，物的生産性指標より価値生産性指標が優れている。したがって，企業の生産性を測定する尺度としては，通常，価値生産性が用いられる。一般的に，投入として用いられるのは直接に産出を生み出す最も重要な経営資源である。そのために，投入と産出の因果関係を認識しなければならない。

しかし，上述したように，投入と産出との間の因果関係に対する認識は，伝統的企業なのか，あるいは現代企業なのかといった企業形態の相違によって変わってくる。そして，それによって，生産性の意味も変わってくる。

伝統的企業理論によれば，株主は企業の主権者である。企業は資本を手段とし，株主のために利益を獲得する道具である。それゆえに，投入は資本で，産出は利益ということになる。投下資本から得られた利益は，利益余剰金として株主資本に加算され，株主に帰属する。株主資本は，株主が拠出した資本と利益との合計である[4]。この場合の生産性は，いわゆる収益性を意味する。収益性は，ROIにより測定される。株主利益の最大化という企業の目的は収益性を向上させることによって実現されるのである。

それに対して，現代企業理論では，社員と経営者と株主は企業の主権者である。しかも，価値創造への貢献度という観点からすれば，株主よりも社員および経営者のほうがもっと重要である。そうなると，生産性を計算する際に，投入として使うべきなのは，産出を作り出すために投下した資本ではなく，投下した労働である。投下した労働を表す指標として労働時間を用いるのは適切である。

一方，産出として何を用いるべきなのか。これまでの検討から分かるように，現代企業の場合，伝統的企業理論のように，産出の指標として利益を用いるのは適切ではない。現代企業の経営活動の成果を測定する指標として，共通価値を用いるべきである。したがって，産出の指標として一番相応しいのが共通価値となる。そうすると，現代企業の効率性は次の計算式で測定することができる。

時間当たり共通価値＝共通価値÷労働時間

時間当たり共通価値は，比較可能性を有する指標であり，共通の業績測定の尺度として企業全体の業績評価にも適していると同時に，企業の各部門の業績評価にも適している。したがって，現代管理会計では，業績評価の基本尺度として，共通価値および時間当たり共通価値を用いるべきである。

以上の検討から分かるように，現代管理会計の業績管理システムは，マネジメント・コントロールのPDCAサイクルを回すことにより，経営戦略を効果

4　厳密に定義すると，株主資本とは株主に帰属する純資産を指す。資本金，資本準備金，資本剰余金，利益準備金，利益剰余金からなる。

的かつ効率的に実施することができるのである。

企業は，経済的目的を実現するために，生産・営業などの経営活動を行う経済組織である。通常，企業の経営活動は，企業内部の各部門，すなわち企業の下位の組織単位によって実施される。そのために，企業は下位の組織単位に経営活動を行うために必要な権限を持たせると同時に，経営活動の結果に対する責任を持たさなければならない。このような企業内部の組織単位は管理責任センター（以下，責任センターと略する）と呼ばれる。業績管理の対象となるのは，責任センターである。

以下では，責任センターと責任センターの業績管理について検討する。

3　責任センターとその業績管理

責任センターは，一人の管理者の責任のもとで，特定の経営活動を行う組織単位である。各責任センターの目標は企業全体の目標を実現することである。各責任センターの目標を実現すれば，企業全体の目標を実現することになる。こういう意味では，企業そのものは責任センターの集合体であると言える。

一般的に，責任センターは職能別組織や事業部制組織などの組織構造に合わせる形で構築されている。責任センターの基本機能は，仕事を通して，材料，労働力，資本などの経営資源の投入を，製品・サービスなどの産出に転換することである。そのために，生産性指標を用いて，責任センターの業績を測定・評価することができる。

責任センターの業績管理を有効に行うために，その業績を適切に測定・評価しなければならない。そのために，効果性と効率性の両方を評価する尺度・指標が必要不可欠となる。しかしながら，従来の管理会計では，すべての責任センターに通用する効果性と効率性を測定する一貫性を持つ尺度・指標が用意されていない。

従来の管理会計では，投入と産出の評価にどのような指標を用いるかという観点から，責任センターは，原価センター，収益センター，利益センターなどに分類される。原価センターは，投入を原価または費用として測定・集計し，これに対して財務的責任を有する管理責任単位である。収益センターは，産出のみを収益として測定・集計し，これに対して財務的責任を持つ管理責任単位である。利益センターは投入と産出を費用と収益として測定・集計し，その差額としての利益に対して財務的責任を有する管理責任単位である。

一般的には，企業の経営活動は，主に製造，営業，研究開発，経営管理の四つの活動からなる。企業の価値を直接に創造するのは，製造活動と営業活動である。企業の価値創造活動を異なる側面から支援するのは研究開発活動や経営管理活動である。

以上の責任センターの分類によれば，製造活動を担当する生産部門，研究開発活動を担当する研究開発部門，そして経営管理活動を担当するスタッフ部門はすべて原価センターに属する。原価センターの業績は一般に標準原価や費用予算と実績との差異で評価・管理される。営業活動を行う営業部門は収益センターに属する。収益センターの業績は，達成目標との比較によって評価・管理される。四つの活動をすべて行う企業全体は利益センターである。原価と収益と利益の三つの指標の中，効果性と効率性を同時に反映しているのは，利益指標のみである。

従来の管理会計が目指す目標は，株主に帰属すべき利益を最大化することである。利益を最大化するために，収益を最大化するとともに，費用を最小化しなければならない。収益の最大化は収益センターである営業部門の目標となる。費用の最小化は原価センターである生産部門，研究開発部門，経営管理部門などの目標となる。しかし，ここでの費用には各責任センターで働く人間の報酬や給料（人件費）が含まれる。すなわち，利益を上げるために，人件費を含むすべての費用を削減しなければならないのである。そうなると，企業の目標と各責任センターの目標，そして責任センターで働く人間の目標との間に目標不一致問題が生じる。本来，管理会計の業績管理システムは，組織の中で働く成員の目標を組織全体の目標に一致させるように，組織成員を動機づけ，規律づける役割を果たさなければならない。この意味では，収益，費用，利益を評価の指標とした従来の管理会計の業績管理システムは，本質的な問題あるいは矛盾を内包していると言える。

それと対照的に，現代管理会計が目指す目標は，社員と経営者と株主に帰属すべき共通価値を最大化することである。現代企業では共通価値の最大化原理に基づき，生産部門と営業部門といったライン部門を中心に，企業全体を価値センターと呼ばれる独立採算の単位に細分化する。細分化された価値センターは，それぞれの事業を自主的に行うことによって，共通価値を創造する責任センターである。そして，各価値センターが相互に結びつくことによって，企業の中で，価値連鎖型の組織構造が形成される。また，開発部門と経営管理部門のようなスタッフ部門は業務ごとに支援センターに細分化される。

現代管理会計の業績管理システムは，価値センターと支援センターを管理責任単位とする。その業績管理システムでは，統一した業績評価の尺度として用いられるのは，共通価値および時間当たり共通価値である。こうした業績管理システムは，どのような仕組みにより，価値センターおよび支援センターの業績管理を行うのか。

以下では，業績管理の仕組みを明らかにする。

4　業績管理システムの仕組み

あらゆる企業はライン部門とスタッフ部門から構成されている。現代企業も例外ではない。分析の便宜上，次のような主要な職能部門を持つ現代企業をモデル企業として想定し，その業績管理の仕組みを明らかにする。

このモデル企業は生産部門および営業部門の二つのライン部門と，開発部門および管理部門の二つのスタッフ部門，計四つの職能部門を持つ。その中で管理部門は，企業の経営管理に関わるすべてのスタッフ部門を集めた部門である。モデル企業の中には，価値センターと支援センターとの二種類の責任センターが存在する。直接に共通価値を創造する責任を持つ生産部門および営業部門といったライン部門は価値センターである。一方，共通価値の創造活動を支援する責任を持つ開発部門と管理部門といったスタッフ部門は，支援センターである。図表 4-9 はモデル企業の価値センターと支援センターを示している。

まず，価値センターの業績管理の仕組みを見てみる。図表 4-9 の中では生産部の生産 1 課と生産 2 課および営業部の営業 1 課と営業 2 課は，これ以上細分化できない最も規模の小さい価値センターであると仮定する。また，分析の便宜上，モデル企業の製品を一つのみと仮定する。そうすると，この製品の生産と営業活動に関わるすべての価値センターは，一本の価値連鎖を形成する。この価値連鎖の両端の価値センターは直接に外部市場とつながっている。

図表 4-9　モデル企業の価値センターと支援センター

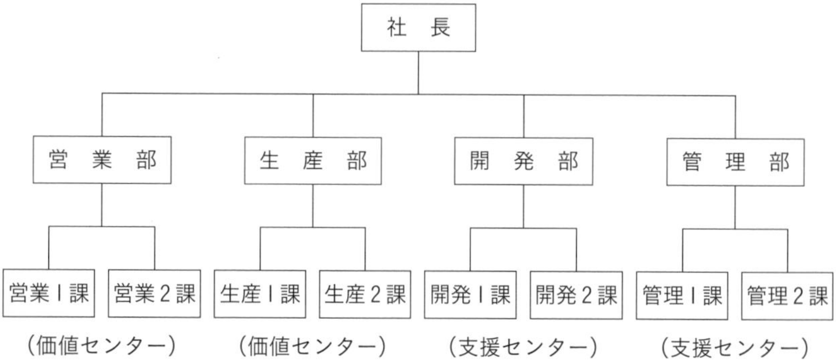

出所：筆者作成。

左側の価値センターは原材料，部品などを仕入れる市場とつながっており，右側の価値センターは製品を販売する市場とつながっている。これら二つの価値センターはそれぞれの外部市場に対応して経営活動を展開し，共通価値を作り出すことができる。それ以外の価値センターは，隣接する二つの価値センターとの間にモノやサービスのやりとり，すなわち内部取引を行う。価値センター間の内部取引は，内部取引価格を用いて行われる。内部取引価格は，製品の市場価格から逆算して決められる。このように，価値連鎖を通して，企業内部で市場のメカニズムが形成される。

このように，すべての価値センターはその経営活動に市場のメカニズムを導入することを通じて，付加価値と共通価値の向上を実現する。それでは，各価値センターは具体的に付加価値および共通価値をどのように向上させるのか，その仕組みを詳しく見てみる。

原材料の仕入市場の価格は，前給付原価の増減を直接に左右する。そして，その影響は価値連鎖を通じて，連鎖を構成する各価値センターに波及する。付加価値および共通価値を増大させるために，前給付原価を削減しなければならない。前給付原価は「原材料の購入価格×使用数量」で計算される。したがって，削減の方法としては二つの方法が挙げられる。一つはより低い価格で原材料などを仕入れることである。もう一つは，より少ない原材料で製品を作ることである。そのためには，製品技術や生産技術を向上させなければならない。いずれの方法でも，価値センターの成員は経営努力を通じて，前給付原価の削減を実現するのである。

一方，製品販売価格は，売上高の増減を直接に左右する。そして，その影響は価値連鎖を通じて，連鎖を構成する各価値センターに波及する。付加価値および共通価値を増大させるために，売上高を上げなければならない。売上高は「販売価格×販売数量」で算定される。したがって，売上高を上げる方法は，次の二つある。一つ目の方法は販売価格を上げることである。競争的な市場においては，販売価格は基本的に市場によって決まる。機能や品質，サービスなどの面で競争相手より良い製品を生産・提供できない場合は，無理に販売価格を上げると，製品が売れなくなる。もう一つの方法は，販売数量を増やすことである。どの方法を使っても，価値センターの経営努力が足りなければ，期待した効果が得られない。

以上のように，価値センターは，外部市場のメカニズムを取り入れながら，独立採算の中小企業のように各自の事業を展開する。そして，価値センターは市場の変化に対応して，拡大あるいは縮小，新設あるいは廃止などの形で柔軟に再編することができる。言うまでもなく，各価値センターは，企業全体の目的と方針に基づき，共通価値の創造活動を展開しなければならない。すなわち，各価値センターは他の価値センターと協力しながら，企業全体価値の最大化を目指して，価値創造活動に取り組まなければならない。

次は支援センターの業績管理の仕組みを分析する。図表4-9の中では開発部の開発1課と2課および管理部の管理1課と2課は，支援センターである。こうした支援センターは，その名の通り，生産部と営業部の価値創造活動を支援するための業務活動を行う。例えば，管理1課は，生産1課にあるサービスを提供するために業務活動を行う。もし，外部市場の価格を参考にしこのサービスの価格（時間当たり単価）を設定することができれば，「時間当たり単価×サービス提供時間」で，管理1課の生産1課へのサービス提供（販売）の収入（売上）を計算することができる。そして，サービス提供にかかったコストも分かれば，管理1課が生み出した付加価値あるいは共通価値を計算することができる。この場合は，管理1課は一つの価値センターになっている。

しかし，多くの場合は以上のような価格設定ができない。すなわち，管理1課は生産1課にサービスを提供するが，コストだけがかかって，実際に収入を得ることができない。この場合でも，管理1課は従来の管理会計のコスト・センターではない。なぜかというと，生産1課へのサービス提供にかかった管理1課の費用は，受益者負担の原則に従い，生産1課が負担することになる。その負担額は生産1課の付加価値あるいは共通価値を減らす要素となる。そうすると，生産1課は管理1課から受けたサービスから得られた利益と負担費用を比較し，採算が取れるかどうかを判断する。採算が取れないと判断した場合，生産1課は管理1課に対して，サービスの向上あるいは費用の削減を要求する。場合によっては，管理1課のサービス提供を拒否し，アウトソーシングを求める。こうした状況のもとで，管理1課は生産1課からの市場プレシャーを受けるので，サービス改善や費用削減のために，経営努力をしなければならない。このように，支援センターも市場の動きに影響を受けながら，価値センターの活動を支援することを通じて，企業の価値創造に貢献していくのである。

以上の検討により，現代企業の業績管理の仕組みを明らかにした。次は，業績管理のプロセスを説明する。

5　業績管理のプロセス

従来の管理会計では，業績管理を利益管理と呼ぶ。利益管理は利益計画と予算管理の総称である。第1章で紹介したように，先行研究では予算管理について多くの問題点や逆機能が指摘されてきた。特に固定業績契約などの問題は，ホープとフレーザーの脱予算経営を主張する根拠として挙げられている。しかしながら，予算管理のさまざまな問題の本質的な原因は，株主主権企業観のもとでの企業組織目標の不一致にあるのであって，予算管理のプロセスはPDCAサイクルを回すことであり，それ自体に問題があるわけではない。

第3章で述べたように，現代企業の目標は，社員と経営者と株主の共通する利益（共通価値の最大化）を追求することであるから，現代企業の経営管理においては目標不一致の問題が自ずと解消されている。経営者と社員の利害が一致するので，予算管理における予算ゲームや予算スラックのような問題を引き起こす要因はなくなる。そうすると，トップダウン型とボトムアップ型はどちらが良いかという議論の意味はなくなり，経営者のリーダーシップのもとで，各責任センター（価値センターと支援センター）は自身の業績管理を行うことになる。

現代企業は現代管理会計の業績管理システムを用いて，業績管理活動を行う。そこで業績評価の尺度として利用されるのは，共通価値および時間当たり共通価値である。業績管理のプロセスは，①計画策定段階，②執行統制段階，③業績評価段階との三つの段階からなる。図表4-10は業績管理のプロセスを示している。

計画策定段階では，各責任センターは企業の経営戦略や経営計画を責任センターの具体的な計画に落とし込む。価値センターは共通価値の目標と時間当たり共通価値の目標を立てて，その目標を実現するための方策を定める。支援センターは，価値センターの活動を支援するための目標を立てて，実行の方法を策定する。

執行統制段階では，各責任センターは経営活動を通じて各自の目標の達成を図る。業績評価段階では，各責任センターは経営活動の実績を測定し，目標との比較を通じて，業績を評価する。そして，評価の結果を次の計画策定に反映し，より適切な計画を策定する。これで一つのサイクルが終了し，次のサイクルに入る。

以上の説明から分かるように，この業績管理のプロセスは本章第6節の図表4-8で示されているマネジメント・コントロールのPDCAサイクルを成している。

従来の管理会計による業績管理のプロセスは通常，毎月1回のサイクルを回す。現代管理会計による業績管理は，毎週1回，究極的には毎日1回のサ

図表4-10　業績管理のプロセス

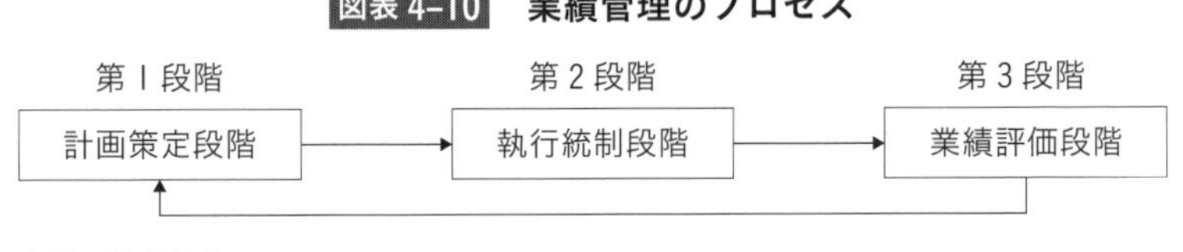

出所：筆者作成。

イクルを回すことで，なるべくプロセスの周期を短くする。これによって，各責任センターは現場のリアルの情報をタイムリーに利用することができるようになり，業績を効果的かつ効率的に向上させることができるのである。

6　現代管理会計と従来の管理会計の比較

以上の検討を通じて，現代管理会計のマネジメント・コントロール機能とその仕組みを明らかにした。ここでは，従来の管理会計との比較を通じて，現代管理会計の特徴を明らかにする。図表 4-11 は七つの比較項目から現代管理会計と従来の管理会計を比較している。

第一に，従来の管理会計は，情報提供機能を基本機能とする。現代管理会計は，情報提供機能のほかにマネジメント・コントロール機能を基本機能とする。また，情報提供機能が有効に働くことを，マネジメント・コントロール機能が有効に作用する前提条件と見なしている。第二に，従来の管理会計は株主

図表 4-11　現代管理会計と従来の管理会計の比較

比較項目	従来の管理会計	現代管理会計
基本機能	情報提供機能	マネジメント・コントロール機能と情報提供機能
目標	株主価値の最大化	社員と経営者と株主の共通価値の最大化
計画と意思決定	トップダウン型，集権型	全員参加型，分権型
執行と統制	・上司は計画目標を実現すべき，部下の行動をリモート・コントロールする ・部下は上司の指示通り計画を執行する	・現場管理者と社員は自主的に所属の価値センターおよび支援センターの経営活動を行う ・経営者は責任センターに資源を提供し，その経営活動を支援する
業績評価尺度	利益，資本利益率，収益，原価	共通価値，時間当たり共通価値
責任センター	利益センター，原価センター，収益センター	価値センター，支援センター
業績管理の仕組み	固定業績契約	協働の仕組みと市場メカニズム

出所：ト（2017），51 頁，表 3 を修正。

主権企業観に立脚しており，株主価値の最大化を目標としている。現代管理会計は現代企業理論を理論的土台として構築され，社員と経営者と株主の共通価値の最大化を目標としている。第三に，従来の管理会計では，企業の計画と意思決定は経営者がトップダウンで集権的に行われる。現代管理会計では，計画と意思決定は全員参加の形で分権的になされる。第四に，従来の管理会計では，上司と部下は計画の執行と統制において次のように役割を分担する。上司の役割は計画目標を実現すべく，部下の行動をリモート・コントロールすることである。そして，部下の役割は上司の指示通り計画を執行することである。それと対照的に，現代管理会計では，執行と統制は次のように行われる。現場管理者と社員は，自分が所属する価値センターおよび支援センターにおいて，企業全体の目標を実現するために，自主的に経営活動を行う。経営者の役割は各価値センターや支援センターに必要な経営資源を提供し，その経営活動を支援することである。

第五に，従来の管理会計の業績管理システムは利益や資本利益率，収益，原価を業績評価の尺度としている。現代管理会計の業績管理システムは，共通価値，時間当たり共通価値を業績評価の尺度として用いる。第六に，従来の管理会計の責任センターは，利益センター，原価センター，収益センターからなる。そこで，ライン部門である生産部門（原価センター）と販売部門（収益センター）は実際に利益を生み出す源泉であるにもかかわらず，利益に対する責任を持たない。現代管理会計では，責任センターは価値センターと支援センターの二種類である。ライン部門である生産部門および販売部門は直接に共通価値を作り出す価値センターである。また，スタッフ部門である開発部門や管理部門は従来の管理会計の原価センターではない。なぜかというと，価値センターの活動を支援しながら，価値センターからサービス向上と原価削減の圧力を受けているからである。

最後に，従来の管理会計は通常上司と部下との間の固定業績契約を用いて業績管理を行う。これはいわゆる業績連動型報酬制度による業績管理である。その特徴は次の点である。第一に，短期的業績を重視する，第二に利益，資本利益率，収益，原価など多様な尺度を用いる，第三に，金銭など外的動機づけを重視する。それと対照的に，現代管理会計は協働の仕組みと市場メカニズムを用いて業績管理を行う。現代企業は組織の存続と成長を実現することをすべての組織成員の共通する目標としている。目標を共有することによって，個人と所属部門，そして企業全体との間は，いわゆるウィンウィン関係が確立され，協働意欲（あるいは貢献意欲）が生まれる。そうすると，企業組織は能率と有効性を同時に達成し，均衡状態を実現し維持することができる。ここでは，この仕組みを協働の仕組みと呼ぶ。このように，現代企業ではこの協働の仕組みが内包されているのである。

しかしながら，現代企業は協働の仕組みだけを利用するのでは，経営戦略を成功裏に遂行することができない。現代経済は自由競争の市場経済である。現代企業は激しい競争の中で勝ち抜くために，競争相手を常に意識しながら，戦略を策定し，実行しなければならない。それゆえに，外部市場のメカニズムを企業内部へ取り入れることは必要不可欠である。外部市場のメカニズムの導入によって，各価値センターは市場の動きに対応しながら，価値創造活動を展開することが可能となる。以上のように，現代管理会計は，協働の仕組みと市場メカニズムをバランスよく利用しながら，業績管理を行うのである。

第7節　現代マネジメント・コントロール・システムの特徴

本章の第3節～第6節では，現代マネジメント・コントロール・システムの理論的枠組みを提唱したうえで，マネジメント・コントロール・システムの構成要素の基本機能とメカニズムを分析した。その結果，従来のマネジメント・コントロール・システムに代わる新しいマネジメント・コントロール・システムとして，現代マネジメント・コントロール・システムを構築するという本書の目的を達成することができたと思われる。言うまでもなく，この現代マネジメント・コントロール・システムは，従来のマネジメント・コントロール・システムとは，さまざまな面において異なる特徴を有する。

本節では従来のマネジメント・コントロール・システムとの比較をしながら，現代マネジメント・コントロール・システムの特徴を明らかにする。図表

4-12は六つの比較項目から現代マネジメント・コントロール・システムと従来のマネジメント・コントロール・システムを比較したものである。

まず，従来のマネジメント・コントロール・システムと同様に，現代マネジメント・コントロール・システムの基本機能も企業戦略を実施することである。次に，従来のマネジメント・コントロール・システムは伝統的企業理論を理論的基礎としている。現代マネジメント・コントロール・システムは現代企業理論を理論的土台としている。そして，理論的基礎の相違から，組織目標に関する認識と目標一致の達成方法が異なってくる。従来のマネジメント・コントロール・システムは株主価値の最大化を組織の目標と認識し，外的動機づけによって目標一致を達成させようとしている。現代マネジメント・コントロール・システムは，社員と経営者と株主の共通価値の最大化を組織目標と見なし，内的動機づけによって目標一致を達成させようとしている。

さらに，従来のマネジメント・コントロール・システムは，予算管理や業績評価など管理会計の手法を構成要素として構築されている。従来の管理会計の問題点は第2章と第4章ですでに検討しているが，その多くは従来のマネジメント・コントロール・システムの問題に直接に起因している。現代マネジメ

図表4-12　従来と現代のマネジメント・コントロール・システムの比較

比較対象 比較項目	従来のマネジメント・コントロール・システム	現代マネジメント・コントロール・システム
基本機能	企業戦略の実施	企業戦略の実施
理論基礎	伝統的企業理論	現代企業理論
組織目標	株主価値の最大化	社員と経営者と株主の共通価値の最大化
目標一致の達成方法	外的動機づけによる目標一致	内的動機づけによる目標一致
構成要素	従来の管理会計	企業文化，組織構造，現代管理会計
作用原理	分業原理	分業原理と市場メカニズムの内部化

出所：筆者作成。

ント・コントロール・システムは組織文化，組織構造，管理会計の三つの構成要素からなる。従来のマネジメント・コントロール・システムと比べると，現代マネジメント・コントロール・システムの特徴は，一般システム論の基本原理に適合している。すなわち，組織文化，組織構造，管理会計といった三つの要素は下位システムとして相互に作用し合いながら調和し，全体としてまとまった存在を成しているのである。本章第4節では，組織文化，組織構造，そして管理会計のそれぞれの基本機能を分析した。以下では，三つの構成要素の相互作用のメカニズムを明らかにする。

組織文化は組織成員に共有される価値観とそれに基づく行動規範である。現代企業では，社員と経営者と株主が企業の主権者として，共通する利害関係を有する。こうした共通利害関係に基づいて，組織成員に共有できる組織文化を作ることができる。すなわち，共通価値の創造を目指す現代企業の組織文化である。こうした組織文化は組織成員の目標を組織目標に一致させ，成員の行動一致を実現させる役割を果たしている。これは組織文化によるコントロール機能である。

アンソニーのマネジメント・コントロール・システム理論では，組織文化が戦略実施の枠組みの中に含まれるものの，組織文化のコントロール機能についてはまったく言及されていない。また，マーチャントのマネジメント・コントロール・システム理論は，組織文化をコントロールの手法として取り上げているが，組織構造との関係に触れていない。しかしながら，組織文化のコントロール機能は，ある一定の組織構造のもとで果たされるのである。企業という組織は，多くの組織単位からなる集合体であり，孤立した一人ひとりの成員から直接に構成されているものではない。したがって，組織文化は，企業レベル，組織単位レベル，さらに個人レベルにおいて共有されなければならない。また，行動一致も，ある一定の組織構造のもとで実現されるものである。

そのために，組織構造は組織文化との連携を考慮に入れながら設計しなければならない。伝統的企業では分業の原理に従い，階層的な組織構造を築く。現代企業では分業の原理に基づく組織構造を持ちながら，共通価値の最大化原理に従い，価値連鎖型のもう一つの組織構造を構築する。現代企業はこのような組織構造のもとで，経済的価値を創造し続けることによって，組織の効率と有効性を同時に向上させるのである。

経済的価値の創造活動を効果的かつ効率的に行うために，経済的情報の提供システムと業績管理の手法が必要不可欠である。こうした役割を担うのは言うまでもなく管理会計である。現代管理会計は共通価値や時間当たり共通価値を業績評価の尺度として，PDCA サイクルを回すことにより，価値センターにおける価値創造の活動を展開する。そして，分業の原理と市場メカニズムの内部化を十分に利用して，組織成員の能力を最大限に発揮させることを通じて，共通価値の最大化を図る。

以上の分析から，従来のマネジメント・コントロール・システムと比較すると，現代マネジメント・コントロール・システムの最も顕著な特徴は，整合的で一貫性のある経営管理システムであることが明らかになった。三つの構成要素は，企業戦略の実施において相互に作用しながらそれぞれの役割を担っている。組織文化は，組織の目標を実現する方向へ，組織成員の行動を誘導し，目標一致による行動一致を達成する役割を果たしている。組織構造は企業組織の効率と有効性を高め，企業戦略の効果的な実施を支える土台としての役割を果たしている。管理会計は経営の最前線にある価値センターの業績管理を行うことによって，企業の業績を向上させる役割を果たしている。

そして，現代マネジメント・コントロール・システムは全体として，戦略を成功裏に実施するための首尾一貫したマネジメント・モデルとなっている。こうした現代マネジメント・コントロール・システムでは，先行研究で指摘されてきた管理会計の適合性喪失問題と，予算ゲームや予算スラックなどの伝統的予算管理の問題が解消されると考えられる。

第 8 節　本章の要約

本章では従来のマネジメント・コントロール・システムに取って代わる新しいマネジメント・コントロール・システムを提唱した。第 1 節では，これまでの各章の論点を整理し，本章の目的と構成を示した。第 2 節はマネジメント・コントロール・システムの理論構築の方法論について検討した。まず，一般システム論の基本概念と基本原理を紹介し，企業組織の均衡状態について論じた。次に組織均衡論の基本内容と基本原理を説明し，組織の均衡を維持するための基本条件を検討した。最後に，一般システム論と組織均衡論の基本原理に基づいて，マネジメント・コントロール・システムの理論を構築しなければならないことを結論付けた。

第3節では，現代マネジメント・コントロール・システムの理論的枠組みを提唱した。まず，先行研究におけるマネジメント・コントロール・システムの構成要素に関する議論を整理し，次の二つの研究課題を明らかにした。すなわち，第一に，マネジメント・コントロール・システムはどのような要素によって構成されるか，第二に，各要素の間にどのような関係があるか，また全体として整合性を持つか，の二つの課題である。次に，マネジメント・コントロール・システムの理論的枠組みを提唱し，マネジメント・コントロール・システムの新しい定義を提示した。そして，従来の定義と比較しながら，新しい定義の特徴を明らかにした。

続き第4～6節では，現代マネジメント・コントロール・システムの各構成要素とその基本機能を詳しく分析した。第4節では，組織文化と組織文化によるコントロールについて考察した。まず先行研究における組織文化に関する議論を整理し，組織文化を新たに定義し，その役割を確認した。次に伝統的な企業では，目標不一致の問題が存在しているため，組織文化はそのコントロール機能を十分に発揮することができないと論じた。そのうえで，現代企業理論では，目標一致のもとで，組織文化は，組織成員の行動を共通目標へ向けさせる機能を果たすことができると結論付けた。

第5節は組織構造と組織構造によるコントロールについて検討した。まず，組織構造の概念を紹介し，組織構造と組織有効性との関係を考察した。次に組織戦略や環境要因と組織構造の関係に関する先行研究を整理したうえ，組織構造を規定する基本要素と編成原理を考察した。また，垂直型組織と水平型組織の特徴を分析した。さらに近年，研究者および実務家の注目を集めているデュアル・システムと呼ばれる組織構造の特徴を考察した。これらの考察を通じて，組織構造の優劣を判断する明確な基準が示されていないという先行研究の問題点を指摘した。こうした指摘を踏まえて，共通価値の創造が現代企業の組織構造の優劣を判断する基準であることを提唱した。そして，共通価値創造の基準と分業の原理に基づいて，現代企業に適合する価値センターを中心とした組織構造を提唱し，その組織構造によるコントロールの仕組みを明らかにした。

第6節は管理会計と管理会計によるコントロールについて考察した。まず，マネジメント・コントロール・システムの役割を再検討し，管理会計がマネジメント・コントロール・システムの中核となる構成要素であることを確認した。そして，マネジメント・コントロール・システムにおける現代管理会計の役割を考察した。次に，現代管理会計の業績管理システムでは，共通価値および時間当たり共通価値を，業績評価の尺度として利用すべき理由を説明した。また，従来の管理会計の責任センターと比較しながら，現代管理会計の責任センターである価値センターと支援センターの特徴を明らかにした。そして，価値センターと支援センターの行動原理と相互関係を分析し，業績管理の仕組みを解明した。さらに，PDCAサイクルによる業績管理のプロセスを明らかにした。最後に，現代管理会計と従来の管理会計を比較し，現代管理会計の特徴を分析した。それによって，現代管理会計が協働の仕組みと市場メカニズムを併用しながら，マネジメント・コントロール機能を発揮していることを明らかにした。

第7節は従来のマネジメント・コントロール・システムとの比較を通じて，現代マネジメント・コントロール・システムの特徴と本質を検討した。それによって次の結論が得られた。まず，現代マネジメント・コントロール・システムの特徴は，整合的で一貫性のある経営管理システムであることである。そして，現代マネジメント・コントロール・システムは，経営戦略を成功裏に実施するための首尾一貫した経営モデルということである。

本書の目的は，従来のマネジメント・コントロール・システムに代わる新しいマネジメント・コントロール・システムを構築することにある。こうした目的を実現するために，本章では，現代マネジメント・コントロール・システムの理論を提唱した。この現代マネジメント・コントロール・システムは，単なる整合的で一貫性を持つ理論的な経営モデルではなく，実務においてはすでにさまざまな形で実践されている。事実上，それに近い方法で経営管理を行っている優良企業が数多く存在する。その典型的な事例は京セラのアメーバ経営である。次章では，アメーバ経営を現代マネジメント・コントロール・システムとして位置づけ，アメーバ経営の本質とメカニズムを検討する。

第5章

現代マネジメント・コントロール・システムとしてのアメーバ経営

第1節　はじめに

第4章では従来のマネジメント・コントロール・システムに代わる新しいマネジメント・コントロール・システムの構築を試み，現代マネジメント・コントロール・システムを提唱している。現代マネジメント・コントロール・システムは第3章で提示した現代企業理論を理論的な土台として，一般システム論と組織均衡論に基づいて構築されており，整合的で一貫性を有する理論的な経営モデルである。しかし，こうした経営モデルは決して机上の空論ではない。日本企業の経営実務の中で，それと同じ原理原則で経営を実践している事例は少なくない。典型的な事例としては京セラのアメーバ経営が挙げられる。

京セラは，日本を代表する電子機器企業であり，ホンダやソニーなどと並んで，戦後最も成功したベンチャー企業と言われている。京セラの前身である京都セラミックは，1959年4月1日に当時27歳の稲盛和夫が28名の同志とともに，資本金300万円で創業した無名の地方企業である。当初はテレビ用の部品を松下電器産業株式会社（現パナソニック株式会社）に納めていた。1960年代，京セラはコンピュータのIC（集積回路）パッケージ事業の成功によって飛躍的に業績を伸ばした。その後，ファインセラミックの技術をベースに，次々と新しい分野を開拓してきた。同社は創業以来ほぼ一貫して成長を続け，60年連続黒字決算を達成し，業界トップクラスの収益性を誇る超優良企業である。1974年に東京証券取引所第一部に株式を上場し，そして1980年にはニューヨーク証券取引所にも株式上場を果たした。このように，同社は創業してからたった20年で，京都の小さな町工場から日本を代表する多国籍企業に変身したのである。

2021年3月31日現在，京セラは資本金1157億円，グループ会社数308社，従業員数約7万8500人，売上高約1兆5270億の巨大企業グループになっている。日本国内だけではなく，アジア，ヨーロッパ，アメリカ，そして他の地域にも事業を展開している。事業セグメントは，コアコンポーネント，電子部品，ソリューションの大きく3つに分かれている。

京セラの飛躍的な成長と好業績を支えてきたのは，アメーバ経営と呼ばれる経営管理システムである。アメーバ経営とは，会社全体の組織を，機能別・役割別に細分化し，臨機応変に変化させ，それぞれの組織が，「時間当たり採算」という統一した評価基準により部門別に採算を求め，全社員に経営者意識を醸成することを可能にしてきた京セラ独自の経営システムである。アメーバ経営は，京セラの創業者である稲盛和夫（現名誉会長）が京セラを創業してから長年の経営実践の中で作り出した経営管理の手法であり，当初から門外不出とされていた会社の「宝」（企業秘密）である。そのため，国友（1985）のようなアメーバ経営を紹介するビジネス書籍が出版されるまでは，アメーバ経営の存在自体がほとんど知られていなかった。

1990年代前後から，アメーバ経営は日本の管理会計研究者に注目されるようになった。浜田（1989）はアメーバ経営を管理会計の立場から考察し，アメーバ方式による利益管理の特徴を分析した。また，その頃から日本の管理会計研究者が英文で日本的管理会計に関する論文（Hiromoto, 1988）や著書（Monden and Sakurai, 1989）を発表し始めた。Monden and Sakurai（1989）では，アメーバ経営が日本の管理会計手法の一つとして紹介された。これが引き金となり，アメーバ経営は欧米の管理会計研究者の注目を集め，欧米でも研究されるようになった。こうした中でアメリカの管理会計学者クーパーは1995年に著書 *When Lean Enterprises Collide*（Cooper, 1995）を出版し，ミニ・プロフィットセンター（Micro Profit Center：MPC）という概念を用いて，京セラのアメーバ利益センターシステムを説明した。クーパーの研究をきっかけに，日本ではアメーバ経営に関する研究は盛んに行われるようになった。

これまでの研究は，多様なアプローチを用いながら，主に管理会計分野を中心に展開されてきており，多くの成果が生み出されてきた。例えば，三矢（2003）やアメーバ経営学術研究会（2010），潮（2013）では，京セラのアメーバ経営に対する調査・分析を通じて，MPCとしてのアメーバ経営の仕組み，アメーバ経営における管理会計システムの特徴などが明らかになった。また，庵谷（2018）では，ホテル企業2社のアメーバ経営の導入事例に関する研究によって，アメーバ経営の管理会計システムの多様性が確認された。

しかし，アメーバ経営には，時間当たり採算のような管理会計システムのほかに，アメーバ組織や京セラフィロソフィ（経営哲学）といった構成要素が存在する。確かに先行研究の中にはアメーバ組織や経営哲学と管理会計との関係に着目した研究が一部見られるものの，アメーバ経営の各構成要素はそれぞれどのような役割を果たしているのか，そして，一つの経営管理のシステムとしてアメーバ経営はどのようなメカニズムを通じて，機能しているのかといった問題については，研究者の間には共通した見解がいまだに形成されていないのが現状である。

以上の問題の根底には，「アメーバ経営とは何か」に関する基本認識の違いが存在すると考えられる。本章の目的はアメーバ経営の本質とメカニズムを明らかにすることである。そのために本章では第4章の議論を踏まえて，アメーバ経営を現代マネジメント・コントロール・システムとして位置づけることを試みる。

第2節　アメーバ経営に関する先行研究

これまではアメーバ経営について理論的および実務的な観点から多くの研究がなされてきた。本節では，理論的な研究を中心に先行研究のレビューを行う。研究の着目点により分類すると，先行研究は大きく①MPC概念を用いた研究（以下，MPC研究と略称する），②部分最適・全体最適の概念を用いた研究（以下，最適化研究と略称する），③フィロソフィの具現化に関する研究（以下，フィロソフィ具現化研究と略称する），④マネジメント・コントロール・システムの枠組みを用いた研究（以下，MCS研究と略称する）の四種類に分けることができる。以下では，それぞれの代表的な研究を取り上げ，主な論点を整理すると同時に，問題点を指摘する。

1　MPC研究

MPC研究はアメーバ経営を理論化するための初めての試みであると言える。第1節で説明したように，MPC概念を最初に提唱したのはクーパーである。Cooper（1995）では，京セラのアメーバ経営をMPCの実践例として考察し，アメーバ経営の特徴として，①利益センターの規模が小さいこと，②各利益センターの利益責任が真性（real）であること，③頻繁かつ柔軟に組織再編が行われること，という三つの特徴を挙げた。この研究の最大の貢献は，小さな利益センターというアメーバ経営の特徴を抽出し，MPCという新しい概念を創出したことにある。こうしたクーパーの研究に触発され，多くの理論的な研究がなされてきた。代表的な研究として，谷（1999），三矢（2003）を挙げることができる。

谷（1999）は，MPCを事業部よりさらに下位の現場に利益責任を設定し，その組織単位に権限を委譲する利益管理システムと定義し，聞き取り調査から，アメーバ経営の要素として，①任せる経営，②時間当たり採算による採算表，③一対一対応の原則，④マーケットインの価格設定と忌避宣言権，⑤徹底したPDCA，⑥高い目標，⑦階層的会議体の七つを取り上げ，各要素がアメーバ経営によるエンパワーメントにどのように関連しているのかを示した。三矢（2003）はクーパーの研究をアメーバ経営についての唯一の先駆的研究として高く評価しながら，MPC概念を批判的に検討したうえで，体系的なMPC理論の構築を試みた。具体的には，三つの事例調査に基づく定量的および定性的分析を通じて，アメーバ経営のメカニズムとして，組織構造，管理者行動，コントロール・システムに関する分析から，アメーバ経営の基本機能は，組織，管理会計，トップの経営哲学が有機的に結びつくことにより，企業家的なリーダーを育てることにあることを明らかにした。

2　最適化研究

最適化研究とは，アメーバ経営の組織構造と管理会計システムに焦点を当てて，部分最適と全体最適の仕組みを解明しようとする研究である。従来の管理会計の教科書によれば，事業部制組織のように，組織単位が特定の市場において生産と販売のライン機能を同時に持つことで，利益責任を果たすことができるとされている。しかし，アメーバ経営では製造工程別や営業所の担当製品別といった小さな組織単位に利益責任を持たせ，またそのリーダーに組織単位の経営を任せている。その場合，各アメーバの目標と会社全体の目標と一致しない状況の発生が想定される。そこで，各アメーバの目標達成（部分最適）はどのように会社全体の目標達成（全体最適）につながるかというのは重要な研究課題となる。この課題に取り組む研究がいわゆる最適化研究である。代表的な研究は上総・澤邉（2005），潮（2008）である。

上総・澤邉（2005）ではアメーバ組織を事業部制組織との関連で位置づけるのは適切ではなく，むしろ職能部門別組織が発展した組織として位置づけるべきであると指摘し，アメーバ組織の革新性を論じている。さらに，アメーバ組織では，時間当たり採算の追求から生まれるアメーバ間の「速度連鎖効果」を通じて連続する多数のアメーバが，最も高い水準にあるアメーバへ同期していくことにより，各アメーバの部分最適化が会社全体の利益最大化を導く利益連鎖管理が展開されると分析している。そして，京セラ管理会計の最大の特徴はこの利益連鎖管理にあると結論付けた。

潮（2008）は時間当たり採算公式とアメーバ間の時間振替を用いて，利益連鎖管理による全体最適実現の仕組みを説明している。時間当たり採算を資本利益率と時間当たり投資額に分解し，作業効率の向上によって余剰時間（余剰生産能力）が発生した場合はアメーバ間で余剰時間を振り替えることで，時間当たり採算と時間当たり投資額を向上させることができるという利益連鎖管理のプロセスを示している。そして，これによってアメーバ経営における全体最適が達成されると結論付けている。

3　フィロソフィ具現化研究

アメーバ経営には，時間当たり採算という管理会計システム，アメーバ組織という組織構造のほかに，京セラフィロソフィといった要素も含まれる。アメーバ経営の生みの親である稲盛和夫は，経営には哲学が欠かせないという持論を持ち，アメーバ経営を支えるのが京セラフィロソフィであると主張している（稲盛，2006）。したがって，フィロソフィがどのように管理会計システムに具現化され，組織成員に影響を与えているのかを究明することは，アメーバ経営研究の重要な課題の一つであると言える。管理会計システムとの関連性からアメーバ経営におけるフィロソフィの役割を論理的に解明しようとするのがフィロソフィ具現化研究である。代表的な研究として，水野（1999，2008），潮（2006，2013），澤邉（2010）が挙げられる。

水野（1999）は付加価値管理会計の特徴として，①企業の生産性および社会性（分配性）の分析に必要な会計情報を経営管理者に提供し，意思決定や業績評価，成果配分の改善に役立つこと，②人件費を単なる原価・費用とは見なさずに付加価値から分配される労働成果と考えられており，労使が一体となりうる経営共同体理念を有していること，③従来の利益管理会計の伝統的な手法を多く援用することが可能であることの三つを指摘したうえで，京セラのアメーバ経営を付加価値管理会計の具体的な適用と展開の一形態として位置づけている。また，水野（2008）では，京セラの経営理念は，付加価値管理会計の本質的な特徴である経営共同体理念と付加価値が持つ社会性という経営思想とが合致していると主張し，京セラ管理会計の生産性志向と理念性志向を明らかにしている。

潮（2006）は京セラグループに対する実地調査から得られた事実をベースに，京セラフィロソフィが時間当たり採算にどのように具現化されているかを検討した。その結果，アメーバ経営においては，時間当たり採算に京セラフィロソフィが具現化され，これを通じて京セラフィロソフィが全従業員によって実践されていることが明らかになった。さらに，潮（2013）は時間当たり採算の歴史的変遷過程を考察しながら，京セラフィロソフィをいかに具現化していたのかを究明している。

一方，澤邉（2010）は京セラフィロソフィの特徴を四つの基本的な考え方，すなわち，①大家族主義，②市場基準競争主義，③理想主義，④現実主義として整理し，それらの基本的な考え方がアメーバ経営の管理会計の中に明確に組み込まれていることを示している。具体的には，大家族主義がアメーバ利益の計算構造に，市場基準競争主義が時間当たりアメーバ利益をめぐるアメーバ間の競争に，理想主義が高い目標の設定に，現実主義が具体的行動計画を織り込んだ予定の作り込みにそれぞれ反映されていると論じている。そして，アメーバ経営の経営理念を組み込んだ管理会計実践は，アメーバリーダーが「経営者」として取り組むべき根源的な課題を可視化することで賢慮を生み育む仕組みとなっていると結論付けている。

4　MCS研究

以上紹介した先行研究は，主にアメーバ経営の管理会計システムに焦点を当てて，アメーバ経営を解釈しようとするものである。一方，より広い視点でアメーバ経営の本質を把握しようとするのが MCS 研究である。MCS 研究の共通点は第 2 章第 3 節で紹介したマネジメント・コントロール・システム理論を用いてアメーバ経営を説明する点である。代表的な研究として，三矢（2003），谷・窪田（2010），劉（2018）が挙げられる。

三矢（2003）はサイモンズの提唱する四つのコントロール・レバーに基づいてアメーバ経営を考察し，診断型コントロール・システムとして時間当たり採算の PDCA を，対話型コントロール・システムとして年間や月次の目標策定とアメーバ間の売買交渉を，信条システムおよび境界システムとして京セラフィロソフィを，それぞれ位置づけることができると主張している。谷・窪田（2010）は，マーチャントのコントロールの対象を基準にした枠組みを援用しながら，アメーバ経営のメカニズムを次のように分析している。まず，時間当たり採算を対象にするコントロールとマスタープランの策定や予定組が成果コントロールとして位置づけられる。次に，時間当たり採算に関する社内ルールや手続きが，組織成員の行動に制約を与えているために，行動コントロールとして位置づけられる。最後に，京セラフィロソフィやその教育・訓練が，アメーバ経営における人的・文化のコントロールである。

劉（2018）はマルミとブラウンのマネジメント・コントロール・パッケージを用いて，アメーバ経営における計画コントロール，診断型コントロール，報酬コントロール，管理的コントロール，文化的コントロールの五つのコントロール手法を次のように整理している。

第一に，MPC，会議，ルール・方針はアメーバ経営における管理的コントロールである。第二に，マスタープランと予定はアメーバ経営における計画コントロールである。第三に，時間当たり採算はアメーバ経営における診断型コントロールである。第四に，非業績連動報酬はアメーバ経営における報酬コントロールである。第五に，フィロソフィ浸透はアメーバ経営における文化的コントロールである。さらに，アメーバ経営における五つのコントロール手法の関係を検討している。

5　先行研究の問題点

以上，アメーバ経営に関する代表的な先行研究の基本内容と主要論点を整理した。MPC研究や最適化研究，フィロソフィ具現化研究は，主に管理会計の視点から，アメーバ経営の特徴を明らかにしようとしている。しかしながら，アメーバ経営においては従来の情報システムとしての管理会計の枠組みで説明しきれない，あるいは解釈できないような問題が数多く存在する。

一方，MCS研究は既存のマネジメント・コントロール・システムの枠組みを援用しながらアメーバ経営の基本内容と特徴を多面的に解明することを試みている。しかし，こうした研究は，結果として，アメーバ経営の各要素を従来のマネジメント・コントロール・システムの枠組みに対応させることに終始しており，首尾一貫した理論的な解釈には至っていない。換言すれば，これまでの研究を見る限り，アメーバ経営の本質やメカニズムを論理的に解釈することができる理論的な分析枠組みがまだ確立されていないのが現状である。

マネジメント・コントロール・システムという概念自体は，アメーバ経営の本質やメカニズムを解釈するために有用な概念であると思われる。しかし，第2章で指摘したように，従来のマネジメント・コントロール・システムは，伝統的企業理論に依拠しているため，多くの未解決な課題を抱えており，現代企業の経営モデルを分析する枠組みとしては相応しくない。こうした課題の存在はMCS研究の限界となっていると言える。冒頭で述べたように，本章の目的は現代マネジメント・コントロール・システムの理論を用いながら，アメーバ経営の本質とメカニズムを明らかにすることにある。その準備作業として，まず次節ではアメーバ経営の誕生の経緯とその構成要素を考察する。

第3節　アメーバ経営の誕生の経緯とその構成要素

アメーバ経営は一夜にしてできた経営管理手法ではなく，京セラの創業者であり，現名誉会長の稲盛和夫の長年にわたる経営管理実務の中で，試行錯誤しながら開発されたものである。こうして長年にわたり苦労して築き上げた独自の経営管理手法は，京セラの高収益経営の根幹をなすものであるとされている。アメーバ経営を理解するためには，アメーバ経営の生成の経緯とその過程を考察しなければならない。そのために必要不可欠なのは，言うまでもなく信頼性の高い研究資料である。

以下の考察においては，主に次の出版物を研究資料として利用する。すなわち，稲盛氏自身によるアメーバ経営に関する著作と講演資料と，京セラの公式な社史『果てしない未来への挑戦―京セラ 心の経営 40 年』（京セラ 40 周年社史編纂委員会，2000）と，青山政次が著した『心の京セラ二十年』である。青山氏は京セラの創業者の一人であり，2 代目社長である。『心の京セラ二十年』は青山氏が稲盛氏とともに京セラを世界的な企業に成長させた，京セラの 20 年間の歴史を細かく書き残した重要な資料である。本節では，これらの資料を参考にしながら，アメーバ経営の誕生の経緯を説明したうえで，アメーバ経営の各構成要素について考察する。

1　アメーバ経営の誕生の経緯

アメーバ経営という経営管理の手法はどのように生まれたか。京セラの創業者である稲盛氏は著書の中で，自分の経営学，会計学思想の原点について次のように述べている。

> 「物事の判断にあたっては，つねにその本質にさかのぼること，そして人間としての基本的なモラル，良心にもとづいて何が正しいのかを基準として判断をすることが最も重要である。二十七歳で初めて会社経営というものに直面して以来，現在に至るまで，私はこのような考え方で経営を行ってきた。
>
> ……誰から見ても普遍的に正しいことを判断基準にし続けることによって，初めて真の意味で筋の通った経営が可能となる。
>
> 経営における重要な分野である会計の領域においてもまったく同じである。会計上常識とされている考え方や慣行をすぐに当てはめるのではなく，改めて何が本質であるのかを問い，会計の原理原則に立ち戻って判断しなければならない。」（稲盛，1998b，21-22 頁）

また，稲盛氏は講演の中で，企業の業績管理や組織構造のあり方に関する自身の独自の考え方について次のように述べている。

「青山さんは，独学で勉強しておられた原価計算システムを使って，京セラの製品の原価がこうなっていると，私のところに持ってこられました。

3ヶ月前の原価計算を持ってこられて，「稲盛君，うちが作っている製品は，こういう原価になっていてこれだけの利益が出ている」と言っておられました。

最初の頃は興味を持って聞いていましたが，「青山さん，そんな数字は意味がないじゃありませんか。今どうなっているかということを私は知りたいのに，3ヶ月前に過ぎたことをうまくいったと言われたって意味がありませんよ」といった覚えがあります。……会計を学ぶ中で，会計というのは過去にどういう業績であったかは知ることができるが，会社を現在，うまく経営する方法というのは教えてくれないのだと気づきました。……そこで，会計経営に使える生きた会計学というのはないのかと一生懸命に考え続けて，今のアメーバ経営を考えついたのです。……会社は次第に大きくなっていきました。そうなってくると，経営者である自分一人で，組織全体を見ることができなくなってまいりました。

そこで，経営者である私は同じように経営責任を分担してくれるような共同経営者を育成すべきだと思いました。そういう人材を育成するには，会社の組織を細分化して，現場のリーダーでも見られるような小さな部門をつくり，責任を持って経営を見てもらうべきだと考えました。その責任者に小さな部門の運営の仕方や損益計算の方法を教えてあげて，経営者として育っていくようにしていきたいと思ったわけです。

会社の組織を独立採算が取れるような最小の部門にまで分割し，それぞれの部門ごとに損益計算書に匹敵するような分かりやすい採算表をつくり，それをベースにして，経営者マインドを持った責任者にその部門の損益を管理してもらうことにしました。」（アメーバ経営学術研究会，2010，3-6頁）

以上の引用から，アメーバ経営が誕生した理由は次の三点であることが明らかになった。第一に，優れた経営を行うためには，正しい原理原則は必要不可欠だからである。経営者としては，会社をうまく経営するために，良い戦略や戦術の策定がもちろん必要であるが，まず正しい経営理念，経営哲学のような原理原則を確立し，それにもとづいて，戦略や戦術を考えなければならない。

第二に，稲盛氏自身の経営実践から，本当に経営管理に役立つ会計学の必要性を痛感したからである。すなわち，従来の会計学にもとづいて作成された会計情報は，過去の実績を反映したものであって，現在および将来の経営に役に立たないことから，実際に会社経営に使える会計学を開発しなければならない。第三に，独立採算小集団組織を作ることによって，組織を可視化・活性化することができるからである。企業の規模の拡大に伴い，経営者一人で組織全体を見ることができなくなる。この問題を解決するため，会社の組織を小さい独立採算の最小の部門に細分化したのである。

以上の説明から分かるように，稲盛氏は会社経営を行う中で直面していた問題を解決するために，アメーバ経営という経営管理の手法を考案したのである。アメーバ経営は，経営理念・哲学，時間当たり採算制度，アメーバ組織という三つの構成要素から構成されている。以下では，三つの構成要素の具体的な生成過程を考察する。

2　京セラの経営理念および経営哲学

京セラにおける経営理念を確立するきっかけは，次の労使紛争事件の発生であった。1959年に創業された京セラは，順調に発展していた。創業2年目，高校を卒業したばかりの新入社員を11名採用した。ところが，1年後の1961年に高卒の従業員は会社に対して団体交渉を申し入れてきた。団体交渉の要求内容は，①採用時に1年経てば月給にするとの条件であったがそれが履行されていないので，その履行をすること，②毎年の昇給とボーナスなど将来の保証を約束すること，の二つである。そして，二つの要求が会社に認められない場合，会社を辞めるという強気の姿勢であった。

この団体交渉発生の原因の一つは，会社の労働条件や待遇に対する社員の不満である。創業当初の京セラでは朝8時から夕方4時45分までと一応の就業時間を決めていたものの，ほとんど毎日のように残業が続き，休みも日曜日だけで，祝日は出勤日となっていた。このように残業が日常化しており，従業員の不満が積み重なっていた（京セラ40周年社史編纂委員会，2000，39-40頁）。今一つは，当時の社会経済環境のもとで労使対立が非常に激しかったことである。第二次世界大戦後，日本は民主主義国家となり，社会主義的な勢力が一挙に勢いを増し，労働争議が頻発するようになった。労働者は自らの権利のみを主張して，経営者の悩みや苦しみにはあまり理解を示さなかった。また，経営者の中にも，労働者を道具としか見ない者が少なからずいた。特に当時の京都では，革新勢力が強く，労使間の対立は激化していた（稲盛，2006，49頁）。

会社側の代表としてこの交渉に当たったのが稲盛氏であった。団体交渉の要求①にいては，会社側のミスであり，約束通り4月までに遡って月給制にすることで話し合いがついた。一方，要求②にいては両方の間に激しい交渉が行われていた。当時の交渉の様子について青山(1987)は次のように述べている。

「……話し合いは三日三晩続いた。稲盛は「約束はできないけれども必ずお前達のためになるようにするつもりだ。それを信じてみないか。信じられないというならだまされる勇気はないか，一緒に働いてみてだます男かだまさない男か確かめて，だまされたと思ったらオレを刺し殺してもいい」と命を張ってまで真剣に話し合った。……稲盛はこの事件で改めて会社というものを見直している。今まではただ会社を創り夢中で働き，皆が食べていけさえすればよいという程度で，余り深く考えてみなかったが，これは大変だ，給料だけでなく，将来の保証もし，また家族のことも考えねばならぬ，と反省しその責任の重大さを痛感したのである。」（青山，1987，92-93頁）

稲盛氏は数日間にも及ぶ話し合いにより従業員を納得させ，ようやく事態を収拾した。しかし，稲盛氏にとっては，この団体交渉事件はこれですべて解決されたというわけではない。この事件は会社というものに対する稲盛氏の考えを根底から覆すきっかけになった。稲盛氏はこの交渉の後，「会社とは何か」「会社の目的とは何か」という会社の存在意義と目的を真剣に考えるようになった。その結果，企業経営における経営理念の重要性を認識し，会社の最も根本的な目的は従業員の生活を守ることであるということに気がついた。その経緯について，稲盛氏は著書の中で次のように述べている。

「会社創業のとき，私が抱いていた夢は，自分の技術でつくられた製品が，世界中で使われることだった。しかし，そんな技術屋の夢では，従業員の理解は得られず，経営は成り立たないということを，この事件を通して初めて身に沁みて理解することができた。」（稲盛，1998a，57頁）

「そもそも私は，技術者としての夢を実現するために会社を起こしたのだが，いざ会社を創業してみると，社員は自分の一生を託して入社してくる。だから，会社には，私の夢の実現以上に大切な目的がある。その目的とは，従業員やその家族の生活を守り，その幸せを目指すことなのだ。私が先頭に立って従業員の幸せを目指すことが，私の運命なのだ。」（稲盛，2006，26頁）

「数週間にわたり悩んだ末，自分自身を吹っ切るようにこう思った。「もし，自分の技術者としてのロマンを追うためだけに経営を進めば，たとえ成功しても従業員を犠牲にして花を咲かせることになる。だが，会社には，もっと大切な目的があるはずだ。会社経営の最もベーシックな目的は，将来にわたって従業員やその家族の生活を守り，みんなの幸せを目指していくことでなければならない」。そう割り切ると，何か胸のつかえがスーッととれる思いがした。この体験から，私はこんな経営理念を掲げるようになった。「全従業員の物心両面の幸福を追求する」。京都セラミックは，私の理想実現を目指した会社から，全従業員の幸福を目指す会社へと生まれ変わった。

それでも，まだ何か足りない気がした。自分の人生は，従業員の面倒をみるだけで終わってよいだろうか。自分の一生をかけて，社会の一員として果たすべき崇高な使命があるはずだ。そこで生涯をかけて追い求める理念として，後に「人類，社会の進歩発展に貢献すること」と付け加えた。」（稲盛，2002，76-77頁）

「そこで，私は，京セラの経営理念を「全従業員の物心両面の幸福を追求すると同時に，人類，社会の進歩発展に貢献すること」と定めた。

これにより京セラは，全従業員の物心両面の幸せを追求し，世のため人のために貢献する会社として，その存在意義が明確となった。従業員は京セラを「自分の会社」と思い，あたかも自分が経営者であるかのように懸命に働いてくれるようになった。そのころから，私と従業員の関係は，経営者と労働者という間柄ではなく，同じ目的のために努力を惜しまない同志となり，全従業員のあいだに真の仲間意識が生まれるようになった。」（稲盛，2006，26-27頁）

このように，創業2年目の京セラでは，高卒社員との団体交渉を機に，上記の経営理念を確立したのである。経営理念確立の意義について稲盛氏は次のように述べている。

「経営理念は，全社員が共感し，心から納得できる普遍的な価値観に根差していなければ意味がない。この経営理念を確立したことは，会社経営の確固たる基盤となり，後の私の人生観のなかで大きな位置を占めることになる。」（稲盛，2002，77頁）

企業経営を成功裏に行うためには，経営理念を確立することはもちろん重要であるが，それよりもっと重要なのは，経営理念を日々の経営実践に落とし込むことである。すなわち，経営理念に従い，原理原則を貫き，日常的な経営活動を展開することである。どのような原理原則に基づいて企業経営を行うべきなのか，それについて稲盛氏は次のように述べている。

「京セラは設立されたばかりのベンチャー企業であっただけに，自身が判断を間違えば，たちまち会社は傾いてしまう。そのため，正しい判断が求められる。私は心配で眠れない日々が続いた。

こうして悩みに悩んだ末に，経営における判断は，世間で言う筋の通ったもの，つまり「原理原則」に基づいたものでなければならないことに気がついた。我々が一般に持っている倫理観，モラルに反するようなものでは，決してうまくいくはずがないと考えたのである。

そして，すべてのものごとを「原理原則」にまで立ち返って判断していこうと決心した。言い換えれば，「人間として正しいことなのか，悪しきことなのか」ということを基準にして判断し，「人間として正しいことを正しいままに貫いていこう」と考えたのである。」（稲盛，1997，46-47頁）

以上のように，稲盛氏は京セラを経営していく中で，さまざまな困難に遭遇し，苦しみながらもこれらを乗り越えてきた。その時々に，仕事について，また人生について彼が自問自答する中から生まれてきたのが「京セラフィロソフィ」と呼ばれる独自の経営哲学である。このフィロソフィは「人間として何が正しいのか」，「人間は何のために生きるのか」という根本的な問いに真正面から向かい合い，さまざまな困難を乗り越える中で生み出された仕事や人生の指針であり，京セラを今日まで発展させた経営哲学である。

京セラの経営哲学は，経営に関する基本的な考え方を示すものである。『京セラ統合報告書 2020』によれば，京セラの経営哲学は次の内容からなる。

京セラフィロソフィ	
社是	「敬天愛人」 常に公明正大　謙虚な心で　仕事にあたり　天を敬い　人を愛し　仕事を愛し　会社を愛し　国を愛する心
経営理念	全従業員の物心両面の幸福を追求すると同時に，人類，社会の進歩発展に貢献すること。
経営思想	社会との共生。世界との共生。自然との共生。共に生きる（LIVING TOGETHER）ことをすべての企業活動の基本に置き，豊かな調和をめざす。

稲盛氏は 2014 年にそれまで京セラの関係者以外には門外不出としてきた「京セラフィロソフィ」の内容を『京セラフィロソフィ』という 1 冊の著書にまとめた。この著作は京セラ社員に配布している『京セラフィロソフィ手帳』の内容を，1 項目ずつ解説していくという形態をとっており，「第 1 章　すばらしい人生をおくるために」，「第 2 章　経営のこころ」，「第 3 章　京セラでは一人一人が経営者」，「第 4 章　日々の仕事を進めるにあたって」という四章構成で 600 頁を超える大作となっており，内容が非常に豊富である。その基本内容を次の四つの要素にまとめることができる。

一つ目は企業経営の規範となるべき規則，約束事である。その中には，この会社はこういう規範で経営をしていくという，企業内で必要とされるルール・モラルが含まれている。会社を経営していくうえでは，どうしても従業員の規範となるべきルール，約束事が必要であり，それがその会社の哲学として企業内に確立されていなければならない。二つ目は企業が目指すべき目的，目標を達成するために必要な考え方である。企業が目指すべき高い目標を達成するためにどういう考え方をし，またどういう行動をとらなければならないのかということである。三つ目は企業に「社格」を与えるというものである。人間には人格があるように会社にも社格というものがあるはずである。その社格を与えるために，フィロソフィは企業経営に必要なものである。企業が世界中から信頼と尊敬を得るためには，すばらしい社格を持たなければならない。四つ目は人間としての正しい生き方，あるべき姿を示すというものである。人間一人ひとりが，より良い人生をおくるために必要な人生の真理を表しているものである。京セラフィロソフィの根本にあるものは，人間として何が正しいのかということであり，その正しい考え方を貫いていくということである（稲盛，2014）。

このような四つの基本内容から成り立つフィロソフィは，知識として理解するのではなく，日々の仕事や生活において実践していくことが何よりも大切である。その実践に向けたたゆまぬ努力が，その人の心を高め，人格を磨くことになる。

京セラではこうした経営理念および経営哲学に基づく経営を「心をベースとした経営」と呼ぶ。こうした経営を実践するために，稲盛氏をはじめとする経営管理者はもちろん，すべての従業員は京セラフィロソフィを理解し，それに従って日々の経営活動を行わなければならない。

そのために，稲盛氏は創業当初から経営に関する自分の信念，考え方を一人ひとりの社員に伝え，理解してもらうことを重視した。その教育の場となっていたのは忘年会（コンパ）である。1959年12月の京セラ初となる忘年会について，青山（1987）は次のように述べている。

「京セラも他の会社と同じように，初めての忘年会をやることになった。従業員も40人くらいになっていた。どこでやったか忘れたが，どうせたいした所ではやれなかった。さて全員が集まった。この全員集まった，ということには大いに意義がある。稲盛はすべての会合に一人の欠席者もないようにというのである。何事をやるにも，全従業員挙げてやらねばならぬと考えているし，この考えは今日までに貫き通されていることを銘記すべきである。全員集まったが，料理が運ばれるまでには時間がある。

稲盛はその待つ時間も惜しく，一人一人に現在やっている仕事について，質問を始める。相手の答えに対して，それは良くやったとか，それはこうやらねば駄目だとか，一つ一つ丁寧に教える。また，自分は今後こういうふうにやっていこうと考えているから，皆ついてきてくれ，来年の目標はこうだ，と過去を振り返り，反省し，来年の抱負を話すのである。それらについて，疑問を持つ者，不平のある相手に対しては，納得のいくまで徹底的に話し合い，説得するのである。

……稲盛は最後の最後まで，皆と一緒に飲み，仕事のことにつき話し合い，教育する。その後約十年間，従業員数約五百人になるまで，忘年会と言わず，何かで集まった機会をとらえ，従業員と一対一で話し合い，教育している。その努力のすさまじさが，今日の京セラの発展を築いた，一つの大きなファクターであることを，私は十年後にようやく気付いたのである。」（青山，1987，62-64 頁）

図表 5-1 は 1959 年から 1979 年までの京セラの従業員数や忘年会回数および忘年会平均人数を示したものである。

以上のように，京セラの忘年会は常に教育の場であり，心と心の触れ合う場でもある。こうしたコンパは以後毎年の行事として公式化されることになり，単なる飲み会あるいは懇親会ではなく，経営理念や経営哲学を伝える公式の場となっている。

コンパのほかに，社員教育の手段として用いられたのは京セラの社内報である。京セラの社内報は，稲盛氏の意思により，創業 5 年目の 1964 年 2 月に創刊された[1]。社内報の刊行は二つの目的がある。一つは京セラの経営方針や計画および経営状況を伝えること，もう一つは京セラフィロソフィなどの稲盛氏の経営思想を伝えることである。すなわち，京セラの社内報は単なる会社の情報を伝える手段ではなく，社内に京セラフィロソフィを浸透するためのツールとなっているのである。

また，京セラでは，研修会や社内行事を利用して，全社員に対して京セラフィロソフィ教育を行ってきた。1967 年 12 月には，稲盛社長の経営に対する考え方をまとめた小冊子『京セラ・フィロソフィ』第 1 集を制作し，全社員に配布した。1968 年に経営コンサルタント会社の協力を得て，社内諸規定を整備した。同年，それらの規定と京セラフィロソフィを 1 冊の社員手帳にまとめ，全社員に配った。職場で京セラフィロソフィの内容を輪読することを通じて，考え方の共有を図っていた。

このように，1960 年代末までに京セラでは経営理念および経営哲学が確立され，全社員を対象とした京セラフィロソフィの教育体制が定着したのである。

1　京セラの社内報は創刊号から 1966 年 5 月の 11 号までは『京セラ社内報』という名称で，それ以降は『敬天愛人』という名称で刊行されている。

図表 5-1　京セラの従業員数と忘年会回数と忘年会平均人数

年度	従業員人数（12月）					従業員人数	忘年会回数	忘年会平均人数
	本社	東京	滋賀	川内	国分			
1959	38					38	1	38
1960	56	1				57	1	57
1961	88	1				89	2	44.5
1962	101	1				102	2	51
1963	111	3	68			182	3	60.7
1964	110	5	84			199	4	49.8
1965	107	7	112			226	5	45.2
1966	23	8	334			365	7	52.1
1968	23	10	433			466	10	46.6
1969	22	12	530			564	13	43.4
1970	23	16	613	328		980	20	49
1971	107	20	517	618		1262	25	50.5
1972	85	24	549	598		1256	25	50.2
1973	83	32	610	770	185	1680	33	50.9
1974	117	36	647	968	533	2301	45	51.1
1975	153	39	611	1015	589	2407	48	50.1
1976	176	38	569	1042	612	2437	48	50.8
1977	232	39	701	1107	725	2804	56	50.1
1978	257	49	747	999	749	2801	56	50.0
1979	296	69	796	1074	925	3160	60	52.7

出所：青山（1987），197 頁，「忘年会回数表」を参考に筆者作成。

3　時間当たり採算制度

京セラは地方の無名ベンチャー企業として創業されたが，設立前にテレビのブラウン管用部品の受注を確保したため，初年度から経常利益と純利益の黒字を実現し，好スタートを切った。しかし，今後会社の業績を伸ばし続けるためには，安定的に受注を増やすことが前提条件である。そこで，1960年4月に東京出張所を開設した。それと同時に，毎月1回本社で製販会議（製造販売会議）と呼ばれる経営会議を開くことになった。会議資料として，受注実績とその遂行率，生産予定，生産実績とその遂行率，月末受注残，納期遅延表，製品歩留表等の資料が提出され，検討された（青山，1987，204頁）。

一方，設立同時の本社工場は，宮木電機という会社の建物を借りて転用したもので，その広さでは，従業員120名くらいが限度である。創業して2年が経過した時点で，本社工場のスペースはほぼすべて利用されるようになり，他の工場用地を確保することが必要となった。そのため，1962年10月に滋賀県の蒲生町にある土地を買収し，1963年5月に滋賀工場が完成した。滋賀工場の開業に伴い，押出，プレスの量産部門が滋賀工場へ移り，メタライズ，切削加工，研磨加工などの開発・試作中心の部門が本社工場に残った。製造部門が本社工場と滋賀工場とに分かれたことで，両工場の経営内容を的確に把握する必要に迫られたが，量産部門と開発試作部門とではその生産性や採算性が当然に異なるため，単純には比較できない。そこで，1963年7月の製販会議に，滋賀工場長が従来の会議資料のほかに，その月の稼働日数，従業員数，稼働延時間，および1人当たりの生産高，時間当たりの生産高に関する資料を提出した。そして，1964年4月から，本社工場長も1人当たりの生産高および時間当たりの生産高を計算し，資料として提出した。それ以降，毎月の製販会議でこれらの資料を用いて，本社工場と滋賀工場の経営状況を比較・検討するようになった。

しかし，生産高を使うと，常に本社のほうが低いので，より公平な指標として生産高（売上高）から原材料費・諸経費を差し引いた「差引売上高」と，1人当たりの差引売上高および時間当たり差引売上高を計算され，1965年1月に初めて製販会議の資料として提出された。

図表5-2は当時本社工場から提出された差引売上高に関する資料である。

図表5-2の中にある差引売上高に関する三つの指標は次の式で計算される。

差引売上高＝生産高（売上高）－（原材料費＋経費＋外注加工費等）

1人当たり差引売上高＝差引売上高÷員数

時間当たり差引売上高＝差引売上高÷延時間

以上のような資料は2月と3月も引き続き提出された。そこで，稲盛氏は3カ月にわたるこの資料を見て，その重要性に気づき，滋賀工場に対して4月から本社工場と同様に，1人当たり差引売上高と時間当たり差引売上高を計算して提出することを指示した。そして，1965年4月から，この資料は製販会議の重要な資料として利用されてきた。その後，部門間比較の観点から，1人当たり差引売上高という指標は有効ではないと判断され，時間当たり差引売上

図表5-2　1965年1月本社工場の差引売上高と時間当たり差引売上高

第一製造			第二製造	
総売上高		4,123千円	総売上高	2,931千円
原材料		125千円	磁管購入費	2,057千円
工場消耗費		255千円	金具治具購入費	250千円
経費	電気	166千円	工場消耗費	254千円
	ガス	68千円	工場経費（動）	31千円
外注費		270千円	外注費	75千円
計		884千円	計	2,667千円
差引売上高		3,239千円	差引売上高	265千円
員数		36人	員数	22人
延時間		7,787時間	延時間	4,542時間
1人当たり差引売上高		89,972円	1人当たり差引売上高	12,045円
時間当たり差引売上高		416円	時間当たり差引売上高	58円

出所：青山（1987），205頁。

高が部門間比較の指標として利用されるようになった（青山，1987，205頁）。これが，アメーバ経営の構成要素の一つである「時間当たり採算制度」の原型となっている。

この時間当たり採算制度を当初，本社工場の第一製造部，第二製造部，滋賀工場の第一製造部，第二製造部，第三製造部の製造部門で採用し，次いで若干の改良を加えて1966年までに営業部門にも適用していった（潮，2013）。すなわち，時間当たり採算は当初生産部門の効率を評価する指標であったが，次第に営業部門にも適用され，やがて全社的な経営指標として活用されるようになった。これにより，製販会議などの場で，各部門の出席者が互いの経営内容を共通の尺度で評価・検討することができるようになり，経営全体の収益力の向上にも大いに貢献してきた。

図表5-3は京セラ全体の時間当たり付加価値の推移を示している。

図表5-3　京セラの時間当たり付加価値の推移

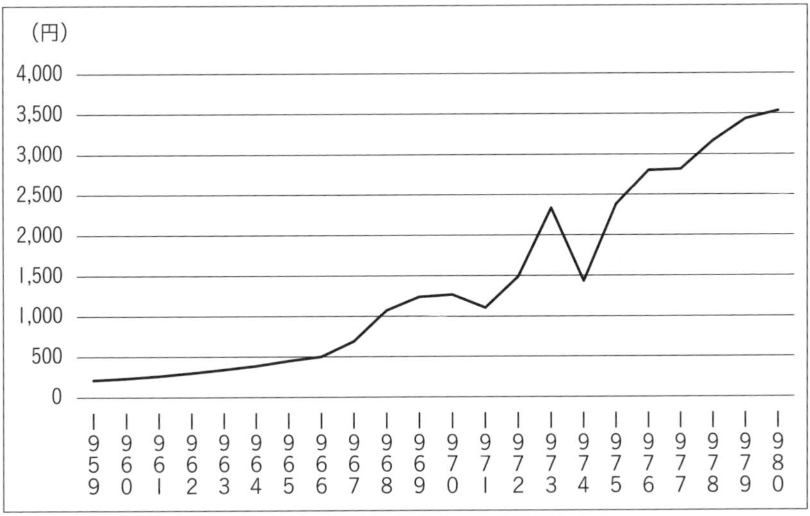

出所：青山（1987），214頁「京セラ発展の経過一覧表」を参考に筆者作成。

4 アメーバ組織

創業当初，京セラの組織体制は一般的な中小企業のように，製造部門と営業部門を中心とした職能別組織であった。稲盛氏は青山氏とともに，製品受注や開発から，製品製造および販売まで会社経営のすべてにおいて実質的に陣頭指揮を執っていた。創業後の京セラは，テレビの普及の波に乗って，順調に成長していった。少人数の町工場時代と違い，従業員が100人を超す規模になり，製造，営業などの各組織が大きくなってくれば，どうしても，それまで見えていたムダが分かりにくくなってくるばかりか，経営者個人の能力を発揮するのも難しくなってくる。そこで，時間当たり採算制度を作り上げると同時に，いわゆるアメーバ組織の採用による企業組織体制の変更を遂行した。稲盛氏は著書の中でアメーバ組織の形成について次のように語っている。

「創業当時，私は開発，製造，営業，管理など，すべての部門を直接指揮していた。製造現場に何か問題があれば，すぐに走っていって指示したり，注文を取るために客先を訪問したり，また，クレームにも先頭に立って対応するというように，ひとりで何役もこなさなければならなかった。……会社がまだ小さなときには，たとえ忙しくても，経営者が会社全体をひとりで見ることができる。しかし，会社が大きくなるに従い，製造や営業，開発など，会社のすべてをひとりで見ていくことは次第に困難になる。」（稲盛，2006，45-46頁）

「そんなある日，突如ある考えがひらめいた。従業員が100名のころまではひとりでやれたんだから，会社を小集団の組織に分けたらどうだろう。100名を管理できるリーダーはまだいないかもしれないが，20～30名の小集団を任せられるリーダーは育ってきている。そういう人に小集団のリーダーを任せて管理してもらえばよいではないか。

さらにどうせ会社を小集団に分けるなら，その組織を独立採算にできないだろうか。会社をビジネスの単位になりうる最小の単位にまで分割し，その組織にそれぞれリーダーを置いて，まるで小さな町工場のように独立して採算を管理してもらえばよいと考えたのである。」（稲盛，2006．28-29頁）

「会社の規模が拡大し，経営者や各部門の責任者が会社全体を管理することが不可能となったときでも，組織を小さなユニットオペレーションに分けて，独立採算にしておけば，そのリーダーが自分のユニットの状況を正しく把握できる。また，小さなユニットのオペレーションを任されたリーダーも，少人数の組織であるがゆえに，日々の仕事の進捗状況や工程管理などの組織運営を容易に行うことができ，特別高い管理能力や専門知識を持たなくても自部門の運営が的確に行える。

それだけではない。小さなユニットであっても，その経営を任されることで，リーダーは「自分も経営者のひとりだ」という意識を持つようになる。そうなると，リーダーに経営者としての責任感が生まれてくるので，業績を少しでもよくしようと努力する。つまり，従業員として「してもらう」立場から，リーダーとして「してあげる」立場になる。この立場の変化こそ，経営者意識の始まりなのである。……必要に応じて組織を小さなユニットに分割し，中小企業の連合体として会社を再構成する。そのユニットの経営をアメーバリーダーに任せることによって，経営者意識を持った人材を育成していく。」（稲盛，2006，47-48頁）

あらゆる大企業と同様に，京セラも急速に成長していく中で，一つの避けて通ることのできない大きな課題に直面していた。それは，企業組織が大きくなるにつれ，組織自体が硬直化し，経営の状況が見えにくくなり，経営者が経営の舵取りをしにくくなるという課題である。この課題を解決するために，京セラは，組織を事業展開に合わせて小集団に分割し，各小集団が一つの経営主体のように自主的に事業展開ができるようにした。そうすると，各小集団があたかも一つの中小企業であるかのように，独立採算で自主的に事業を展開する。そして，各小集団の経営をそのリーダーに任せることによって，企業内部で多くの経営者意識を持った人材を育成することができるようになるのである。

しかし，大きな組織をただ多くの小さな組織に細分化すればよいというわけではない。細分化された各小集団が独立採算で自主的に事業展開できるようにしなければならない。また，細分化によって組織全体がバラバラにならないようにしなければならない。京セラは，さまざまな工夫によって，アメーバ組織の体制を作り上げた。

アメーバ組織の構築について稲盛氏は次のように説明している。

「最初に遭遇した問題は，組織をどのように分けるのかという点でした。京セラがまだ中小零細企業の頃の代表的なセラミック製品の製造工程は，原料工程からはじまり，成形工程，焼成工程，加工工程という四つの工程に分けられました。はじめはこれらの工程を一気貫通で捉えて損益計算をしていたわけですが，それを工程ごとに，「この部門の損益計算，この部門の損益計算」というふうに採算を見ていくことにしたのです。

そのためには，各工程で売上を計上しなければなりません。そこで，最初の原料工程であれば，調合した原料を次の成形部門に売るということを考えました。そういうビジネスが実際に成り立つのだろうかとも思いましたが，京都東山の陶磁器業界では原料となる粘土や長石を購入して，粉砕をして粘土にしたものを窯元に売るビジネスがあることを知りました。「なるほど，原料部門だけでも完結したビジネスになっている。それなら原料部門を独立した事業とすることができるはずだ」と考えたのです。

同様に，後の各工程も，成形工程であればセラミックを成形する，焼成工程であればセラミックを焼成する，加工部門であればセラミックを加工するという作業を請け負っていると考えれば，それぞれ独立した事業として採算を計算することができると思ったわけです。このように工程別に分割した独立採算制の小さな組織ですが，市場やビジネスの変化に応じて常に柔軟に変化していくということから，私はその小さな組織を「アメーバ」と命名することにいたしました。

次に遭遇した問題は，アメーバの売上をどのように計上したらよいかという点でした。アメーバを独立採算で運営するには損益計算が必要となりますので，各アメーバの売上を計算しなければなりません。先ほどの原料部門では，原料の材料代と，ミルで混合し，造粒する作業の費用などが発生しますが，その費用を加え，さらに利益を乗せて次の形成部門に売るわけです。原料部門では社内売りが立ちますが，成形部門では社内買いが発生します。成形部門は，その社内買いの原料を使ってプレス機械を使って成形します。成形部門では，プレス機械の減価償却費と金利，金型代，消耗費品，その他の経費が発生しますが，これに利益まで入れたものを次の焼成部門に売ることになります。

成形品を買った焼成部門も，電気炉の減価償却費とその金利，電気代など，いろいろな経費を入れて利益を乗せて，それが社内売りになります。最後の加工部門は，この焼成品を買い入れて，さらに必要な経費を出して，利益を乗せて，営

図表 5-4　京セラの従業員数とアメーバ数の推移

年度	従業員数	アメーバ数	アメーバ平均従業員数
1959	36	2	18
1960	56	2	28
1961	87	2	43.5
1962	105	2	52.5
1963	160	2	80
1964	185	2	92.5
1965	223	5	44.6
1966	341	8	42.6
1967	462	14	33
1968	535	17	31.5
1969	855	21	40.7
1970	1265	80	15.8
1971	1303	78	16.7
1972	2073	115	18
1973	2670	130	20.5
1974	2136	126	17
1975	2785	137	20.3
1976	3033	151	20.1
1977	3144	175	18
1978	3712	216	17.2
1979	4554	269	16.9

出所：青山（1987），214 頁「京セラ発展の経過一覧表」と京セラ 40 周年社史編纂委員会（2000），401 頁「従業員数の推移」を参考に，筆者作成。

業部門に売ります。営業は，営業口銭（手数料）をもらい，最終的に客先に売るという形になっています。

このように社内における売りと買いを発生させることを考えました。すべての部門の採算表を集計すると，この社内売りと社内買いの合計が相殺消去されて，一般的な損益計算の売上が計算できるという仕組みになっています。」（稲盛，2010，7-9頁）

以上のように，京セラは規模が大きくなっても，中小企業と同じような活力ある組織体を企業内に作り，組織の活性化を図っている。従来の管理会計教科書では，責任センターという概念の中で，製造部門をコスト・センターとして，営業部門を収益センターとして位置づけられているが，アメーバ経営では，製造部門も営業部門も独立採算のアメーバに分割され，社内売買の仕組みを用いて，いわゆる「利益センター」となっている[2]。アメーバの業績管理に利用されている手法は先述した「時間当たり採算制度」である。

図表5-4では京セラの従業員数およびアメーバ数の推移が示されている。

第4節　現代マネジメント・コントロール・システムとしてのアメーバ経営

第3節の考察を踏まえて，本節では，まずアメーバ経営を現代企業理論に基づく経営モデルとして位置づける。次に，第4章で提唱した現代マネジメント・コントロール・システムの理論を用いて，アメーバ経営の本質やメカニズムを明らかにする。

2　ここの「利益センター」は，従来の管理会計教科書にある利益センターの概念とは意味が異なる。第4節で詳しく説明するが，独立採算のアメーバの業績管理を行う際に利用されるのは時間当たり採算制度である。こういう意味では，このような「利益センター」を付加価値センターと呼ぶべきである。

1　現代企業理論に基づく経営モデルとしてのアメーバ経営

創業初期の段階で経営理念を確立することによって会社の存在理由と目的を明確にしたことは，京セラの成功を支える大きな要因である。企業の目的とは何かについて，稲盛氏は次のように述べている。

「京都セラミック株式会社を28人の同志で創業したわけですが，大変なことを始めてしまったことに気がつきました。と言いますのは，私たち技術屋8人は，自分たちの技術が世に認められるかどうか試したいと考え会社を始めたのですが，従業員たちは，名もない会社であっても自分の一生を託そうと思って入社してきたわけです。

日本の社会システムでは，企業というのは人々が生活の糧を稼ぎ，それを通して一生を託していく場であるのに，それを経営者が自己を試す場と考えているというのは，従業員にとって非常に不幸なことです。そこに入社してきた人は将来ひどい目に遭うかもしれない。それに気づいたとき，大きな責任を負っていることを強く自覚しました。日頃から従業員たちには「今は小さな会社だが，一生懸命がんばってもっと立派な会社にするんだ」と言っているわけです。それを聞いて，みんな期待しているのです。それなのに私は，経営の基本として自らの技術を試してみたいと考えている，これがいかに恐ろしいことであるか。私は「会社とは，どういうものでなければならないか」ということについて，真剣に考えさせられました。

そして考えたすえ，経営理念を「全従業員の物心両面の幸福を追求すると同時に，人類，社会の進歩発展に貢献することとしようと思ったのです。会社で働く社員はもとよりその家族を含めた人たちの生活を守り，幸せな人生をおくってもらうことを経営の目的としたのです。また，私たちの技術をもって新しい技術を開発すれば人類の進歩に貢献できるでしょうし，会社が発展し利益が上がってくれば税金としてその一部を国および地方自治体に納め，それが予算として公共の福祉等にも使われていくのです。」（京セラ40周年社史編纂委員会，2000，40頁）

以上の経営理念を実現させるためには，どのような経営モデルが必要なのか。これについて稲盛氏は次のように語っている。

「何としてでも，内部対立のない，労使が一体となって協力できる会社にしなければならない。私は，この問題をどうすれば解決できるのだろうと頭を悩ませた。その結果，たどり着いた結論は，経営者が労働者の立場や権利を尊重し，労働者は経営者と同じように，会社全体のために貢献しようという考え方を持てば，労使の対立は自ら消えていくはずであるというものだった。

もし，会社がひとつの大家族であるかのような運命共同体となり，経営者と従業員が家族のごとくお互いに理解し，励まし合い，助け合うならば，労使一体となり会社経営ができるはずである。また，厳しい市場競争のなかであっても，ともに会社発展に努力するため，経営も自ずとうまくいくはずである。」（稲盛，2006，51-53頁）

したがって，アメーバ経営は，大家族主義経営あるいは全員参加型経営とも呼ばれる。それでは，稲盛氏はどのような立場に立って，以上の問題を考えて，そして上述した結論にたどり着いたのか。

京セラの設立当初の株式構成は資本金300万円のうち，200万円は宮木電機社長の宮木男也と他の宮木電機の幹部7人からの現金出資であり，残り100万円は京セラ側の青山政次，稲盛和夫と他の7人からの技術出資である（青山，1987，28頁）。すなわち，稲盛氏は京セラの大株主兼経営者という立場から，経営理念の中で京セラという企業の目的を明確にし，この経営理念を実現するための行動指針となる京セラフィロソフィを作り上げたのである。しかも，大阪証券取引所市場第二部，京都証券取引所に株式上場（1971年10月），そして東京証券取引所および大阪証券取引所の両市場第一部に株式上場（1974年2月），さらにニューヨーク証券取引所に株式上場（1980年5月）を果たしてから今日に至るまで，京セラは同じ経営理念を堅持し，京セラフィロソフィを行動指針として企業経営を行ってきている。

アメーバ経営は京セラフィロソフィをベースにした経営手法である。京セラの経営理念や京セラフィロソフィを見ると，そこに反映されている企業観は筆者が第3章で提唱している現代企業観そのものであることが分かる。そして，京セラフィロソフィの中で強調されている「大家族主義で経営する」や「全員参加で経営する」，「ベクトルを合わせる」といった経営原理原則は現代企業理論の目標一致原則と同じ意味である。したがって，アメーバ経営は現代企業理論に基づく経営モデルであると言える。そして，アメーバ経営は現代マネジメント・コントロール・システムの一つの典型的なモデルであると考えられる。

2　現代マネジメント・コントロール・システムとしてのアメーバ経営

第3節では，アメーバ経営の三つの構成要素の形成過程をそれぞれ考察したが，三つの構成要素は決して相互に無関係で，独立したものではなく，各要素の間には，相互依存，相互促進などの有機的な関係性が存在し，アメーバ経営という一つの経営システムを成している。なぜかというと，アメーバ経営は，全従業員の物心両面の幸福を追求すると同時に，人類，社会の進歩発展に貢献するという共通の目的のために，経営活動を行うからである。また，アメーバ経営は三つの構成要素の単なる寄せ集めではなく，全体として統一性のある働きをするからである。こうしたことから，アメーバ経営は典型的な現代マネジメント・コントロール・システムであると見なすことができる。

図表5–5は現代マネジメント・コントロール・システムとしてのアメーバ経営を示したものである。

図表5–5の中で示されているように，現代マネジメント・コントロール・システムとしてのアメーバ経営は，京セラフィロソフィに基づく組織文化とア

図表5–5　現代マネジメント・コントロール・システムとしてのアメーバ経営

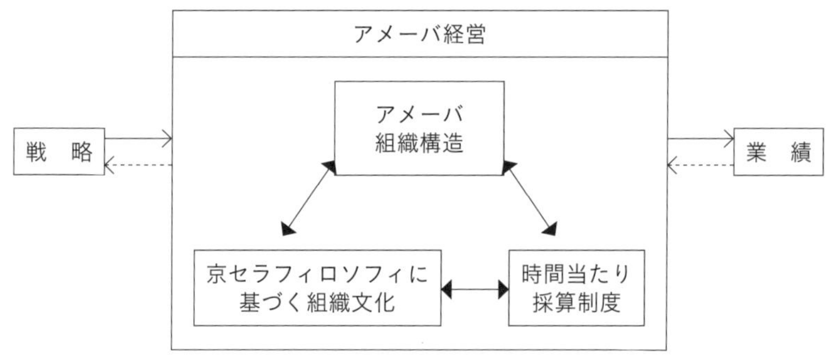

出所：著者作成。

メーバ組織構造と時間当たり採算制度との三つの要素から構成されている。この三つの要素からなるアメーバ経営の役割は，京セラの経営戦略を実施することにより，業績を上げることである。

以下では，アメーバ経営の三つの構成要素のそれぞれの機能を検討してから，全体としてどのようなメカニズムを通じて，この役割を果たしているのかを明らかにする。

2-1 京セラフィロソフィに基づく組織文化

京セラは経営理念により全従業員の目標を会社の目標に一致させている。しかし，こうした目標一致を経営活動に具現化させなければ，企業の目的を実現することはできないのである。この具現化という役割を担うのが京セラフィロソフィに基づく組織文化である。京セラフィロソフィは京セラの経営理念を実現するための行動指針を示している。京セラでは，社内報や研修会，社内行事を利用して，全従業員に対して京セラフィロソフィ教育を行い，また，職場で京セラフィロソフィの内容を輪読することなどを通して，考え方の共有を図る。図表 5-6 は京セラフィロソフィ教育制度を示している。

京セラフィロソフィ教育は国内外のすべての従業員を対象とする。京セラでは全社フィロソフィ委員会の方針に則り，グローバルに京セラフィロソフィ教育を展開する。日本国内では，幹部社員，中堅社員，一般社員を対象とする各部門・各拠点・各グループ会社が業務実態に即して実施する独自のプログラムと，幹部社員を対象とする全社共通のプログラムがある。海外では，幹部社

図表 5-6 京セラフィロソフィ教育制度

<table>
<tr><th colspan="2">教育名</th><th>幹部社員</th><th>中堅社員</th><th>社員</th></tr>
<tr><td rowspan="4">京セラフィロソフィ教育</td><td rowspan="2">国内</td><td colspan="3">各部門・各拠点・各グループ会社　独自のフィロソフィ教育</td></tr>
<tr><td>全社共通フィロソフィ教育</td><td></td><td></td></tr>
<tr><td rowspan="2">海外</td><td colspan="3">各部門・各拠点・各グループ会社　独自のフィロソフィ教育</td></tr>
<tr><td colspan="2">グローバルフィロソフィセミナー</td><td></td></tr>
</table>

出所：京セラ株式会社（2020），25 頁を参考に作成。

員，中堅社員，一般社員を対象とする各部門・各拠点・各グループ会社が業務実態に即して実施する独自のプログラムと，幹部社員，中堅社員を対象とするグローバルフィロソフィセミナーがある。各部門・各拠点・各グループ会社が主体となって実施する独自のプログラムでは，現場視点でのフィロソフィ浸透活動を積極的に展開する。共通プログラムでは，グループの一体感の醸成と経営に貢献する人材の育成を目指し，統一の教育テーマを設定する。

京セラフィロソフィの役割は，アメーバ経営というマネジメント・コントロール・システムの有効性を保証することである。具体的には，二つのメカニズムを通じて，アメーバ経営の有効性を確保している。一つは組織メンバーの目標を組織全体の目標と一致させるメカニズムである。今一つは，メンバー一人ひとりの仕事に対するやる気を引き出す動機づけメカニズムである。

あらゆる組織にとって，組織の構成員と組織全体の目標を一致させることは難しい課題である。上述したように，京セラでは，正式な教育研修制度を通じて，京セラフィロソフィの教育を全従業員に対して実施すること，また，朝礼などさまざまな形で現場において経営哲学の教育・浸透を徹底することにより，大家族主義の組織文化を確立している。そうした組織文化によるコントロールによって，「人間として何が正しいか」を判断基準として，信頼・利他・チームワークをキーワードに，心をベースとして経営することができるようになっている。

こうして京セラという会社が，一つの大家族であるかのような運命共同体となり，経営者と従業員が家族のごとくお互いに理解し，協力し合い，労使一体となり，会社のために力を合わせるようになる。結果として，普通の会社によく見られる労使の対立を氷解させ，高度な目標一致を実現している。

また，経営者が，経営哲学を従業員に語り続け，会社の使命や目的を従業員と共有する。従業員は自分の仕事の意義を十分に理解し，共同経営者として，責任感を持って，それぞれの職場で自分の力を発揮する。このように，経営哲学は従業員一人ひとりのやる気を引き出す動機づけ作用を有している。

以上のように，京セラの組織文化によるコントロールは，全従業員の日々の経営活動が京セラフィロソフィに従って行われるようになることを誘導する役割を果たしている。こうした組織文化によるコントロールによって，京セラの全従業員の行動一致を実現させると同時に，全員参加型経営を可能にしたのである。

しかし，組織文化によるコントロールが目標一致の達成や動機づけの効果をもたらすことができても，企業の業績を上げるように従業員一人ひとりの力を合わせることができなければ，絵に描いた餅に過ぎない。換言すれば，最終的な目標は行動一致の実現ではなく，行動を通じて望ましい成果を生み出すことである。そのために，従業員の行動が望ましい成果をもたらしているか，そして，どれぐらいの成果を生み出しているかを確認することは，従業員自身にとっても，企業の各部門や企業全体にとっても最も重要なことである。したがって，従業員の仕事が本当に会社に貢献しているのか，また，どれほど貢献をしているのかを知るために，貢献度を測定する尺度と評価方法が必要となる。これらの役割を果たすのが，アメーバ組織と時間当たり採算制度である。

2-2　アメーバ組織構造

第4章で紹介した組織均衡論によれば，企業組織は貢献と誘因のバランスを維持することによって，その存続と成長が可能になる。そして，組織の能率と有効性を上げることは，組織の存続と成長を実現させる基本条件である。組織の能率を高めるために，まず参加者が組織への貢献を評価・管理しなければならない。伝統的企業理論では，企業の主権者は株主であり，経営活動の成果を測定する尺度として，利益を用いるべきであるとされる。しかし，京セラの場合は，主権者が経営者を含む全従業員であるため，経営活動の成果を測る尺度として，株主の利益だけではなく，全従業員と株主の利益を体現する付加価値という尺度を用いる。付加価値を創造し，それを最大化することは，京セラの経営活動の目的となる。

一般的に，付加価値を創造する活動は，一人ひとりの従業員が単独で行うのではなく，企業内部の組織単位に所属する多数の従業員が協力して行うのである。全員参加型の経営を実現するために，会社全体を独立採算の小さな組織単位に分けることが必要となる。そこで，京セラでは，会社全体をアメーバと呼ばれる多数の小さな独立採算の組織単位に分割し，アメーバを中心に経営活動を行うことにしている。アメーバは付加価値の創造に責任を持つ組織単位であり，すなわち付加価値センターである。

むろん，組織の分割は恣意的に行われるものではない。次の三つの条件を満たすようにアメーバ組織を編成しなければならない。第一の条件は，アメーバが独立採算の付加価値センターとして成り立つために，その収入と費用が明確に把握できることである。第二の条件は，アメーバがビジネスとして完結する単位であることである。すなわち，リーダーがアメーバを経営するのに，創意工夫をする余地があり，やりがいを持って事業ができることである。第三の条件は，会社全体の目的，方針を遂行できるように組織を分割することである。組織を細分化することで，会社の目的や方針の遂行が阻害されるようなことはあってはならない（稲盛，2006，102-104 頁)。以上の条件に従い，アメーバは製品別，工程別など，採算を見るうえで最適な単位に分かれており，経営環境に応じて組織，人数などが変化し，さらに分割して自己増殖していく。

一つのアメーバはビジネスとして完結する独立採算の小集団で，通常，数人か数十人からなる。規模が小さいから，アメーバのメンバー同志は，みんなが仲間であるという連帯感が強く，同じ目標に向けて協力していく気持ちが強い。また，独立採算なので，アメーバリーダーは，メンバーと一緒に，知恵を出し合い，力を合わせながら，自主的に事業を展開する。各アメーバ組織には，社内間の売買，物品の仕入れ，人の管理，品質管理など経営全般が任されており，リーダーとメンバーは自分たちの能力を最大限に発揮して，アメーバの経営目標の達成に向けて取り組んでいく形で全員参加型の経営を実践する。

第 4 章で述べたように，通常，企業組織は分業の原理に基づき，階層型組織構造を持つ。京セラの組織も事業本部－事業部－部－課－係－班というように階層型構造を成している。アメーバ経営における組織編成の特徴は，分業の原理のほかに，もう一つの組織編成の原理が利用されていることである。すなわち，付加価値の最大化原理である。アメーバ組織は職能部門別組織のもとで，付加価値の最大化原理に従い，製造部門と営業部門の下位組織として編成されている。具体的にはアメーバ組織は次のように編成される。まず，アメーバ組織はライン・スタッフ制組織として編成される。ライン部門は付加価値を生み出す「採算部門」である。スタッフ部門は付加価値を生み出さない「非採算部門」である。次にライン部門が製造部と営業部とに分離される。製造部は付加価値を生み出す「採算部門」であり，製造アメーバと呼ばれる。営業部は付加価値を生み出す「採算部門」であり，営業アメーバと呼ばれる。さらに，製造部や営業部が採算可能な範囲内で，より小さな下位アメーバに分割される。一方，スタッフ部門は，必要に応じて，経営管理部と研究開発部などに分離される（上總・澤邉，2006，169-170 頁）。

以上のように編成される京セラのアメーバ組織構造は図表 5-7 のように示すことができる。

製造アメーバと営業アメーバは，それぞれの付加価値を作り出す活動がつながっている。その結果，関連のあるアメーバ同士は相互に結びつき，付加価値連鎖を成している。このように京セラの組織構造は階層的な組織構造と付加価値連鎖の組織構造との二つの構造を持つのである。

アメーバ経営は，アメーバ組織構造のもとで経営活動が行われる。その中で，製造アメーバと営業アメーバは独立採算単位として，付加価値の創造という重要な役割を果たすが，アメーバ経営の仕組みを維持し，管理する役割を担う部門も必要不可欠である。いわゆる「経営管理部門」である。

経営管理部門は，会社全体の経営数値を取り扱い，重要な経営情報を正しく集約させる役割と責任を担っている。そのため，京セラフィロソフィと「京セラ会計学」[3] を実践する部門としての使命感と責任感を持つことが求められる。具体的には，以下の三つの基本的な役割を果たす。

図表 5-7　京セラのアメーバ組織構造

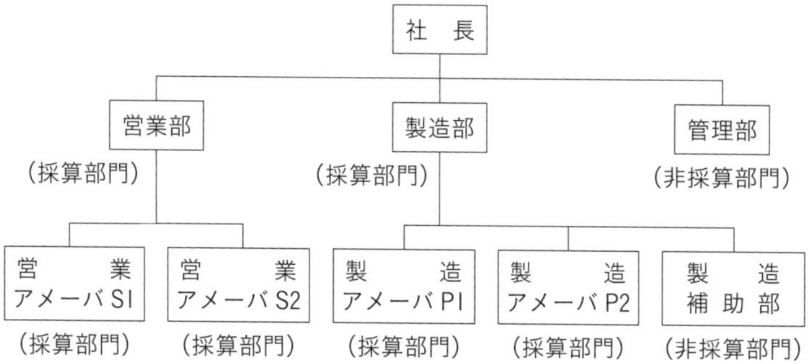

出所：上總・澤邉（2006）170 頁，第 1 図。

一つ目はアメーバ経営を正しく機能させるためのビジネスシステムや社内ルールを整備することである。経営管理部門は，経営活動を円滑に行い，アメーバ経営を正しく機能させるために，「受注生産システム」や「在庫販売システム」などの社内のビジネスシステムを構築し，その適正な運用を図る。さらに，経営管理を行ううえで必要とされる社内ルールを立案し，改定し，その徹底を図る。社内ルール構築にあたって重要なことは，次の諸点である。①京セラフィロソフィに合致したルールを作ること，②会社経営という視点からルールを作ること，③経営の実態をありのままに表すように経営の数字を設定すること，④一貫性のあるルールを作ること，⑤全社に公平・公正に適用すること，である。二つ目は経営情報を正確かつタイムリーに提供することである。会社の経営者やアメーバリーダーが経営意思決定を正確かつ迅速に行うためには，経営状態を正確かつタイムリーに把握しなければならない。これを実現させるために，経営管理部門が中心となり，具体的な手法や仕組みの構築，その運用を行う。三つ目は会社資産を健全に管理することである。会社資産は，受注残，在庫，売掛金，固定資産などのすべてを含む。経営管理部門は，実績と残高の管理を徹底し，必要に応じて各部門に資産の適正な管理を促すことにより，会社資産の健全な管理と運用を促進する役割を果たす（稲盛，2006，120-125頁）。

上述したように，アメーバ経営は，経営管理部門の支援を受けながら，アメーバ組織を基本事業単位として展開される。そのマネジメント・コントロールのPDCAサイクルを回すツールとして用いられるのが京セラの管理会計システム，時間当たり採算制度である。

2-3　時間当たり採算制度

第3章で説明したように，付加価値の最大化は，売上の最大化と前給付原価の最小化によって実現される。京セラでは，前給付原価のことを経費と呼

3　京セラ会計学とは，稲盛氏が京セラの経営実践の中から考案した企業経営に役立つ会計に関する考え方を指す。その基本内容は，①キャッシュベース経営の原則，②一対一対応の原則，③筋肉質経営の原則，④完璧主義の原則，⑤ダブルチェックの原則，⑥採算向上の原則，⑦ガラス張り経営の原則といった七つの会計原則からなる。詳しくは，稲盛（1998b）を参照されたい。

ぶ。また，現代の企業経営では，スピードが何よりも重視されており，より短い時間でより多くの付加価値を作り出すことが競争に勝つためのカギとなっている。したがって，アメーバ経営の基本原則は，売上を最大に，経費と時間を最小にすることである。この基本原則に則り，京セラではアメーバ組織の経営活動を管理するために，「時間当たり採算制度」が開発・適用されている。

京セラ管理会計の最も重要な概念は「時間当たり採算」という採算指標である。この時間当たり採算は，次の計算式で算定される。

時間当たり採算＝アメーバ利益÷総労働時間

アメーバ経営は次の考え方に基づいて展開される。第一に，製品の価格は市場によって決まるものである。第二に，製造部門の役割はお客様を満足させるモノづくりを通して付加価値を生み出すことである。第三に，営業部門の役割は，お客様の満足度を高める販売活動を通して，付加価値を創出することである。通常，売上高（収益）は営業部門で認識されるが，アメーバ経営では製造部門で認識される。また，製造部門で生み出された売上高の一部を営業部門に分配し，営業部門の収益（営業口銭）とする。そして，製造部門と営業部門ではそれぞれの利益指標を用いて，業績管理を行う。

京セラでは，製造部門の利益指標を差引売上と呼び，次の公式で計算する。

製造アメーバ利益（差引売上）＝売上高－製造経費－営業口銭

また，営業部門の利益指標を差引収益と呼び，次の公式で計算する。

営業アメーバ利益（差引収益）＝営業口銭－営業経費

公式の中にある製造経費は製造アメーバが活動に要した労務費以外のすべての費用である。また，営業経費は営業アメーバが活動に要した労務費以外のすべての費用である。

製造部門の利益と営業部門の利益を合計すると，会社全体の利益となる。

全社利益＝売上高－製造経費－営業経費
　　　　＝製造アメーバ利益＋営業アメーバ利益

なお，以上の計算式は受注生産方式に対応したものである。創業初期の京セラの生産形態は受注生産方式であったからである。その後，他分野への進出や事業の多角化により，見込み生産方式（在庫販売方式）も採用されるようになった。在庫販売方式の場合，当該製品の売上高は営業アメーバで計上され，売上原価は営業アメーバが社内売買価格で製造アメーバから購入した当該製品の仕入高である。この社内売買価格は，市場価格をもとに営業アメーバと製造アメーバの間で決められる。製造部分と営業部門の利益は，次のように計算される。

製造アメーバ利益（差引売上）＝売上原価－製造経費
営業アメーバ利益（差引収益）＝売上高－売上原価－営業経費
全社利益＝売上高－製造経費－営業経費
＝製造アメーバ利益＋営業アメーバ利益

公式の中にある製造経費は製造アメーバが活動に要した労務費以外のすべての費用である。営業経費は営業アメーバが活動に要した労務費以外のすべての費用である。

最後の計算式を見ると分かるように，在庫販売方式でも，すべてのアメーバの利益を合計すると，やはり全社利益と等しくなる。

労務費が製造原価や営業費用に含まれない理由は二つある。一つは，そもそも労務費が各アメーバにとって管理不可能なコストであるからである。もう一つはもっと根本的な理由である。京セラフィロソフィによれば，従業員の労働はコストの発生を引き起こすものというより，付加価値を生み出す源泉である。このような観点から，アメーバ経営は各アメーバの労務費ではなく，総時間に着目し，時間当たり採算を尺度として，アメーバ組織の経営管理を行うのである。

アメーバの業績評価の指標に「時間」という概念を取り入れる最大の目的は，従業員一人ひとりに時間の大切さを自覚させ，仕事の生産性を向上させることである。総時間を減らすことは，就業規則で定められた労働時間を削減するという意味ではない。従業員１日の労働時間が８時間という前提で，時間の使い方をいかに工夫するかが，アメーバ経営を行ううえで重要なこととなる。一つの有効な手法としてアメーバ間の時間の借り貸し制度が挙げられる。例えば，Aアメーバは，自分のところの仕事が少なく，隣のBアメーバは人手が足りない場合，余っているメンバーを応援としてBアメーバに貸し出すことができる。その際の時間を振り替えることで，Aアメーバの総時間は減り，逆にBアメーバの総時間が増えることになり，会社全体として時間を有効に活用することができる。結果として，AアメーバとBアメーバのそれぞれの採算を向上させると同時に，会社全体の生産性を高め，市場競争力の強化につながるのである（稲盛，2006，152-153頁）。

以上の計算式から分かるように，受注生産方式にせよ，在庫販売方式にせよ，計算される製造アメーバ利益や営業アメーバ利益，そして全社利益は，通常の財務諸表にあるような利益ではなく，付加価値である。時間当たり採算は，単位時間当たりでどれだけの付加価値を生み出したかを示す指標である。この指標を使うことで，組織の規模や生産方式，製品の特性などの影響を受けることなく，異なる生産部門間の経営状態を共通の尺度で評価することが可能となる。

従来の管理会計の教科書によれば，企業の戦略実施のために，予算管理はマネジメント・コントロールのPDCAサイクルを回すツールとして用いられる。通常の予算管理は結果が起こってから行動するというフィードバック型の予算管理であり，事後管理に重点を置く。京セラでは，予実管理と呼ばれるフィードフォワード型の予算管理が行われている。通常の予算管理とは異なり，予実管理の特徴は事後管理ではなく，事前管理に重心を置くことにある。具体的には，予実管理はマスタープラン策定，予定策定，予実管理という三つのプロセスからなる（上総，2010，83-85頁）。

マスタープラン策定では，まず3カ年ローリングプランと呼ばれる中期経営計画が策定される。次に各アメーバでは次年度の年度計画（以下，マスタープラン）が策定される。マスタープランは会社全体の方針や各事業部における方針や目標を受け，厳密なシミュレーションを繰り返したうえで策定される。事前管理の考え方に基づき，ローリングプランとマスタープランとの差異がゼロになるまでマスタープランが検討され，確定される。マスタープランは次年度の必達目標であると同時に，3カ年ローリングプランの第一年度分でもある。

予定策定では，各アメーバは，毎月，会社全体および各事業部の方針と目標を反映したマスタープランに基づき，月次予定を組む。この月次予定は，各アメーバが当月どのように活動していくのかという意思を数字によって表したものである。月次単位で予定と実績により採算管理を行う目的は，マスタープランを確実に達成することにある。この予定策定は結果を知ってから行動する事後管理ではなく，将来起こりうる結果を予測して行動する事前管理である。

予実管理では，各アメーバは予定を立てた後，アメーバリーダーはメンバーに対して予定の内容を伝え，目標を周知徹底させる。そして，アメーバ全員が目標を共有しながら，予定と実績との対比により日々の進捗状況を把握し，強い意志を持って，予定達成を実現する。日次管理を通じて，予実差異の原因究明，対策の検討・実行という月次の予実管理が繰り返される。同時に，原因を除去する行動計画を検討する次月の予定策定も行われる（稲盛，2006，213-223頁）。

このように予実管理を通して PDCA サイクルを回すことによって，アメーバ経営は，組織の効率性が徹底的にチェックされると同時に，責任が明確になり，細部にわたる透明性が確保される。

2-4　現代マネジメント・コントロール・システムとしてのアメーバ経営

アメーバ経営は京セラの長年の経営実践の中で開発され，京セラの成長を支えてきた独自の経営管理手法であると言われているが，決して京セラという会社だけに適合したものではない。アメーバ経営は，普遍性を持つ有効かつ効率的な経営管理の手法である。なぜかというと，アメーバ経営は筆者が第4章で提唱した現代マネジメント・コントロール・システムの一つの典型的なモデルであるからである。

本章でこれまで述べたことを第3章の図表3-7（136頁）の内容と照らし合わせると，アメーバ経営は現代企業理論に基づく経営モデルであることが分かる。そして，アメーバ経営の三つの構成要素である，京セラフィロソフィに基づく組織文化，アメーバ組織構造，時間当たり採算制度は現代マネジメント・コントロール・システムの三つの構成要素とそれぞれ対応しているのである。

まず，本章第4節2-1の検討から分かるように，京セラフィロソフィに基づく企業観は，現代企業観と基本的に一致していると言える。京セラの経営理念では，社員と経営者を会社の主権者としているが，このことは決して株主を軽視する意味ではない。創業当初から，全従業員を株主にしたいという稲盛氏の強い願望から，第三者割当増資の都度，多くの従業員に対して無償で増資新株を割り当てたり，額面払い込みでの購入を募ったりすることを続けた（青山，1987，447頁）。上場以降も，従業員のモチベーションの向上と，株主としての資本参加による従業員の勤労意欲高揚という目的で，第三者割当による従業員持株会に対する自己株式の処分を行ってきている。また，外部の株主に対しても，業界の中で比較的高い配当性を維持し，高い配当を行うことで，株主との長期的な「共存共栄」の関係構築を目指してきている。

こうして，京セラフィロソフィに基づく組織文化のもとで，組織の目標一致が達成されている。そして，それを前提として，アメーバ経営が展開されているのである。その結果，創業してから60年以上，京セラは一貫して黒字経営を続けてきている。この事実は，全従業員をはじめとするすべての利害関係者に利益をもたらすという京セラの経営理念を，京セラが忠実に実行している確たる証拠でもある。

次に，本章第4節2-2で分析したように，アメーバ組織構造は，階層的な組織構造を維持したまま，付加価値の創造に適した独立採算小集団（付加価値センター）によって構築されている組織構造を持っている。この組織構造は，第4章で提唱した現代企業の組織構造と基本的に同じである。付加価値センターを中心とするアメーバ組織構造は，企業戦略の効果的な実施を行うことによって，企業組織の効率と有効性を向上させている。

最後に，本章第4節2-3の検討によって，時間当たり採算制度は現代管理会計の業績管理システムであることが明らかになった。第4章において，現代管理会計の業績管理システムは経営活動の成果を測定する指標として共通価値を，効率性を測定する指標として時間当たり共通価値を用いると説明したが，時間当たり採算制度では，それと基本的に同様な指標が用いられる。時間当たり採算制度で使われている業績管理の基本指標は時間当たり付加価値である。その中での付加価値概念は共通価値とほぼ同じ意味である。時間当たり付加価値の計算方法も時間当たり共通価値の計算方法と同様である。

時間当たり付加価値は経営活動により作り出した付加価値を所要時間で割るという計算式で計算される。したがって，アメーバ業績管理の原則は次の二つである。一つは分子である付加価値の最大化であり，もう一つは分母である時間の最小化である。

付加価値というのは企業が経営活動を通じて，一定の期間内に新たに作り出した価値であり，社員給料，経営者報酬，株主配当，内部留保など，各利害関係者と企業の将来の発展のための配分の原資である。付加価値の最大化は企業外部利害関係者だけではなく，内部関係者である経営者も含む全体の従業員の利益に合致する。このように，付加価値最大化原則は京セラの経営哲学，京セラフィロソフィを貫くものになっている。

付加価値の最大化は，収益を最大にするとともに，原価を最小にすることによって実現される。あらゆる経営活動を有効かつ効率的に行うことにより，顧客にとって最高の商品やサービスを，最低の原価で提供することができる。その結果，付加価値の最大化が実現される。

労働時間は付加価値を作り出すために投下した労働の量を表す指標である。時間当たり付加価値という指標は，付加価値を作り出す速度を表すものであり，仕事の効率性を図る最適な指標であると言える。アメーバのメンバーにとって，自分の時給（時間当たり労務費）を超える時間当たり付加価値を作り出さなければ，自分の仕事は会社の発展には貢献していないことは容易に理解できる。会社にとって，時間当たり付加価値を向上させ続けることは，京セラフィロソフィを具現化する必要条件である。

アメーバ経営では，リーダーに権限を委譲し，自由に経営をやらせる一方，経営の結果に対して全面的に責任を持つことが求められる。経営の結果を評価する尺度は上述した時間当たり付加価値である。予実管理によって，経営の結果（実績）は，予定や年間計画値と比較され，経営会議の場で徹底的に追及される。ただし，そこで問われるのは，結果だけではなく，経営の中身である。リーダー自身もさまざまな経験を積み重ね，積極的に経営のノウハウを身につけ，経営者として成長していく。アメーバ経営が目指す目的の一つは経営者意識を持つ人材を育成することである。

アメーバ経営の業績評価にはもう一つ大きな特徴がある。それは時間当たり採算の結果と，ボーナスなどの金銭報酬とは直接リンクさせないことである。例えば，あるアメーバが年間計画を達成した場合に，そのアメーバに対して賞状と自社のボールペンを贈る程度である。すなわち，時間当たり採算制度では，皆のために高い貢献をしたという精神的な名誉と仲間からの賞賛・感謝が最高の報酬であるとされる。ここでも京セラフィロソフィの精神が見て取られるのである。

京セラフィロソフィは会社経営の行動方針として，アメーバ経営の三つの構成要素に体現されている。マネジメント・コントロール・システムとしてのアメーバ経営では，京セラの企業戦略の実施において，その三つの構成要素が相互に作用しながら，それぞれの役割を果たしている。京セラフィロソフィに基づく組織文化は，会社の目標を実現する方向へ従業員の行動を誘導し，目標一致による行動一致を達成する役割を担っている。アメーバ組織構造は，戦略の効果的な実施を支える土台として，会社の効率と有効性を高める役割を果たしている。時間当たり採算制度は，付加価値センターとしてのアメーバの業績を効果的に管理する手法として，各アメーバの業績を向上させることによって，会社全体の業績を上げる役割を果たしている。

以上の分析から，アメーバ経営は現代マネジメント・コントロール・システムであると結論付けることができると考えられる。これはアメーバ経営の本質である。

第5節　本章の要約

本章の目的はアメーバ経営の本質と仕組みを究明することである。そのために，本章ではまずアメーバ経営についての先行研究をレビューしながら，残された問題点を指摘した。そして，アメーバ経営の生成過程を考察し，アメーバ経営の構成要素を抽出した。さらにマネジメント・コントロールにおける各構成要素の役割を分析し，アメーバ経営を現代マネジメント・コントロール・システムとして位置づけた。本章の主な内容をまとめると，次の通りである。

第1節では，本章の課題と目的を提示した。第2節ではこれまでのアメーバ経営に関する理論研究を，MPC 研究，最適化研究，フィロソフィ具現化研究，MCS 研究という四つの種類に分類して，それぞれの代表的な研究を取り上げ，主要な論点を整理するとともに，問題点を指摘した。MPC 研究や最適化研究，フィロソフィ具現化研究の共通するところは，主にアメーバ経営の管理会計システムに重点を置きながら，アメーバ経営の仕組みを究明しようということにある。しかし，アメーバ経営には，管理会計以外の要素も含まれるという事実からすれば，その管理会計システムだけを分析することでは，アメーバ経営の全体像を解釈するのに限界があることが明らかである。一方，MCS 研究は既存のマネジメント・コントロール・システムの枠組みを用いて，アメーバ経営の全体像を把握しようとした。しかし，こうした研究のほとんどはアメーバ経営の各要素を従来のマネジメント・コントロール・システムの枠組みに対応させることに終始しており，首尾一貫した理論的な解釈を確立したとは言い難い。その原因はアメーバ経営の本質やメカニズムを論理的に解釈することができる理論的な分析枠組みがいまだに構築されていないからである。

第 3 節では，京セラの創業者であり，アメーバ経営の生みの親でもある稲盛和夫氏の著書，共同創業者である青山政次氏の著書，そして京セラの社史を参考資料として，アメーバ経営の生成過程と各構成要素の基本内容について考察した。まず，アメーバ経営の誕生の経緯を考察し，アメーバ経営の誕生した理由を明らかにし，アメーバ経営の構成要素を確認した。次に，京セラの経営哲学，時間当たり採算制度，アメーバ組織といった三つの構成要素の確立について検討した。

第 4 節は現代マネジメント・コントロール・システム理論を用いて，アメーバ経営の本質とそのメカニズムを究明した。まず，アメーバ経営が現代企業理論に基づく経営モデルであることを明らかにした。次に，アメーバ経営の三つの構成要素のマネジメント・コントロール機能を検討し，そのメカニズムを分析した。最後に，アメーバ経営を現代マネジメント・コントロール・システムとして位置づけることができることを示した。

終　章

結論と展望

第1節　結論と成果

本書は従来のマネジメント・コントロール・システムの問題点を指摘したうえで，それに代わる現代マネジメント・コントロール・システムの構築を試みた。本書の第1章から第5章までの内容は，各章の「本章の要約」においてまとめられている。終章では，これまでの議論を総括し，本書の結論と成果を提示しながら，今後の展望について述べる。

本書における理論展開の流れを整理すると，次のようになる。序章で提示した本書の課題と目的に続き，第1章では管理会計の適合性喪失問題が提起された経緯を考察し，適合性を回復する方法としての管理会計精緻化論と脱管理会計論の問題点を指摘した。そして，マネジメント・コントロール・システムとしての管理会計の役割を確立することによって，管理会計の再構築が可能になると結論付けた。第2章ではマネジメント・コントロール・システムの生成と展開を考察することによって，マネジメント・コントロール・システムの基本内容と特徴を明らかにした。さらに，先行研究に残された二つの課題，すなわち，マネジメント・コントロール・システムにおける目標一致の原則に関する課題と，マネジメント・コントロール・システムの構成要素とそのメカニズムに関する課題を指摘した。

第3章は第2章で提起した組織における目標一致の原則に関する課題を解決するために，その理論的基礎となる企業理論を考察した。その結果，従来の企業理論では，目標一致の原則を論理的に解釈できないことが明らかになった。そして，現代企業理論を提唱し，目標一致の原則に基づく現代企業の基本機能と行動原理を明らかにした。第4章では第1章～第3章の議論を踏まえながら，一般システム論と組織均衡論を方法論として用いて，現代マネジメント・コントロール・システム理論の構築を試みた。そして，マネジメント・コントロール・システムの各構成要素の基本機能を分析することによって，現代マネジメント・コントロール・システムの本質とそのメカニズムを究明した。第5章ではアメーバ経営を現代マネジメント・コントロール・システムの典型的な事例として位置づけ，アメーバ経営の本質と仕組みを明らかにした。

以上のように，各章の議論の展開を進んできた結果，本書は全体として論理的な首尾一貫性を保ちながら，現代マネジメント・コントロール・システムの理論を構築することができたと思われる。

本書の主な学術的貢献として，次の成果が挙げられる。一つ目の成果は21世紀の新しい経営環境に相応しい現代企業理論を提唱したことである。組織における目標一致の原則が成立する条件と，目標一致の原則のもとで，現代企業の基本機能と行動原理がこの理論によって明らかにされたことは，理論的に重要な意味を持つものであると考えられる。二つ目は，従来のマネジメント・コントロール・システム理論の問題点を克服しながら，整合的で一貫性を持つ現代マネジメント・コントロール・システム理論を提唱したことである。三つ目は京セラのアメーバ経営の実践を現代マネジメント・コントロール・システムの典型的な事例として位置づけたことである。「アメーバ経営とは何か」という学問的な問いに対して，理論的な解釈を提示しながら，アメーバ経営の有用性と普遍性を明らかにしたこと，さらにそれによって，アメーバ経営を日本的な経営システムではなく，現代企業に適応する普遍的な経営モデルとして確立させたことは，アメーバ経営研究の重要な進展であると言える。四つ目は管理会計の適合性喪失問題の原因を明らかにしたうえで，管理会計の適合性を回復するための新しい方法を確立したことである。

近年，企業を取り巻く経営環境の急速な変化を背景に，企業経営に関する基本的な考え方の見直しを迫られている中で，いわゆるサステナビリティ経営やパーパス経営への関心が非常に高まっている。しかし，サステナビリティ経営やパーパス経営が経営管理の理論として確立されていないのが現状である。本書で提唱している現代企業理論はその基本的な考え方がパーパス経営のそれとほぼ一致しており，パーパス経営の理論的基礎になりうると考えられる。そして，現代マネジメント・コントロール・システムは，現代企業がサステナビリティ経営やパーパス経営を展開するための新しい経営モデルであると言える。

第2節　今後の展望

言うまでもなく，企業の経営管理に関するすべての理論の有用性は，企業の経営管理実践を通じて，検証されなければならない。現代マネジメント・コントロール・システム理論も例外ではない。第5章の検討を通じて，現代マネジメント・コントロール・システム理論の有用性は京セラの長年のアメーバ経営実践によって検証されたことが明らかになった。また，アメーバ経営は京セラやその子会社だけにおいて実践されているのではなく，多くの日本企業においても導入されている。

アメーバ経営のコンサルティング事業を展開する京セラコミュニケーションシステム（KCCS）は，1989年にアメーバ経営コンサルティング事業をスタートしてから，今日まで数多くの企業にアメーバ経営の導入を手がけてきてきた。KCCSのホームページの公開資料によると，2021年12月末現在，導入企業は889社にも達している。その中で，製造企業は全体の46％を占めており，非製造業と医療介護事業はそれぞれ43％，11％を占めている。また，2012年に中国上海においてKCCSの子会社「京瓷阿美巴管理顧問（上海）有限公司」（現：京瓷阿米巴管理顧問（上海）有限公司）を設立し，中国企業を対象にアメーバ経営の導入事業を展開している。これまでアメーバ経営を成功裏に導入している日本や中国企業の事例が数多く報告されている（三矢，2003；アメーバ経営学術研究会，2017；庵谷，2018；卜，2016；佟・卜，2018）。最も有名な成功事例は，アメーバ経営の導入により見事な再生を果たした日本航空株式会社（JAL）である（水野，2012；引頭，2013；森田，2014；稲盛・京セラコミュニケーションシステム，2017）。

以上のような多種多様な業界の企業においてアメーバ経営が導入されているという状況を踏まえて，今後の課題として次の点を提示しておく。まず，地道な調査を通じて，より多くの導入企業に関する事例研究をしなければならない。次に，同じ業界あるいは異なる業界の企業の事例を用いて比較研究を行う必要がある。また，日本企業と中国企業の導入事例についての比較研究も必要不可欠である。さらにアメーバ経営導入の全体像を把握するために，アンケート調査に基づく調査研究を実施しなければならない。最後に事例研究や調査研究を通して，現代マネジメント・コントロール・システム理論の有用性および普遍性を検証し，現代マネジメント・コントロール・システム理論を進化させることも今後の重要な課題となる。

以上の課題については今後の研究で取り組んでいきたい。

参考文献

〈英語文献〉

Abegglen, J. C. (1958) *The Japanese Factory: Aspects of Its Social Organization*, The MIT Press.（山岡洋一訳（2004）『日本の経営（新訳版）』日本経済新聞社）

Anderson, S. W. (1995) A Framework for Assessing Cost Management System Change: The Case of Activity Based Costing Implementation at General Motors 1986-1993, *Journal of Management Accounting Research,* 7, pp.1-51.

Ansari, L. S., J. E. Bell and the CAM-I Target Cost Group (1997) *Target Costing: The Next Frontier in Strategic Cost Management*, Irvin-McGraw Hill.

Ansoff, H. I. (1965) *Corporate Strategy*, McGraw-Hill Inc.（広田寿亮訳（1985）『企業戦略論』産業能率大学出版部）

Anthony, R. N. (1965) *Planning and Control Systems: A Framework for Analysis,* Division of Research, Graduate School of Business Administration, Harvard University.（高橋吉之助訳（1968）『経営管理システムの基礎』ダイヤモンド社）

Anthony, R. N., J. Dearden and R. F. Vancil (1965) *Management Control Systems: Cases and Readings*, Richard D. Irwin, Inc.

Anthony, R. N. and V. Govindarajan (1998) *Management Control Systems*, 9th ed., McGraw-Hill.

Anthony, R. N. and V. Govindarajan (2007) *Management Control Systems*, 12th ed., McGraw-Hill.

Argyris, C. (1952) *The Impact of Budgets on People,* The School of Business and Public Administration, Cornell University.

Barnard, C. I. (1938) *The Functions of the Executive,* Harvard University Press.（山本安次郎・田杉　競・飯野春樹訳（1968）『新訳　経営者の役割』，ダイヤモンド社）

Bhimani, A., M. Gosselin, M. Ncube and H. Okano (2007) Activity-Based Costing: How Far Have We Come Internatinally?, *Journal of Cost Management*, 21 (3), pp.12-17.

Blau, Peter M. and Richard A. Schoenherr (1971) *The Structure of Organizations*, Basic Books.

Bliss, J. H. (1924) *Management through Accounts,* The Ronald Press.

Bonner, S. E. and G. B. Sprinkle (2002) The effects of monetary incentives on effort and task performance: theories, evidence, and a framework for research, *Accounting, Organization and Society*, 27 (4/5), pp.303-345.

Burns, T. and G. M. Stalker (1961) *The Management of Innovation,* Tavistock Publications.

Carroll, A. B. (1979) A three dimensional conceptual model of corporate social performance, *Academy of Management of Review*, 4 (4), pp.497-505.

Carroll, A. B. (1991) The pyramid of corporate social responsibility: toward the moral management of organizations stakeholder, *Business Horizons*, 34 (4), pp.39–48.

Chandler, A. D., Jr. (1962) *Strategy and Structure*, MIT Press.

Chenhall, R. H. (2003) Management Control Systems Design within its Organizational Context: Findings from Contingency-based Research and Directions for the Future, *Accounting, Organizations and Society*, 28, pp.127–168.

Collins, J. C. and J. I. Porras (1994) *Built to Last: Successful Habits of Visionary Companies*, Harper Business.

Cooper, R. (1995) *When Lean Enterprises Collide: Competing through Confrontation*, Harvard Business School Press.

Cooper, R. and R. S. Kaplan (1988) Measure costs right: make the right decision, *Harvard Business Review*, 66, pp.96–103.

Cooper, R. and R. S. Kaplan (1992), Activity-based systems: measuring the costs of resource usage, *Accounting Horizons*, 6, pp.1–13.

Daft, Richard. L. (2007) *Organization Theory and Design*, 9th ed., Thomson.

David, F. R. (1989) How Companies Define Their Mission, *Long Range Planning*, 22, pp.90–97.

DiMaggio, P. J. and W. W. Powell (1983) The iron cage revisited: Institutional isomorphism and collective rationality in organizational fields, *American Sociological Review*, 48 (2), pp.147–160.

Drucker, P. F. (1954) *The Practice of Management*, Harper & Row. (上田惇生訳 (2006)『現代の経営［上・下］』ダイヤモンド社)

Drucker, P. F. (1993) *Post-Capitalist Society*, Harper Business. (上田惇生訳 (2007)『ポスト資本主義社会』ダイヤモンド社)

Fama, E. (1980) Agency problems and the theory of the firm, *Journal of Political Economy*, 88, pp.288 –307.

Fayol, H. (1917) *Administration industrielle et generale*, Dunod. (佐々木恒男訳 (1972)『産業ならびに一般の管理』未来社)

Fisher, J.G. (1998) Contingency theory, management control systems and firm outcomes: past results and future directions, B*ehavioral research in accounting,* 10 (Supplement), pp.47–57.

Flamholtz, E. G. (1983) Accounting, Budgeting and Control Systems in Their Organizational Context: Theoretical and Empirical Perspectives, *Accounting, organizations and Society*, 8 (2–3), pp.153–169.

Freeman, R. E. (1984) *Strategic Management: A Stakeholder Approach*, Pitman.

Freeman, R. E. (1994) The politics of stakeholder theory: Some future directions, *Business Ethics Quarterly*, 4 (4), pp.409–421.

Freeman, R. E. (2005) The development of stakeholder theory: An idiosyncratic approach, (In K. Smith and M. A. Hit (eds.), *Great Minds in Management*, Oxford University Press, pp.417–435.)

Freeman, R. E., J. S. Harrison, A. C. Wicks, B. L. Parmar and S. D. Colle (2010) *Stake-*

holder Theory: The State of the Art, Cambridge University Press.

Friedman, Milton (2002), *Capitalism and Freedom*, Fortieth Anniversary Edition, University of Chicago Press.（村井章子訳（2008）『資本主義と自由』日経 BP）

Goetz, B. E. (1949) *Management planning and control, a managerial approach to industrial accounting*, McGraw–Hill.

Gosselin, M. (1997) The Effect of Strategy and Organizational Structure on the Adoption and Implementation of Activity–Based Costing, *Accounting, Organizations and Society*, 22 (2), pp.105–122.

Hall, Richard H., Norman J. Johnson and J. Eugene Haas (1967) Organizational Size, Complexity, and Formalization, *American Sociological Review*, 32 (6), pp.903–912.

Hammer, M. and J. Champy (1993) *Reengineering the Corporation: A Manifesto for Business Revolution*, HarperCollins Publishers.（野中郁次郎監訳（1993）『リエンジニアリング革命　企業を根本から変える業務革新』日本経済新聞社）

Hannan, M.T. and Freeman, J. (1977) The Population Ecology of Organizations, *American Journal of Sociology*, 82, pp.929–964.

Hansen, S., D. Otley and W. Van der Stede (2003) Practice developments in budgeting: An overview and research perspective, *Journal of Management Accounting Research*, 15, pp.95–116.

Henri, J. F. (2006) Management control systems and strategy: A resource–based perspective, *Accounting, Organization and Society*, 31 (6), pp.209–225.

Hiromoto, T. (1988) Another Hidden Edge: Japanese Management Accounting, *Harvard Business Review*, 66 (4), pp.22–26.

Hiromoto, T. (1991) Restoring the Relevance of Management Accounting, *Journal of Management Accounting Research*, 3, pp.1–15.

Hofstede, G. (1968) *The game of budget control*, Assen Van Gorcum.（藤田忠監訳（1976）『予算統制の行動科学』ダイヤモンド社）

Holmstrom, B. (1979) Moral hazard and observability, *Bell Journal of Economics*, 10, pp.74–91.

Hope, J. and R. Fraser (2003) *Beyond Budgeting: How Managers Can Break Free from the Annual Performance Trap*, Harvard Business School Publishing Corporation.（清水　孝監訳（2005）『脱予算経営』生産性出版）

Hopwood, Anthony G. (1987) The archaeology of accounting systems, *Accounting, Organization and Society*, 12 (3), pp.207–234.

Horngren, C. T., G. L. Sundem and W. O. Stratton (2005) *Introduction to Management Accounting*, Fourteenth 14th ed., Pearson Prentice Hall.

Horreklit, H. (2000) The balance on the balanced scorecard–a critical analysis of some its assumptions, *Management Accounting Research*, 11 (1), pp.65–88.

Innes, J. and F. Mitchell (1995) A survey of activity–based costing in the U.K.'s largest companies, *Management Accounting Research*, 6 (2), pp.137–153.

Innes, J., F. Mitchell, and D. Sinclair (2000) Activity–Based Costing in the U.K.'s Largest Companies: A Comparison of 1994 and 1999 Survey Result, *Management Ac-*

counting Research, 11 (3), pp.349-365.

Ittner, C. D. and D. F. Larker (1998) Innovation in Performance Measurement: Trends and Research Implication, *Journal of Management Accounting Research*, 10, pp.205-234.

James C. Collins and Jerry I. Porras (1994) *Built to last: Successful habits of visionary companies*, Harper Business.（山岡洋一訳（1995）『ビジョナリーカンパニー』日経 BP 出版センター）

Jensen, Michel C. and William H. Meckling (1976) Theory of the Firm: Managerial Behavior, Agency Costs, and Ownership Structure, *Journal of Financial Economics*, 3 (4), pp.305-360.

Johnson, H. T. (1992) *Relevance Regained*, The Free Press.

Johnson, H. T. and A. Bröms (2000) *Profit Beyond Measure*, The Free Press.（河田　信訳（2002）『トヨタはなぜ強いのか―自然生命システム経営の真髄』日本経済新聞社）

Johnson, H. T. and R. S. Kaplan (1987) *Relevance Lost: The Rise and Fall of Management Accounting*, Harvard Business School Press.

Kaplan, R. S. (1984) The Evolution of Management Accounting, *The Accounting Review*, 59 (3), pp.390-418.

Kaplan, R. S. and D. P. Norton (1992) The Balanced Scorecard: Measures that drives Performance, *Harvard Business Review*, January-February, pp.71-79.

Kaplan, R. S. and D. P. Norton (1996) Using the Balanced Scorecard as a Strategy Management System, *Harvard Business Review*, January-February, pp.75-85.

Kaplan, R. S. and D. P. Norton (2000) *The Strategy-Focused Organization: How Balanced Scorecard Companies Thrives in The New Business Environment*. Harvard Business School Press.

Kaplan, R. S. and D. P. Norton (2004) *The Strategy Map: Converting Intangible Assets into Tangible Outcomes*, Harvard Business School Press.（櫻井通晴・伊藤和憲・長谷川恵一監訳（2005）『戦略マップ―バランスト・スコアカードの新・戦略実行フレームワーク』ランダムハウス講談社）

Kaplan R. S. and R. Cooper (1998) *Cost & Effect*, Boston, Harvard Business School Press.（櫻井通晴訳（1998）『コスト戦略と業績管理の統合システム』ダイヤモンド社）

Klemm, M., S. Sanderson and G. Luffman (1991) Mission Statement: Selling Corporate Values to Employees, *Long Range Planning*, 24, pp.73-78.

Kotter, J. (2014) *Accelerate: Building Strategic Agility for a Faster-Moving World*, Harvard Business Review Press.（村井章子訳（2015）『実行する組織―大組織がベンチャーのスピードで動く』ダイヤモンド社）

Lawrence, P. R. and J. W. Lorsch (1967) *Organization and Environment: Managing Differentiation and Integration*, Division of Research, Graduation School of Business Administration, Harvard University.（吉田　博訳（1977）『組織の条件適合理論―コンティンジェンシー・セオリ』産業能率大学出版部）

March, James and H. A. Simon (1958) *Organization*, John Wiley.

Malmi, T. (1997) Towards Explaining Activity-Based Costing Failure: Accounting and Control in Decentralized Organization, *Management Accounting Research*, 8 (4), pp.459-480.

Malmi, T. and David A. Brown (2008) Management Control System as a Package: Opportunities, Challenges and Research Directions, *Management Accounting Research*, 19, pp.287-300.

Mayo, Elton. (1945) *The Social Problems of an Industrial Civilization*, Harvard School of Business Administration.

McKinsey, J. O. (1924) *Managerial Accounting, Vol.1*, University of Chicago Press.

Merchant, K. A. (1982) The control function of management, *Sloan Management Review*, 23 (4), pp.43-55.

Merchant, K. A. (1985) Budgeting and propensity to create budgetary slack, *Accounting, Organizations and Society*, 10 (2), pp.201-210.

Merchant, K. A. (1998) *Modern Management Control Systems: Text & Cases*, Prentice Hall.

Merchant, K. A. and W. A. Van der Stede (2003) *Management Control Systems: Performance Measurement, Evaluation and Incentives.* Financial Times, Prentice Hall.

Merchant, K. A. and W. A. Van der Stede (2017) *Management Control Systems: Performance Measurement, Evaluation and Incentives*, 4th ed., Financial Times, Prentice Hall.

Miller, E.J. and Rice, A. K. (1967) *Systems of Organization: The Control of Task and Sentient Boundaries*, Tavistock.

Monden, Y. and M. Sakurai (1989) *Japanese Management Accounting*, Productivity Press.

Nonaka, I. and Takeuchi, H. (1995) *The Knowledge-Creating Company: How Japanese Companies Create the Dynamics of Innovation*, Oxford University Press.

Nonaka, I. and Takeuchi, H. (2019) *The Wise Company: How Companies Create Continuous Innovation*, Oxford University Press.（黒輪篤嗣訳（2020）『ワイズカンパニー―知識創造から知識実践への新しいモデル』東洋経済新報社）

Onsi, M. (1973) Factor analysis of behavioral variables affecting budgetary slack, *The Accounting Review*, 48 (3), pp.535-548.

Ouchi, W. G. (1979) A Conceptual Framework for the Design of Organizational Control Mechanisms, *Management Science*, 25 (9), pp.833-848.

Ouchi, W. G. (1981) *Theory Z: How American business can meet the Japanese challenge*, Addison-Wesley.（徳山二郎監訳（1981）『セオリーZ―日本に学び，日本を超える』CBSソニー出版）

Otley, D. (1978) Budget use and managerial performance, *Journal of Accounting Research*, 16 (1), pp.122-149.

Pascale, R. T. and A. G. Athos (1981) The art of Japanese management, *Business Horizons*, 24 (6), pp.83-85.

Peters, T. J. and R. H. Waterman Jr. (1982) *In Search of Excellence: Lessons from America's Best-Run Companies*, Harper & Row.（大前研一訳（1983）『エクセレント・カンパニー—超優良企業の条件』講談社）

Pfeffer, J. (1997) *New Directions for Organization Theory: Problems and Prospects*, Oxford University Press.

Pfeffer, J. and G. Salancik, (1978) *The External Control of Organizations: A Resource Dependence Perspective*, Harper & Row.

Porter, M. E. (1985) *Competitive Advantage: Creating and Sustaining Superior Performance*, Free Press.（土岐　坤・中辻萬治・小野寺武夫訳（1985）『競争優位の戦略—いかに高業績を持続させるか』ダイヤモンド社）

Porter, M. E, Kramer, M. R, (2011) Creating shared value, *Harvard Business Review*, 89 (April), pp.63-77.

Ross, S. (1973) The economic theory of agency: The principal's problem, *American Economic Review*, 63, pp.134-139.

Scott, W. Richard (2003) *Organizations: rational, natural, and open systems*, International ed., 5th ed. Prentice Hall.

Selznick, Philip. (1949) *TVA and the Grass Roots; A Study in the Sociology of Formal Organization*, University of California Press.

Shank, J. K. and V. Govindarajan (1993) *Strategic Cost Management: The New Tool for Competitive Advantage*. The Free Press.

Shim, E. and E. Sudit (1995) How Manufacturers Price Product, *Management Accounting*, Fall, pp.37-39.

Simmonds, K. (1981) Strategic Management Accounting, *Management Accounting*, CIMA, April, pp.26-29.

Simon, H. A. (1945) *Administrative Behavior: A Study of Decision-Making Process in Administrative Organization*, Macmillan.（松田武彦・高柳暁・二村敏子訳（1965）『経営行動』ダイヤモンド社）

Simons, R. (1994) How New Top Managers Use Control Systems as Levers of Strategic Renewal, *Strategic Management Journal*, 15, pp.169-189.

Simons, R. (1995) *Levers of Control: How Managers Use Innovative Control Systems to Drive Strategic Renewal*, Harvard Business School Press.

Taylor, F. W. (1911) *The Principles of Scientific Management*, Harper & Brothers Publishers.（有賀裕子訳（2009）『（新訳）科学的管理法—マネジメントの原点』ダイヤモンド社）

Van der Stede, W. (2000) The relationship between two consequences of budgetary controls: Budgetary slack creation and managerial short-term orientation, *Accounting, Organizations and Society*, 25 (6), pp.609-622.

Von Bertalanffy, L. (1968) *General System Theory: Foundations, Development, Applications*, George Braziller.（長野　敬・太田邦昌訳（1973）『一般システム理論—その基礎・発展・応用』みすず書房）

Weber, Max (1921) *Wirtschaft und Gesellschaft. Grundriß der verstehenden Soziologie.*

(*Economy and Society: A New Translation*, By Weber, Max, edited and translated by Tribe, Keith, Harvard University Press, 2019.)
Williamson, Oliver. E. (1975) *Markets and Hierarchies: An Analysis and Antitrust Implications*, The Free Press.
Womack, J. P. and D. T. Jones (1990) *The Machine That Changed the World*, The Free Press.
Woodward, J. (1965) *Industrial Organization: Theory and Practice*, Oxford University Press.（矢島鈞次・中村寿雄訳（1970）『新しい企業組織―原点回帰の経営学』日本能率協会）

〈日本語文献〉

青山政次（1987）『心の京セラ二十年』非売品。
足立　浩（1996）『アメリカ管理原価会計史―管理会計の潜在的展開過程』晃洋書房。
アメーバ経営学術研究会（2010）『アメーバ経営学―理論と実証』KCCS マネジメントコンサルティング株式会社。
アメーバ経営学術研究会（2017）『アメーバ経営の進化―理論と実践』中央経済社。
新江　孝・伊藤克容（2008）「組織文化と管理会計システムとの関係性―組織文化マネジメントの観点から」『会計学研究』日本大学商学部会計学研究所，第 22 号，51-71 頁。
飯田史彦（1998）『日本的経営の論点　名著から探る成功原則』PHP 研究所。
伊丹敬之（1986）『マネジメント・コントロールの理論』岩波書店。
伊丹敬之（1987）『人本主義企業』筑摩書房。
伊丹敬之（2000）『日本型コーポレートガバナンス―従業員主権企業の論理と改革』日本経済新聞社。
伊丹敬之（2002）『人本主義企業　変わる経営　変わらぬ原理』日本経済新聞社。
伊丹敬之（2009）『デジタル人本主義への道　経営の未来を見誤るな』日本経済新聞出版社。
伊丹敬之・加護野忠男・伊藤元重　編著（1993）『リーディングス　日本の企業システム 1　企業とは何か』有斐閣。
伊藤克容（2019）『組織を創るマネジメント・コントロール』中央経済社。
伊藤　博（1992）『管理会計の世紀』同文舘出版株式会社。
伊藤嘉博（2007）「20 年目のレレバンスロスト―ABC/ABM 革命の終焉」『産業計理』第 67 巻第 3 号，22-33 頁。
伊藤嘉博（2010）「第 5 章　活動基準原価計算」浅田孝幸・伊藤嘉博編集『体系現代会計学第 11 巻　戦略管理会計』中央経済社，127-154 頁。
稲盛和夫（1997）『敬天愛人―私の経営を支えたもの』PHP 研究所。
稲盛和夫（1998a）『人生と経営―人間として正しいことを追求する』至知出版社。
稲盛和夫（1998b）『稲盛の実学―経営と会計』至知出版社。
稲盛和夫（2002）『ガキの自叙伝』日本経済新聞社。
稲盛和夫（2006）『アメーバ経営』日本経済新聞社。

稲盛和夫（2010）「特別講演録　アメーバ経営はどのようにして誕生したのか」アメーバ経営学術研究会『アメーバ経営―理論と実証』KCCSマネジメントコンサルティング株式会社，1-18頁。
稲盛和夫（2014）『京セラフィロソフィ』サンマーク出版。
稲盛和夫・京セラコミュニケーションシステム（2017）『稲盛和夫の実践アメーバ経営』日本経済新聞出版社。
今井　祐（2014）『経営者支配とは何か―日本版コーポレート・ガバナンス・コードとは』文眞堂。
岩井克人（1993）「第2章　ヒト，モノ，法人」伊丹敬之・加護野忠男・伊藤元重編著『リーディングス　日本の企業システム1　企業とは何か』有斐閣，52-69頁。
岩井克人（2005）「第1章　株式会社の本質―その法律的構造と経済的機能」伊丹敬之・藤本隆宏・岡崎哲二・伊藤秀史・沼上　幹編『リーディングス　日本の企業システム　第Ⅱ期　第2巻　企業とガバナンス』有斐閣所収，14-43頁。
引頭麻実（2013）『JAL再生　高収益企業への転換』日本経済新聞出版社。
潮　清孝（2006）「第9章　実地調査からみた京セラのアメーバ経営―京セラフィロソフィの役割を中心に」上総康行・澤邉紀生『次世代管理會計の構想』中央経済社，193-216頁。
潮　清孝（2008）「京セラ・アメーバ経営の時間当たり採算公式と利益連鎖管理」『企業会計』第60巻第3号，151-159頁。
潮　清孝（2013）『アメーバ経営の管理会計システム』中央経済社。
庵谷治男（2018）『事例研究　アメーバ経営と管理会計』中央経済社。
岡野　浩（1993）「日本的管理会計理論の可能性―会計の可視性と不可視性」『會計』第143巻第2号，200-214頁。
岡野　浩（1995）『日本的管理会計の展開―「原価企画」への歴史的視座』中央経済社。
岡野　浩（2002）『日本的管理会計の展開―「原価企画」への歴史的視座（第2版）』中央経済社。
岡野　浩（2003）『グローバル戦略会計』有斐閣。
岡本　清・廣本敏郎・尾畑　裕・挽　文子（2008）『管理会計　第2版』中央経済社。
小田切宏之（2010）『企業経済学　第2版』東洋経済新報社。
尾畑　裕（2000）「ドイツにおける原価企画の受容と展開」『會計』第157巻第3号，26-38頁。
加護野忠男（1982）「組織文化の測定」『国民経済雑誌』神戸大学，第146巻第2号，82-98頁。
加護野忠男著（2014）『経営はだれのものか―協働する株主による企業統治再生』日本経済新聞出版社。
上総康行（1989）『アメリカ管理会計史（上巻・下巻）』同文舘出版株式会社。
上総康行（2010）「第2論文　アメーバ経営の仕組みと全体最適化の研究」アメーバ経営学術研究会『アメーバ経営―理論と実証』KCCSマネジメントコンサルティング株式会社，58-88頁）。
上総康行・澤邉紀生（2005）「京セラのアメーバ経営と利益連鎖管理（PCM）」『企業

会計』第 57 巻第 7 号，97-105 頁。
上総康行・澤邉紀生編著（2006）『次世代管理会計の構想』中央経済社。
梶浦昭友（2014）「生産性をめぐる指標と成果分配の現実」『産研論集』41 号，35-43 頁。
梶浦昭友編著（2016）『生産性向上の理論と実践』中央経済社。
加登　豊（2000）「日本的管理会計の海外移転―手法主導型導入とコンセプト主導型導入の比較分析」『會計』第 157 巻第 3 号，59-76 頁。
木島淑孝編著（2006）『組織文化と管理会計システム』中央大学出版部。
京セラ株式会社（2020）『京セラ統合報告書』
京セラ 40 周年社史編纂委員会（2000）『果てしない未来への挑戦―京セラ 心の経営 40 年』京セラ株式会社発行。
国友隆一（1985）『京セラ・アメーバ経営』ぱる出版。
久保克行・広田真一・宮島英昭（2005）「日本企業のコントロールメカニズム―経営理念の役割 1」『企業と法創造』第 1 巻第 4 号，113-124 頁。
桑田耕太郎・田尾雅夫（1998）『組織論』有斐閣。
小池和男（2015）『なぜ日本企業は強みを捨てるのか』日本経済新聞出版社。
小菅正伸（2004）「疑問視される予算管理の有用性」『会計』第 165 巻第 1 号，65-80 頁。
小林啓孝（1998）「管理会計変貌の視点」『會計』第 158 巻第 3 号，394-406 頁。
櫻井通晴（2010）「ステークホルダー理論から見たステークホルダーの特定―コーポレート・レピュテーションにおけるステークホルダー」『専修経営学論集』90 号，183-206 頁。
櫻井通晴（2012）『管理会計　第五版』同文舘出版。
澤邉紀生（2010）「第 3 論文　賢慮を生み出すアメーバ経営―経営理念を体現した管理会計の仕組み」アメーバ経営学術研究会『アメーバ経営―理論と実証』KCCS マネジメントコンサルティング株式会社，89-114 頁。
渋沢栄一著　守屋淳訳（2010）『現代語訳　論語と算盤』筑摩書房。
清水　孝（2007）「Beyond Budgeting が持つ 2 つの意義―組織変革との関わり」『原価計算研究』Vol.31，No.1，14-23 頁。
清水　孝（2009）「脱予算経営における経営改革の方法」『早稲田商学』第 418・419 合併号，33-57 頁。
谷　武幸（1999）「ミニプロフィットセンターによるエンパワメント―アメーバ経営の場合―」『国民経済雑誌』第 180 巻第 5 号 47-59 頁。
谷　武幸（2009）『エッセンシャル管理会計』中央経済社。
谷　武幸（2013）『エッセンシャル管理会計（第 3 版）』中央経済社。
谷　武幸・窪田祐一（2010）「第 8 論文　アメーバ経営導入による被買収企業の組織変革」アメーバ経営学術研究会『アメーバ経営―理論と実証』KCCS マネジメントコンサルティング株式会社，211-252 頁。
名和高司（2021）『パーパス経営―30 年先の視点から現在を捉える』東洋経済新報社。
日本会計研究学会特別委員会（1999）『ABC と ABM の理論および実践の研究』最終

報告書。
丹羽麻里（2018）『パーパス・マネジメント—社員の幸せを大切にする経営』株式会社クロスメディア・パブリッシング。
長谷川直哉（2021）『SDGs とパーパスで読み解く責任経営の系譜』文真堂。
浜田和樹（1989）「『アメーバ』方式による利益管理システム」『企業会計』第 41 巻第 2 号，46 － 51 頁。
挽　文子（2007）『管理会計の進化—日本企業にみる進化の過程』森山書店。
廣本敏郎（2004）「市場・技術・組織と管理会計」『一橋論叢』第 132 巻第 5 号，1-24 頁。
廣本敏郎編著（2009）『自律的組織の経営システム—日本的経営の叡智』森山書店。
廣本敏郎（2012）「第 1 章　日本的管理会計の特徴」，廣本敏郎・加戸　豊・岡野浩編集『体系現代会計学第 12 巻　日本企業の管理会計システム』中央経済社，3-47 頁。
廣本敏郎・加登　豊・岡野　浩（2012）『体系　現代会計学第 12 巻　日本企業の管理会計システム』中央経済社。
舩橋晴夫（2003）『新日本永代蔵—企業永続の法則』日経 BP 社。
フリーマン・ハリソン・ウィックス，中村瑞穂（訳者代表）（2010）『利害関係者志向の経営—存続・世評・成功』白桃書房。
卜　志強（2013）「第 11 章　日中企業の業績評価システム」太田雅晴編著『イノベーションで創る持続可能社会』中央経済社，173-187 頁。
卜　志強（2016）「中国企業におけるアメーバ経営の展開」『経営研究』第 66 巻第 4 号，197-206 頁。
卜　志強（2017）「人本管理会計理論の構築」『経営研究』第 68 巻第 1 号，33-54 頁。
卜　志強（2018）「中国における日本的管理会計の導入と展開」『経営研究』第 69 巻第 2 号，1-18 頁。
水野一郎（1999）「付加価値管理会計とスループット会計」『関西大学商学論集』第 44 巻第 4 号，307-326 頁。
水野一郎（2008）「付加価値管理会計の展開—京セラアメーバ経営を中心として」『會計』第 173 巻第 2 号，84-94 頁。
水野一郎（2012）「京セラアメーバ経営の展開—JAL の再生を中心として」『関西大学商学論集』第 57 巻第 3 号，129-146 頁。
三矢　裕（2003）『アメーバ経営論』東洋経済新報社。
村田直樹（2004）「第 2 章　原価管理会計の生成と展開（Ⅰ）」村田直樹・高梠真一・浦田隆広編著『管理会計の道標—原価管理会計から現代管理会計へ』税務経理協会，15-27 頁。
森田直行（2014）『全員で稼ぐ組織』日経 BP 社。
横田絵理・金子晋也（2014）『マネジメント・コントロール』有斐閣。
吉田栄介・福島一矩・妹尾剛好（2012）『日本的管理会計の探究』中央経済社。
李　建（2006）「予算管理研究に関する一考察」『京都学園大学経営学部論集』第 15 巻第 3 号，17-37 頁。
李　建（2017）「日本企業の予算管理に関する一考察—予算スラックの観点から」

『Venture Business Review』Vol.9，31–39 頁。
李　建・松木智子・福田直樹（2008）「予算管理研究の回顧と展望」『国民経済雑誌』第 198 巻第 1 号，1–28 頁。
李　建・松木智子・福田直樹（2012）「予算スラックと日本的予算管理」『京都学園大学経営学部論集』第 21 巻第 2 号，31–53 頁。
劉　美鈴（2018）「マネジメント・コントロール・パッケージとしてのアメーバ経営」『鹿児島大学稲盛アカデミー研究紀要』第 8 号，51–70 頁。
渡辺　深著（2007）『組織社会学』ミネルヴァ書房。

〈中国語文献〉

佟　成生・卜　志強（2018）『阿米巴経営理論与実践』経済科学出版社。

事項索引

【さ】

【た】

【な】

【は】

【ま】

【や】

【ら】

人名索引

【著者紹介】

卜　志強（ぼく しきょう）
大阪公立大学大学院経営学研究科准教授，博士（経済学）名古屋大学

2002年名古屋大学大学院経済学研究科博士後期課程修了。名古屋大学大学院経済学研究科助手，大阪市立大学大学院経営学研究科専任講師，准教授を経て2022年4月より現職。
2007年4月～9月　Babson College Accounting and Law Division Visiting Scholar

主な研究業績
『イノベーションで創る持続可能社会』（共著，中央経済社，2013年）
『コストデザイン』（共著，大阪公立大学共同出版会，2015年）
『阿米巴経営理論与実践』（共著，（中国）経済科学出版社，2018年）
「人本管理会計理論の構築」（『経営研究』第68巻第1号，2017年）
ほか。

2022年4月30日　初版発行　　略称：現代MCS

現代マネジメント・コントロール・システムの理論構築

著　者　© 卜　志　強
発行者　中　島　治　久

発行所　同文舘出版株式会社
東京都千代田区神田神保町 1-41　〒101-0051
電話 営業(03)3294-1801　編集(03)3294-1803
振替 00100-8-42935
http://www.dobunkan.co.jp

Printed in Japan 2022
製版・印刷・製本：藤原印刷
装丁：藤田美咲

ISBN978-4-495-21036-6